Manual do Registo Civil, da Identidade Civil e da Nacionalidade

Manual do Registo Civil, da Identidade Civil e da Nacionalidade

2023

J. A. Mouteira Guerreiro

ALMEDINA

MANUAL DO REGISTO CIVIL, DA IDENTIDADE CIVIL E DA NACIONALIDADE

AUTOR
J. A. Mouteira Guerreiro

EDITOR
EDIÇÕES ALMEDINA, S.A.
Avenida Emídio Navarro, 81, 3D
3000-151 Coimbra
Tel.: 239 851 904 · Fax: 239 851 901
www.almedina.net · editora@almedina.net

DESIGN DE CAPA
EDIÇÕES ALMEDINA, S.A.

PRÉ-IMPRESSÃO
João Jegundo

IMPRESSÃO E ACABAMENTO

Janeiro, 2023

DEPÓSITO LEGAL

ALMEDINA | GRUPOALMEDINA

BIBLIOTECA NACIONAL DE PORTUGAL – CATALOGAÇÃO NA PUBLICAÇÃO

GUERREIRO, J. A. Mouteira

Manual do registo civil, da identidade civil e da nacionalidade. – 1ª ed. – (Manuais universitários)
ISBN 978-989-40-0989-4

CDU 347

Opinions are always suspected, and usually opposed,
without any other reason but because they are not already common.

JOHN LOCKE (An *Essay Concerning Human Understanding*)

NOTA DE APRESENTAÇÃO

Há anos que tenho escrito sobre temas de «Registos e de Notariado», a maioria com o intuito didático de servir os estudantes, sobretudo os que pretendem obter alguma especialização neste ramo do Direito que tem um cariz dominantemente prático e é procurado por um crescente número de interessados nestes temas.

Sucede que, por razões – e solicitações – de vária ordem, nos últimos tempos dediquei-me principalmente ao Registo Predial ou Imobiliário e, por isso, ainda há bem pouco tempo escrevi o Manual de Direito Registral Imobiliário.

Contudo, fui-me apercebendo que, no vasto ramo dos «Registos», muitos e controversos escritos têm tratado temas de Registo Predial, mas pouco se tem publicado sobre o «Registo e a Identidade Civil». Além disso, algumas confusões se difundiram no tocante à vulgar noção de identificação civil – e de documentos que a visam comprovar, como o popular "cartão de cidadão" –, com o conceito de *identidade civil*, que, *como direito fundamental* que é, deve merecer a indispensável atenção e carece de ser salientado e explicado.

Depois da apresentação do aludido Manual, tive ensejo de falar sobre estas questões com a Senhora Drª ALDA AZEVEDO, dedicada Diretora dos Serviços Jurídicos do IRN (e que há anos, desde que fui vogal do Conselho Técnico da ex-DGRN, respeito e considero) que me entusiasmou a escrever sobre o tema, disponibilizando-me também a consulta das obras existentes na Biblioteca do IRN, depois de autorização dada pala Ex.ma Senhora Presidente da Direção.

Comecei, pois, a escrever sobre o Registo Civil e rapidamente me apercebi que uma das mais relevantes matérias que o incorpora, ainda que com alguma autonomia, é a da *nacionalidade* (cujos pedidos têm aumentado exponencialmente). Por isso, decidi tratar também deste tema – completando a U.C. do Registo Civil –, ainda que com a consciência de que diz respeito a uma parte com amplo conteúdo que, por si só, merecia um livro. No entanto, o meu objetivo neste breve Manual não é o de expor as questões com uma grande profundidade, mas sim dar a conhecer o que de *essencial* o estudioso carece de saber, dado que a lei o contempla e a doutrina o considera e comenta. Devo, todavia, confessar que hesitei bastante em incluir o 2º tema (a parte prática) dada a sua aridez e as muitas subtilezas que contém. Mas não o excluí porque, apesar dessas desvantagens, se a matéria da nacionalidade não contivesse a parte prática, ficaria bastante incompleta.

Ao refletir sobre a crucial importância da «identidade civil», bem como dos Direitos de Personalidade e da Família – e do muito que se relacionam com o Registo Civil –, logo me apercebi que se tratava de temática que não era adequado deixar «de lado», não referindo os básicos e correlacionados princípios constitucionais incluídos nos *direitos fundamentais* que, entre outros, o nº 1 do artigo 26º da Constituição enuncia.

Daí que tivesse considerado pertinente dividir o presente Manual em três partes: a primeira dedicada apenas aos tradicionais atos e situações de Registo Civil, a segunda à identidade civil no quadro dos direitos fundamentais e a terceira à nacionalidade. Finalmente, pareceu-me oportuno apresentar algumas sucintas conclusões e, assim, «nasceu» uma quarta parte que denominei "Breve epílogo conclusivo".

Feita esta síntese pode parecer que se trata de um Manual complexo. Mas não é. É básico e prático, visando abarcar a matéria, ainda que de um modo resumido. Procurei também utilizar termos simples e facilmente apreensíveis, mesmo porque a sua *principal finalidade* continua a ser (como nos anteriores) a de servir os estudantes, especialmente os que pretendem seguir a carreira dos Registos e do Notariado e que poucos textos encontram com este objetivo. Todavia, sendo essa a sua principal finalidade, não quer dizer que seja a única. Por certo que vai ter alguma utilidade para quem carece de procurar orientações para o debate, e quiçá resolução, de problemas relacionadas com os «abrangentes» temas aqui tratados que frequentemente envolvem magistrados, conservadores, notários, advogados e outros juristas.

É que além das tradicionais funções do Registo Civil, que já por si alcançam toda a população, têm acrescido outras, como as da instrução e decisão de processos que, na opinião do legislador, não correspondem a situações de litígio – caso dos divórcios por mútuo consentimento – e demais conhecidas tarefas, com relevo para as habilitações, partilhas, promoção de registos e de deveres fiscais.

Muito relevante é ainda a temática relacionada com a "identidade civil", bem como a da nacionalidade, sobre a qual tentei expor os conteúdos que são considerados indispensáveis para a razoável compreensão da matéria, embora sem mencionar grande número de acórdãos e de pareceres, porque neste domínio (talvez mais do que noutros) «cada caso é um caso» que exige uma solução própria, essencialmente baseada nos princípios, que tentei expor.

Tal como me aconteceu no anterior Manual de Direito Registral Imobiliário, ao tentar fazer uma exposição quanto possível compreensível do contexto das inabituais peculiaridades destes temas, levou-me a redizer parcialmente em determinados capítulos o que já tinha referido noutros, prolixidade essa que apenas teve esse – porventura exagerado – intuito facilitador da compreensão da temática na altura tratada, o que ocorreu sobretudo com a repetição da importância que merece o assento de nascimento. Peço que essas reiteradas insistências me sejam relevadas.

Na "Nota de apresentação" daquele anterior Manual fiz minha a frase de Geoffrey Chaucer no final dos Canterbury Tales que, por a sentir tão oportuna, peço que me desculpem por a repetir: "se houver alguma coisa que desagrade, suplico-lhes que a atribuam à minha falta de habilidade e não à minha vontade, que teria preferido dizer as coisas melhor, se soubesse"..

Não quero, no entanto, concluir sem previamente manifestar o meu sincero agradecimento:

- À Senhora Drª Alda Azevedo¸ Ilustre Diretora dos Serviços Jurídicos do IRN (e que há anos, desde que fui vogal do Conselho Técnico da ex- DGRN, respeito e considero) que me entusiasmou a escrever sobre o tema, disponibilizando-me também a consulta das obras existentes na Biblioteca do IRN devidamente autorizada pala Ex.ma Senhora Presidente da Direção, a quem também reconhecidamente agradeço.
- Ao Professor Doutor Rui Pinto Duarte que uma vez mais generosamente se dispôs a a ler o livro ainda em «rascunho», estimulando-me

à sua publicação e ainda se deu ao trabalho de o prefaciar com imensa benevolência. Essa atenciosa disponibilidade motiva, que, com toda a justiça, manifeste o meu sincero e profundo agradecimento e que, também aqui, tenha o gratificante dever de assinalar.

J. A. MOUTEIRA GUERREIRO

PALAVRAS DE UM PRIMEIRO LEITOR

Quando o Professor Doutor J. A. Mouteira Guerreiro me convidou para escrever um prólogo a este seu livro, esbocei uma recusa, em razão do meu escassíssimo conhecimento sobre as matérias dele objeto. Paradoxalmente, esse facto veio a ser a base para, perante insistência, ter acabado por aceitar o desafio: a necessidade de ler a obra para executar a tarefa era oportunidade para diminuir a minha ignorância. A leitura cumpriu a sua função: acedi a informação abundante e, sobretudo, a reflexão maturada sobre a mesma.

Parece-me inútil apresentar a organização do texto ou os temas nele abordados. O candidato a leitor poderá rapidamente aperceber-se de uma e de outros mediante a consulta do índice. Talvez interessem, porém, as impressões de quem teve o privilégio de ler antes dos demais.

A primeira nota tem de ir para a ligação feita entre os três temas que centralmente versa, claramente referidos no título: bastaria tê-la posto em evidência para que o livro merecesse ser elogiado. Não é novidade que cada um desses temas é peça central do mundo do Direito contemporâneo: a nacionalidade é direito e instrumento de pertença à comunidade política, o registo civil é direito e instrumento de pertença à sociedade civil, a identidade é direito e instrumento de desenvolvimento da personalidade. Tratar cada um de modo informado, rigoroso e claro é mérito grande. Mostrar como se articulam é mérito maior.

A segunda nota visa advertir que o nome de «manual» se deve a um ato de modéstia: embora também contenha indicações viradas para a prática, muitas das páginas são de reflexão de elevada profundidade.

A terceira nota visa sublinhar que, sendo uma obra da chamada ciência jurídica, também é – mesmo que esse não fosse propósito do Autor – um manual de cidadania: por ela se fica ciente das bases do Estado de Direito e de que como dele se é membro e bem assim dos direitos fundamentais de cada ser humano, nomeadamente à luz das nossas leis.

A quarta nota dirige-se à enorme quantidade de lugares do mundo jurídico que são «trazidos à conversa»: uns situados no Direito Internacional Público, outros no Direito da União Europeia e, dentro dos pertinentes ao direito nacional português, uns situados no plano constitucional e outros em variados pontos do plano infraconstitucional, com destaque para o Direito dos Registos e para o Direito da Família.

A quinta nota é um desdobramento da anterior: a visita a lugares tão diversos mostra a enorme plasticidade do saber jurídico do Autor, que lhe permite expor tanto questões cruciais da ordem jurídica (e as suas bases filosóficas e políticas) como aspetos de menor dimensão, mas de grande importância para os membros das profissões jurídicas.

A última nota desenvolve o final da anterior enfatizando que, embora possa ter nascido do ensino do Direito dos Registos, o texto interessa potencialmente a todos os juristas: académicos, conservadores dos registos, juízes, magistrados do Ministério Público e advogados – dediquem-se mais a este ou àquele ramo do Direito –, todos encontrarão páginas que lhes serão úteis.

Obrigado!

RUI PINTO DUARTE

ABREVIATURAS

AAFDL	–	Associação Académica da Faculdade de Direito da Universidade de Lisboa
AMA	–	Agência para a Modernização Administrativa, I.P..
B.I.	–	Bilhete de Identidade
BMJ	–	Boletim do Ministério da Justiça
BRN	–	Boletim dos Registos e do Notariado
BM	–	Boletim do Ministério da Justiça
C.C.	–	Código Civil
CC	–	Conselho Consultivo dos Registos e do Notariado
CEJ	–	Centro de Estudos Judiciários
CENoR	–	Centro de Estudos Notariais e Registais
CEN	–	Convenção Europeia da Nacionalidade ou
CESN	–	Convenção Europeia sobre a Nacionalidade
CIEC	–	Comissão Internacional do Estado Civil
C.Not	–	Código do Notariado
CProcCiv	–	Código de Processo Civil
CPTA	–	Código de Processo nos Tribunais Administrativos
CRCiv	–	Código do Registo Civil
CRPred	–	Código do Registo Predial
Constituição	–	Constituição da República Portuguesa
D.R.	–	Diário da República
DGRN	–	*Direção Geral dos Registos* e do Notariado
DUDH.	–	Declaração Universal dos Direitos do Homem
FDUC	–	Faculdade de Direito da Universidade de Coimbra
FDUL	–	Faculdade de Direito da Universidade de Lisboa
FDUP	–	Faculdade de Direito da Universidade do Porto
IPRA-CINDER	–	Centro Internacional de Direito Registral
IRN	–	Instituto dos Registos e do Notariado, I.P.
ISO	–	Organização Internacional de Normalização
ITIJ	–	Instituto das Tecnologias de Informação na Justiça, I. P.
L.N.	–	Lei da Nacionalidade Portuguesa

M. J.	–	Ministério da Justiça
Mº Pº	–	Ministério Público
O.A.	–	Ordem dos Advogados
O. N.	–	Ordem dos Notários
p. e pp.	–	página e páginas
P.G.R.	–	Procuradoria Geral da República.
R.C.D.I.	–	Revista Crítica de Derecho Inmobiliario
Regulamento	–	Regulamento da Nacionalidade Portuguesa
ROA	–	Revista da Ordem dos Advogados
STA	–	Supremo Tribunal Administrativo
STJ	–	Supremo Tribunal de Justiça
TIJ	–	Tribunal Internacional de Justiça
U,C.	–	Unidade Curricular

PARTE I
O REGISTO CIVIL

TÍTULO I
NOÇÕES GERAIS

Capítulo I
Conceito e Fins do Registo Civil

§ 1º O conceito de Registo Civil

1. O Código do Registo Civil (CRCiv)[1] não dá uma definição de Registo Civil, limitando-se, no artº 1º, a enunciar o seu objeto. Todavia, a doutrina, ao procurar estabelecer um conceito inequívoco, não tem uma opinião consensual, divergindo na sua determinação.

Assim, há autores que acentuam tratar-se do procedimento destinado a consignar factos e qualidades do estado civil dos cidadãos[2], enquanto outros se referem à "instituição estatal que proporciona constância de diversos acontecimentos e ações vinculados com o estado civil dos indivíduos"[3], No entanto, as tentativas mais divulgadas convergem no sentido de mencionar que o Registo Civil é principalmente um registo do «estado civil» da pessoa.

Não é essa, porém, a nossa maneira de ver, visto que, sendo embora o estado civil um elemento central que incumbe ao Registo Civil inscrever e publicitar, no entanto o seu âmbito *é mais vasto*, pois não se circunscreve à determinação e ao registo do estado civil da pessoa. Mais rigorosamente, em nossa opinião, incumbe-lhe definir e provar *a identidade* de cada cidadão. E a identidade é o conjunto dos vários elementos – até físicos – que possibilita saber *quem uma pessoa é.*

[1] Quando nos referirmos a Código sem outra indicação este que pretendemos mencionar.

[2] É o que refere Pere Raluy (Cf: Pere Raluy, José, em *Derecho del Registro Civil,* Tomo I,Madrid, Aguilar, 1962, p. 3).

[3] É o conceito de Álvaro Sampaio consultável em: https://conceito.de/registo-civil

Consideramos, pois, que o Registo Civil é um registo instrumental e individualizador da personalidade de cada indivíduo[4]. Com efeito, por um lado, esta adquire-se no momento do nascimento com vida[5] (artº 66º/1 do C.C.[6])e, pelo outro, este facto é "o primeiro que lhe está sujeito"[7]: artº 1º/1 a) do CRCiv. E os Direitos da personalidade – a começar pelos direitos à identidade pessoal, à cidadania e ao nome – são tradicionalmente reconhecidos como direitos essenciais do ser humano que o Registo Civil inscreve, mormente no assento de nascimento. Julgamos, assim, que podemos sintetizar concluindo que o Registo Civil é, basicamente, o registo da identidade da «pessoa».

2. Ainda que o Registo Civil se situe especialmente no âmbito da inscrição e publicitação dos Direitos de Personalidade, a sua relação com o Direito de Família é equivalente e também basilar[8]. E, além destes direitos, também interage com outros, designadamente com o Direito Constitucional e com o Direito Sucessório.

À interação com todos estes nucleares ramos do Direito acresce a obrigação que o Registo Civil tem de inscrever os factos que primacialmente são constitutivos da *identidade* da pessoa. E o direito à *identidade pessoal* é essencial e está expressamente reconhecido no artº 26º da Constituição. Como diz Guilherme de Oliveira, citando também Gomes Canotilho

[4] Albaladejo García, Manuel, escreveu na Revista de Derecho Privado, nº 81, Mes 3, Ano Dialnet – Universidad de La Rioja, 1997, págs. 166-191, um artigo com este sugestivo título: "Desde el instante en que nace, todo niño es persona e inscribible en el Registro",.

[5] Cabral de Moncada chamava a atenção para o facto de, para atribuição da personalidade, a nossa lei não exigir "a chamada *viabilidade*, isto é, a aptidão do recém nascido a permanecer com vida fora do ventre materno" (Cf: Moncada, Luis de Oliveira Cabral de,: *Lições de Direito Civil- Parte Geral*. Coimbra: Arménio Amado, 1954, p.295).

[6] E, nos termos do artº 68º/1, "cessa com a morte".

[7] A frase é de Menezes Cordeiro (Cf. Cordeiro, António Menezes: *Código Civil, Comentado*, I- Parte Geral, Coimbra: Almedina, 2020, p.245).

[8] Numa publicação do "Conselho Geral do Poder Judicial" de Espanha , a Magistrada Susana Salvador Gutiérrez escreve: "Em primeiro lugar destaca-se a importância substancial que a função registral adquiriu nos últimos tempos até ao ponto de se considerar que o Registo Civil constitui um ramo mais do Direito de Família (...) O Registo Civil (...) mostra-se hoje como um elemento necessário e integrante das continuamente cambiantes relações individuais e familiares" (Cf: Salvador Gutiérrez, Susana: "Los actos del Estado Civil y su reflejo actual en la Doctrina y la jurisprudência" *in Problemas actuales del Registro Civil*,Madrid: " Consejo General del Poder Judicial", Centro de Documentación Judicial., 2007, pp. 18/19.

e Vital Moreira[9], "ele consiste, por um lado "num direito a ter um *nome,* de não ser privado dele, de o defender e de impedir que outrem o utilize (sem prejuízo de casos de homonomia)». Consiste, por outro lado, num direito à *historicidade pessoal,* significando isto um direito ao conhecimento dos seus progenitores que, por sua vez, garante a «localização familiar», de tal modo que cada indivíduo possa identificar os seus parentes, a sua origem geográfica e social"[10]. Identificar a *família* é, pois, um direito *crucial*[11].

Devemos ainda acrescentar: ao Registo Civil incumbe igualmente inscrever a nacionalidade do indivíduo, os factos determinantes da sua capacidade civil e da sua «situação pessoal».

Consequentemente, o Registo Civil é, uma "instituição *fundamental*[12]. Ademais, os assentos nele lavrados têm, entre nós, como em muitos países, eficácia plena[13] que, como se disse visam reconhecer as pessoas, demonstrando e podendo publicitar, bem como certificar pelos meios legais, o seu nome, a sua 'historicidade pessoal' e o seu 'estado civil'[14], a sua identidade e a sua nacionalidade[15], garantindo, assim, uma das tarefas fundamentais do

[9] *In Constituição da República Portuguesa, Aanotada,* 4ª ed. ver. vol. I, Coimbra; Coimbra Editora, 2007, p. 462.

[10] Cf: Oliveira, Guilherme, em colaboração com Rui Moura Ramos; *Manual de Direito da Família,* 2ª ed.Coimbra, Almedina, 2021, p,50.

[11] Como doutamente escreve Álvaro Villaça Azevedo no início do artigo integrado na coletânea *Pessoa humana e Direito,* "A instituição da família sólida eafetivamente constituída é o sustentáculo existencial do Estado". E adiante, apelando ao texto constitucional [v.g. no artº 26º] refere."A família é o fundamento da sociedade, devendo ter especial proteção do Estado" (Cf: Azevedo, Álvaro Villaça: "Direitos e Deveres dos Avós", *in Pessoa humana e Direito* (coordenação de Diogo Leite de Campos e Silmara J. de Abreu Chinellato):Coimbra, Almedina, 2009, p.6)

[12] Cite-se textualmente a frase de Rivas Sánchez que nos pareceu sintetizar bem a ideia expressa no texto: "El Registro Civil es una Institución fundamental para la existencia del Estado Moderno de Derecho" (Cf. "Consideraciones generales sobre la Institución del Registro Civil", também disponível em www.pjbc.gob.mx/admonjus/n25/AJ25_001.htm – consultado em 04/08/2012 às 07:45 h).

[13] Adiante justificaremos a afirmação, mormente face ao disposto no artº 2º do CRCiv.

[14] Neste e noutros pontos deste parágrafo reeditamos alguns apontamentos e considerações que anteriormente havíamos feito em nossos *citados* "Temas...", pp. 137-182.

[15] É o artº 21º, nº 1 da Lei da Nacionalidade (Lei nº 37/81, de 3/10, alterada pela Lei Orgânica nº 2/2006, de 17/4) que diz: "A nacionalidade portuguesa originária (...) prova-se pelo assento de nascimento". No tocante à nacionalidade portuguesa adquirida, designadamente por naturalização, é comprovada através do *Registo Central de Nacionalidade* gerido Conservatória

"Estado de direito democrático"[16], ao qual compete comprovar e "conhecer a situação jurídica das pessoas"[17].

Em síntese: pode dizer-se que o Registo Civil é, de entre todos, *o registo público mais significativo,* na justa medida em que – repetimos para sublinhar – se trata do Registo da Cidadania, da Identidade Pessoal, da Capacidade Civil, do Nome, da Nacionalidade, bem como do estado pessoal e respetiva posição familiar, por tudo isto, consignando basica e registralmente *o cumprimento do disposto no artº 26º/1 da Constituição da República Portuguesa.*

3. A inscrição dos factos sujeitos a registo em conformidade com o que a lei determina, é essencialmente feita nas Conservatórias do Registo Civil, que são organismos integrados no IRN- Instituto dos Registos e Notariado, I.P. Trata-se de um instituto público inserido no Ministério da Justiça, embora dotado de autonomia administrativa e integrado na administração indireta do Estado.

A simples expressão Registo Civil é frequentemente entendida como o «local-conservatória», ou seja, um «escritório»[18] onde se lavram e se «conservam» os registos[19], pelo que quando se fala na definição de Registo Civil, autores há que também a relacionam com o departamento em causa. Esta é, no entanto, uma visão errónea, uma vez que significativo não é o «escritório», mas sim o que nele se faz.

Cabe ainda acentuar que, mesmo falando-se das conservatórias e do seu papel, não devem restar dúvidas de que são, de entre os serviços públicos,

dos Registos Centrais e aí existente. Noutros sistemas que conhecemos (e que não cabe aqui citar) é igualmente pelo assento de nascimento que se prova a respetiva nacionalidade originária. Esta temática será tratada na Parte III.

16 As expressões assinaladas são de Gomes Canotilho e Vital Moreira ("Constituição da República Portuguesa, Anotada", respetivamente p. 179 e p. 63).

17 A frase é de Pau Pédron, que, depois de referir que através do Registo Civil, se pode obter "uma prova oficial da existência e do estado civil das pessoas", diz: "A utilidade do R.C. é, no entanto, mais ampla: dá segurança às relações jurídicas e permite ao Estado conhecer a situação jurídica das pessoas". (Cf. "Curso de Practica Registral", p. 167).

18 Evitamos a designação de "repartição pública", visto que não pertence à administração direta do Estado e quem a dirige – o conservador – tem uma *autonomia funcional* inexistente na direção das usuais "repartições públicas".

19 Ao que parece, o nome "conservatória" tem uma raiz etimológica que quer precisamente dizer o local onde se lavram e se «conservam» os registos..

aqueles que mantêm a mais forte, próxima e permanente relação com *todos* os cidadãos[20].

4. Para procurar estabelecer o conceito de Registo Civil é outrossim adequado tentar precisar a noção de «estado civil».

Quando habitualmente se fala no estado civil, relaciona-se a sua noção unicamente com o *casamento* e essa é a perspetiva da lei brasileira. Com base neste entendimento, conhecem-se os estados de solteiro, casado, viúvo e divorciado.

Todavia, o estado civil não está apenas ligado ao casamento, e sobretudo no âmbito do Registo Civil existem nuitos outras situações jurídicas que recaem sobre a «personalidade» que nos parecem indubitavekmente caracteristicas do estado civil. E esta é igualmente a opinião de conceituados civilistas, como é o caso de Castro Mendes[21], também citado por Heinrich Hörster[22] que define o estado pessoal (no sentido de estado civil) como a qualidade que condiciona a atribuição de um conjunto pré-determinado de direitos e vinculações cuja titularidade ou não titularidade é um aspeto fundamental da situação jurídico-civil da pessoa"[23]. Entre os autores clássicos, podemos mencionar Cabral de Moncada que explica: "a *«medida», o «quanto» exacto* dos direitos e obrigações que cada indivíduo pode ter em cada momento da sua vida social, podem variar e ser mais ou menos amplos, consoante variadíssimas circunstâncias que podem dar-se. E é isso que nos leva agora a falar, com linguagem técnica, no *«estado civil»* das pessoas e das causas modificadoras desse estado"[24]

O artº 1º do CRCiv. de 1932 dizia claramente: "O registo civil tem por objecto a inscrição de todos os factos relativos ao estado das pessoas e que

[20] De facto, há outros serviços públicos que podem ter maior significado, em certos momentos, para *alguns* cidadãos (v.g. os serviços de segurança social, os fiscais e outros), mas não tanto *permanentemente* e também, *generalizadamente*, para *todos* os cidadãos, como acontece com o Registo Civil, que como tem sido dito se relaciona com a pessoa « desde o nascimento até à morte».

[21] Cf: Mendes, João Castro,: *Teoria Geral do Direito Civil*, I, Lisboa: Edição da AAFDL, 1978, pp. 99-102.

[22] Cf: HÖRSTER, Ewald Heinrich, com Eva Sónia Moreira da Silva: A Parte Geral do Código Civil Português;. Coimbra: Almedina, 2019, pp 330-331.

[23] Castro Mendes (*in op. cit. p.*102) diz que "na linguagem doutrinal continua a ser possível organizar a distinção [entre estado pessoal e estado civil]. Aquelas qualidades que cionstam obrigatóriamente do registo civil são as que a própria lei em rigor chama *estados civis*".

[24] Cf: citadas *Lições de Direito Civil- Parte Geral.*, pp. 300/301.

determinam, modificam ou extinguem a sua condição jurídica", Por seu turno, o artº 2º confirmava que "é obrigatória a inscrição no registo civil dos factos relativos ao estado civil dos indivíduos". Deste modo, diremos que, à luz do Código atual, as situações de adoção, de casamento; de poder paternal, de inabilitação, de ausência, de apadrinhamento civil fazem parte do estado civil: e o seu conhecimento é essencial para o próprio, mas também para toda a sociedade.

Em suma: consideramos que, num sentido amplo, *o estado civil é constituído pelo conjunto de requisitos respeitantes ao indivíduo que identificam a sua situação jurídica na família e na sociedade e são determinantes da sua capacidade para, nesse âmbito, exercer direitos e contrair obrigações*[25].

5. Os dados que sumariamente indicamos permitem-nos abordar um pouco melhor o conceito de Registo Civil. Vimos que se trata de uma instituição fundamental, incumbida de estabelecer e fixar a *identidade* de cada cidadão, designadamente demonstrando e publicitando o seu nome e os seus dados pessoais, a sua 'historicidade", o seu estado civil e a sua nacionalidade.

Mais: estes atos são praticados nas conservatórias que são departamentos públicos dirigidos por conservadores[26], que decidem a realização dos atos – que têm manifesta importância pessoal para os respetivos sujeitos – com responsabilidade e "autonomia técnica e funcional".

Em face do exposto, concluímos que o Registo *Civil é o registo público efetuado fundamentalmente nas conservatórias incumbidas de lavrar os atos a ele obrigatoriamente sujeitos e que são, em especial, os concernentes à personalidade, identidade e estado civil das pessoas, de modo que fiquem comprovados e se tornem invocáveis, podendo ser certificados e publicitados pelos meios legalmente previstos.*

[25] Esta foi a definição que já anteriormente tínhamos dado. Cf.: Guerreiro, J. A. Mouteira: *Ensaio sobre a Problemática da Titulação e do Registo à Luz do Direito Português:* Coimbra: Coimbra Editora, 2014., p. 679.

[26] Nos termos do disposto no artº 7º/1 do Dec-Lei nº 115/2018, de 21 de dezembro, "o conservador de registos é o profissional com preparação jurídica, a quem incumbe, com responsabilidade, imparcialidade, autonomia técnica e funcional, e sujeição a critérios de legalidade e de objetividade estritos, exercer funções nos domínios da identificação civil, da nacionalidade e dos registos civil, predial, comercial, de bens e direitos sujeitos a registo e das pessoas coletivas"

O Direito substantivo, em especial os Direitos de Personalidade e o Direito de Família, proporcionam o conhecimento jurídico e cientifico dos diversos institutos que estudam, mas a *concretização prática* dos mesmos só se torna efetiva, pública e oponível no Registo Civil.

§ 2º Fins do Registo Civil

O artº 1º do Código agrega numa única disposição legal dois temas inteiramente distintos: o princípio da *obrigatoriedade* – começa por referir que o Registo Civil "é obrigatório"– e a seguir menciona o elenco dos factos a ele sujeitos, ou seja, os que constituem a seu objeto.

Neste parágrafo limitar-nos-emos a indicar quais são esses factos, visto que o estudo de cada um deles será feito a propósito do respetivo assento ou averbamento.

Nas primeiras dez alíneas deste artigo são referidos: o nascimento; a filiação; a adoção; o casamento; as convenções antenupciais e as alterações do regime de bens: a regulação do exercício do poder paternal, sua alteração e cessação, bem como a inibição ou suspensão do exercício do poder paternal e as providências limitativas desse poder; o acompanhamento de maiores e a tutela e administração de bens; o apadrinhamento civil e a sua revogação; a curadoria provisória ou definitiva de ausentes e a morte presumida;

Seguem-se quatro alíneas – desde a al. l) á al. o) *inclusive* – que dizem respeito a questões de *insolvência*, que estão reguladas no Código da Insolvência e da Recuperação de Empresas, aprovado pelo Dec-Lei nº 53/2004, de 18 de março, as quais, obviamente, *nada têm a ver com o Registo Civil e com os seus fins*. Trata-se de matérias que segundo aquele Código *devem ser registadas*, mas o seu lugar não foi inserido – como devia – num local próprio, como o RNPC ou até no Registo Comercial, mas ilógica e insensatamente no meio dos factos referentes à identificação das pessoas e ao seu estado civil e que nada têm a ver com estes, mas sim e unicamente com temas do *endividamento* e da *insolvência*, sendo altamente *discriminatório* e *vexatório* para o registado – e consequentemente *inconstitucional*[27/28] –, que

[27] Trata-se de questão que não temos visto debatida, muito embora eu próprio já a tivesse suscitado expressamente em diversas ocasiões, tanto no citado texto dos "Temas...", como em algumas conferências. E parece-nos claro que a Constituição proíbe (nomeadamente no artº 26º nºs 1 e 2) a divulgação de informação – como é o caso no Registo Civil e, ainda por cima, *por averbamento ao assento de nascimento* (artº 69º,nº1, al.s g) a l)) – de factos que atentam

esses factos sejam registados (e publicitados) *conjuntamente com os respeitantes à sua identidade.*

As duas últimas alíneas – a al. p) e a al. q) – voltam a tratar de factos que, como bem se compreende, estão adequadamente inseridos na identificação civil: o primeiro para incluir o *óbito* e o da alínea q), com exceção das alíneas l) á o), também, visto que faz alusão aos factos que determinem a modificação ou extinção dos inicialmente mencionados como estando sujeitos a registo.

contra o "bom nome" da pessoa, como é o caso do endividamento desta que, não liquidando as dívidas, é declarado insolvente. Ora, o ser averbado ao assento de nascimento' (!) desse indivíduo que foi declarado insolvente, parece-me claramente inconstitucional (vejam-se os comentários ao artº 26º de GOMES CANOTILHO e VITAL MOREIRA *in cit.* "Constituição da República Portuguesa", 3ª ed., p. 179/80).

[28] Não afasta a apontada (e a nosso ver claramente existente) *inconstitucionalidade* a circunstância dos correspondentes averbamentos poderem vir a ser eliminados – se e quando cessar a insolvência – e feito um novo assento (artº 81º-A). Essa 'eventual possibilidade' *só confirma* que o legislador considerou aquelas menções *discriminatórias*, já que *é a sua eliminação que justifica a feitura de um novo assento.*

Capítulo II
Síntese Histórica do Registo Civil

1. Pode dizer-se que a história do Registo Civil é tão antiga como a da própria civilização. Num texto de Marcelo Tiziani intitulado "Uma breve história do registro civil na antiguidade" diz-se, com fiabilidade, que "desde que surgiu, o ser humano vem fazendo questão de registrar sua existência" e " pelos registros encontrados pelos arqueólogos, é possível observar que as inscrições não tinham somente a função de controle das tradições, coesão social e polícia estatal, visavam elas, em última análise, marcar a existência da pessoa e suas nuances, como o nascimento e a morte". E adiante refere ainda: "a ideia de manter a memória dos acontecimentos que sucedem na vida de uma pessoa é antiga, vem dos primórdios da humanidade"[29].

Por seu turno Carlos Ferreira de Almeida menciona que "os antecedentes do registo civil na antiguidade são de dois tipos: "a publicidade resultante indiretamente da solenidade de certas cerimónias, relativas ao casamento, ao nascimento, puberdade e morte, assim como ao próprio nome da pessoa, e a publicidade garantida por registos de factos do estado civil". E depois diz que "em Atenas, em três épocas diferentes da vida se procedia a registos pessoais", explicando que se registava o nascimento dos cidadãos livres num livro próprio e fazia-se novo registo quando atingia a maioridade (18 anos) e ainda outro registo aos 20 anos quando atingia a plenitude dos seus direitos, E "estes registos eram conservados

[29] *Vide:* Tiziani, Marcelo Gonçalves: "Uma breve história do registro civil na antiguidade": Consultável em: https://jus.com.br/artigos/42691/uma-breve-historia-do-registro-civil-na-antiguidade

por funcionário próprio e estavam selados". Em Roma, para além de atos públicos solenes, "a *lex aelia sentia* (ano 4 D.C.) e a *lex papia* (ano 9 D.C.) que se estendia a todo o império", obrigava a que, em livros próprios, "por funcionários municipais", fossem "registados o nascimento, emancipação, casamento, divórcio e morte"[30].

Entre os hebreus, desde os primórdios pré-cristãos, a filiação era anotada em rolos conservados pelos sacerdotes (e até a Bíblia insiste nas genealogias[31]) e no antigo Egito, pelos "escribas" (prestigiados funcionários) também eram feitos idênticos registos, alguns dos quais atualmente podem ser vistos em museus. Em suma: há abundantes provas da existência de registos, desde a mais alta antiguidade, que visavam saber *quem são as pessoas*, qual o seu nome, a sua filiação e o seu estado.,

2. Na era pós-cristã "a Igreja católica começou desde muito cedo a registar os batismos e, mais tarde, os casamentos e óbitos". Todavia, nas menções dos batismos era referida a data em que estes se realizavam e não a do nascimento e o nome dos padrinhos, mas não o dos pais. Por isso, os "poderes públicos" passaram a interferir na regulamentação destes registos, "nomeadamente em França a partir de 1539. É desta data a «Ordonnance de Villers-Cotterets», na qual se determinava que os obituários se referissem à data do falecimento e os registos de batismo à do nascimento [bem como] que os registos eclesiásticos fossem depositados anualmente em repartições do estado e que fosse permitida a todos a sua consulta"[32].

Em algumas comunas italianas existiu um "registo precursor do do estado civil", mas a efetiva instituição do moderno registo verificou-se depois da Revolução Francesa, pois foi a Constituição de 1791 que "consagrou o princípio de que o registo do estado civil cabia ao poder civil"[33],

Esta conceção pode dizer-se que se generalizou praticamente em todo o Mundo a partir do final do século XVIII e é hoje incontroverso que o Registo Civil tem uma *natureza pública* e constitui uma das funções essenciais que ao Estado cabe assegurar.

[30] Cf: ALMEIDA, Carlos Ferreira de, *cit. Publicidade e Teoria dos Registos*, pp. 137-138.

[31] Simon SCHAMA refere que a interpretação grega levou Demétrio a "sujeitar as fantásticas genealogias e cronologias da Bíblia a uma interpretação lógica" (Cf: SCHAMA, Simon *A História dos Judeus*, Lisboa: Temas e Debates, 2018 p. 157.

[32] *Vide:* ALMEIDA, Carlos Ferreira de, *cit. Publicidade e Teoria dos Registos*, p. 138-139.

[33] Cf, ALMEIDA, Carlos Ferreira *op. cit*, p.142.

3. No tocante a Portugal, enquanto o território fazia parte do Império Romano, os registos civis regiam-se pela já citada *lex papia*.

E, assim, os registos com grande probabilidade teriam continuado a ser feitos em livros próprios, como já referimos.

3.1. A partir das «invasões bárbaras», não há notícias de se terem continuado a efetuar os aludidos registos romanos, mas depois do Édito de Milão (13 de junho de 313) que acabou oficialmente com toda perseguição religiosa, o cristianismo expandiu-se e "as tarefas de educação e ensino (... ficaram) nas mãos de sacerdotes e monges eruditos"[34]. E é sobretudo no âmbito da Igreja que se passam a anotar os eventos solenes e as cerimónias religiosas, tais como batismos, casamentos e funerais. Por isso, é de supor – embora sem qualquer prova material – que a feitura dos registos dessas cerimónias se mantivesse nos livros eclesiásticos.

No decurso da Idade Média é também a Igreja que continua a inscrever os batismos, casamentos e óbitos. "Até ao fim do reinado de D. Afonso IV (1357) os registos efetuavam-se de uma forma cronológica (nem sempre de um modo rigoroso), podendo um livro conter registos de vários anos; e desde D. Pedro I até à morte de D. Duarte (1357-1438) passou a haver um livro para cada ano do reinado[35]. Todavia, a *obrigação* dos párocos fazerem os referidos registos paroquiais em todas as igrejas surge por decreto do Concílio de Trento de 11 de Novembro de 1563[36].

E, sobretudo desde então, a fiabilidade dos registos paroquiais era reconhecida pela generalidade dos cidadãos[37].

Quanto ao "Corpo cronológico do arquivo da Torre do Tombo" alude a genealogias e refere-se a "documentos de natureza diversa, desde o século XII[38].

[34] A citação é de João Ameal (Cf: Ameal, João *História da Europa*, Vol, I,. Livro II. Lisboa: Editorial Verbo, 1982, p.257.

[35] Cf: https://digitarq.arquivos.pt/details?id=3813585

[36] Cf: https://tombo.pt/conteudo/livros-paroquiais-e-registo-civil

[37] E também – embora muito mais tarde – pelo STJ que no Acórdão de Uniformização de Jurisprudência de 25 de janeiro de 1963 (Bravo Serra) concluiu que "A maternidade dos filhos ilegítimos declarada pelo pároco e devidamente testemunhada, em assento do baptismo celebrado na vigencia do Decreto de 2 de Abril de 1862, é valida independentemente dos requisitos exigidos para a perfilhação paterna no paragrafo 2 do artigo 13 daquele decreto" (Consultável em http://www.dgsi.pt/jstj.nsf/-/1C0CA9467A1333AD802568FC0039769A).

[38] Cf: https://digitarq.arquivos.pt/details?id=3767258

3.2. No que diz respeito ao Estado, só assumiu a responsabilidade de manter um Registo Civil laico a partir de 1832, com a publicação de Decreto de 16 de Maio desse ano, em que se definiu o Registo Civil como "a matrícula geral de todos os cidadãos, pela qual a autoridade pública atesta e legitima as épocas principais da vida civil dos indivíduos: nascimentos, casamentos e óbitos"[39]. Tais «matrículas» dos cidadãos ficavam a cargo dos administradores dos concelhos, os quais, cabe referir, nunca conseguiram «dar conta do recado», pelo que o Decreto de 19 de Agosto de 1859 manteve o registo paroquial".

Seguiu-se o Código Civil de 1867 que contém uma regulamentação bem mais pormenorizada – abrange uma sub-secção intitulada "Do registo civil" e compreende os artºs 2445º a 2491º que indicam o «modus faciendi» dos assentos, os quais, como explicita o artº 2445º, respeitam aos nascimentos, casamentos e óbitos, bem como ao registo de "reconhecimento e legitimação dos filhos" (matéria de que tratam os artºs 2488º a 2491º). Por seu turno, o artº 2441º estabelece que "os factos de nascimento, casamento e óbito provam-se pelo registo público instituído para esse fim".

Similarmente, em Espanha o Código Civil de 24 de julho de 1889 contém o Título XII (artºs 325 e ss.) que respeita ao denominado "Registo do Estado Civil", o qual "compreenderá as inscrições ou anotações de nascimentos, matrimónios, emancipações, reconhecimentos e legitimações, mortes, naturalizações e 'proximidades' [*sic*] e estará a cargo dos Juízes municipais e outros funcionários (...)".

Entre nós, as normas do Código de Seabra mantiveram-se até 1911.

3.3. Em 18 de fevereiro de 1911 foi publicado o primeiro Código do Registo Civil que, decorridos uns escassos três meses e meio, se seguiu à implantação da República. Considero *notável* que nesse tempo em que, consabidamente, não havia recursos tecnológicos, os governantes de então tivessem em tão pouco tempo elaborado e aprovado um Código – esse Código – com 365 artigos e com uma pormenorizada e em geral totalmente nova regulamentação[40]!

[39] Cf. GOMES, Ventura José Rocheta, "Registo": entrada no *Dicionário Jurídico da Administração Pública*. Edição, do Autor, 1996. Vol. VII.p. 170.

[40] Não é comparável o empenho e determinação dos autores desse Código com o dos atuais legisladores que, dispondo de todos os recursos, de computadores e meios da «era digital»

O artº 15º refere que o Registo Civil fica integrado no Ministério da Justiça e pelo artº 16º é criada a figura do Conservador-Geral a quem incumbe superintender nos serviços do Registo Civil. Aparte a sua direta ligação ao Ministro da Justiça, o preceito conclui dizendo – sublinhemos – que "será independente de qualquer outra autoridade".

Fundamentais são, todavia, as disposições do Capítulo 1º que tem a epígrafe: "Dos fins do registo civil, sua obrigatoriedade e fixação". Salientamos os dois primeiros artigos que dizem:

Artº 1º – O registo civil, que o Estado institui por este decreto com força de lei, destina-se a fixar autenticamente a individualidade jurídica de cada cidadão e a servir de base aos seus direitos civis.

Artº 2 – é obrigatória a inscrição no registo civil dos factos essenciais relativos ao individuo e à família e à composição da sociedade, nomeadamente dos nascimentos casamentos e óbitos.

Verifica-se, consequentemente, que o artº 1º torna clara a finalidade do Registo Civil, que é nuclear para a *pessoa* e para a *sociedade*: fixar autenticamente a *individualidade jurídica* de cada cidadão a *servir de base* aos seus direitos civis. Quanto ao artº 2º determina a sua obrigatoriedade geral. Não sendo viável resumir aqui todo o diploma, deve, no entanto, salientar-se ainda o disposto nos artºs 3º e 4º.

Diz o artº 3º: "No mesmo registo se inscreverão ou anotarão os reconhecimentos e legitimações dos filhos, os divórcios, declarações de nulidade e anulações de casamento, e outros actos ou factos relativos ao estado civil. Quer dizer que o legislador pretendeu que o registo incluísse todos os "actos ou factos relativos ao estado civil".

O artº 4º estabelece um importante princípio, uma vez que determina a indispensabilidade da prova, através do registo, dos fundamentais factos a ele sujeitos, salvo, evidentemente, quanto aos constituídos anteriormente à publicação do Código.

Em suma: na sequência da implantação da República, o Registo Civil passou a ser *concretizado* na prática como função do Estado central[41] – e

demoram anos para concluir a redação de diplomas com muito menor significado e com menos de metade dos artigos.

[41] Com todas as vantagens daí decorrentes, principalmente porque a função do Registo Civil é referente a *todos os cidadãos de um país*. Portanto, é de âmbito nacional e não tem a ver com a administração municipal, sendo necessária uma certa uniformidade *nacional* de tratamento das situações. Curiosamente, no país onde talvez mais se tenha defendido a existência de um

não dos municípios – e, tendo sido definitiva e normativamente instituído pelo Código de 1911, rapidamente se estendeu a todo o território nacional e passou a constituir um serviço credível e bastante bem organizado[42], existente em todos os concelhos e funcionando nas "Conservatórias do Registo Civil", que ficaram, e continuam a estar, a cargo e à responsabilidade dos Conservadores do Registo Civil[43].

3.4. Decorreram mais de 21 anos e em 1932 é publicado um novo Código – aprovado pelo Decreto nº 22018, de 22 de Dezembro desse ano – que manteve os essenciais princípios constantes do Código de 1911 e desde o artº 4º ao 9º regulamentou o funcionamento "dos órgãos normais do registo" e no Capítulo IIº (artºs 10º a 152º) tratou dos funcionários, do seu regime e responsabilidade, É só a partir do artº 153º (Capítulo III) que passou a ocupar-se dos livros de registo e do arquivo.

Nota-se uma preocupação do legislador em matéria de funcionalização, de disciplina, incluindo a inspeção aos serviços – o que por certo decorreu das conceções derivadas da implantação do Estado Novo –, mas, afortunadamente, não no tocante aos princípios essenciais introduzidos pelo Código de 1911.

Houve, porém, um passo significativo de aproximação com a Igreja, decorrente de uma generalizada tradição católica, através da celebração, em Maio de 1940, da Concordata entre o Estado Português e a Santa Sé, pela qual a lei passou a reconhecer o valor civil do casamento católico.

Em 1958 foi publicado o Decreto-Lei nº 41.967, de 22 de Novembro de 1958 (subscrito por ANTUNES VARELA, então Ministro da Justiça) que aprovou o novo Código do Registo Civil. Este Código, com um articulado

Registo Civil estatal (a França), mas onde também se advogou o municipalismo, o Registo Civil ficou a cargo dos municípios.

[42] Nas comemorações do centenário do C.RegCiv. de 1911 (que foi subscrito, entre outros, por António José de Almeida, Teófilo Braga, Bernardino Machado e Afonso Costa) referiu-se que logo nos primeiros artigos continha *os princípios* (alguns dos quais, como os da obrigatoriedade geral e da prova plena e necessária, ainda hoje são aí referidos) e consignou-se a referida finalidade do Registo Civil.

[43] Os conservadores passaram a ser obrigatoriamente licenciados em direito (e não apenas bacharéis como em 1911) e juristas especializados que (tal como os demais congéneres que tem a cargo os registos predial, comercial e de automóveis) só podem ingressar na carreira depois de curso, estágio e provas públicas.

bastante aperfeiçoado[44], passou, como se diz no preâmbulo do Decreto--Lei, a "alargar o âmbito do registo civil" incluindo entre os factos sujeitos a registo, as convenções antenupciais, bem como a curadoria e a ausência judicialmente decretada. Foram ainda, entre outros pontos regulamentados de novo, aclarados o suprimento da omissão de registos e os processos especiais de justificação.

A entrada em vigor do atual Código Civil motivou a publicação de um Código do Registo Civil (aprovado pelo Dec-Lei nº 47678 de 3/5/1967), que, ajustando os correspondentes preceitos aos da lei substantiva, passou a incluir, além dos factos que anteriormente já estavam sujeitos a registo, a adoção, a inibição ou suspensão do poder paternal, a administração dos bens de menores e a morte presumida. Reformulou também diversas outras disposições que, todavia, diplomas posteriores alteraram, pelo que é desnecessário aqui referi-las.

A profunda alteração que o Dec-Lei nº 496/77, de 25 de novembro introduziu no Código Civil, especialmente no domínio do Direito da Família – incluindo a disciplina do casamento, do divórcio, da filiação e da adoção – e também no Direito Sucessório, quanto à posição do cônjuge sobrevivo, com o inerente reflexo registral dessas alterações, levou o legislador a publicar um novo Código do Registo Civil. Foi o de 1978, aprovado pelo Dec-Lei nº 51/78, de 30 de março.

Diz o preâmbulo deste Dec-Lei: "Para além do reequilíbrio procurado com a adaptação das disposições registrais à lei civil aproveitou-se o ensejo para rever, na sua generalidade, o corpo de normas em vigor, com vista, por um lado, a introduzir as medidas de simplificação aconselhadas pela prática e, por outro, a promover o aperfeiçoamento do sistema existente", merecendo "especial relevo o desaparecimento dos extractos de assentos"

3.5. Em 1995 foi publicado o Dec-Lei nº 131/95, de 06 de junho que aprovou o Código do Registo Civil que, com várias alterações, ainda hoje vigora.

O preâmbulo do Dec-Lei explica que se deve realçar, "em primeira linha, a transferência de certas competências, normalmente atribuídas a outras entidades [designadamente, aos tribunais], para as conservatórias do registo civil. Na verdade, a cuidada preparação técnico-jurídica

[44] Que foi objeto de judiciosa análise por parte da Drª Cândida Dias (Cf: DIAS, Cândida Rodrigues – *Código do Registo Civil: Comentado*. Lisboa: Imprensa Nacional, 1967).

reconhecida aos conservadores do registo civil e a especial vocação destes na área do direito da família inspiraram as inovações preconizadas neste domínio".

Uma dessas inovações foi a atribuição aos conservadores da competência para a decisão final nos processos de dispensa de impedimentos e de suprimento de autorização para casamento de menores. Também no processo para afastamento da presunção de paternidade, "é deferida ao conservador a competência para declarar a inexistência de posse de estado por parte do filho de mulher casada relativamente a ambos os cônjuges".

Contudo, tem-se entendido que a mais importante novidade foi a de o processo de divórcio e de separação de pessoas e bens por mútuo consentimento, passar "a poder correr os seus termos na conservatória do registo civil, sendo decidido, a final, pelo respectivo conservador".

Eliminaram-se ainda menções discriminatórias da filiação e bem assim outras referências também consideradas inadequadas. Quanto aos processos de justificação, incluindo os destinados à verificação dos vícios do registo, ao suprimento da sua omissão e à sua retificação, passaram a correr seus termos na conservatória, sendo decididos pelo conservador, exceto "quando se suscitem dúvidas acerca da identidade das pessoas a quem o registo respeita ou esteja em causa o estabelecimento da filiação", caso em que a justificação é judicial.

Transferiu-se para a competência dos conservadores do registo civil a decisão de determinados processos que anteriormente cabiam ao Conservador dos Registos Centrais.

Alteram-se procedimentos e tomam-se medidas (que aqui não importa pormenorizar) com vista à simplificação do serviço e à facilitação de práticas para os utentes.

3.5.1. Desde que foi publicado em 1995, o Código teve – até à Lei nº 49/2018, de 14/08 – 31 alterações! Não as vamos referir todas, mas apenas fazer uma breve alusão às mais importantes.

Em primeiro lugar devemos citar o Dec-Lei nº 36/97, de 31 de janeiro, que transferiu para as conservatórias do registo civil a competência – que era da Conservatória dos Registos Centrais – para a integração e transcrição de casamentos e óbitos ocorridos no estrangeiro e nas ex-colónias e referiu-se à possibilidade dos assentos e averbamentos serem lavrados informaticamente.

Depois cabe mencionar o o Dec-Lei nº 120/98, de 8 de maio, que, em face da reforma da lei civil sobre a adoção, alterou o CRCiv no sentido de o adaptar a essa nova legislação.

Deve ainda mencionar-se o Dec-Lei nº 375-A/99, de 20 de setembro que, na sequência da reforma do Código de Processo Civil, alterou alguns artigos do CRCiv em matéria de recursos, só os admitindo para o Supremo nos casos em que tal é sempre admissível.

Em 2001 foram publicados dois diplomas que importa referir:

1º) O Dec-Lei nº 228/2001, de 20 de agosto, que, nomeadamente, previu a simplificação da transcrição de assentos e a eliminação dos averbamentos de trasladação e cremação de cadáveres, bem como procedimentos no sentido de contribuir para a gestão das bases de dados informatizadas.

2º) O Dec-Lei nº 273/2001, de 13 de outubro, cujo preâmbulo começa por referir: "o presente diploma opera a transferência de competências em processos de carácter eminentemente registral dos tribunais judiciais para os próprios conservadores de registo, inserindo-se numa estratégia de desjudicialização de matérias que não consubstanciam verdadeiro litígio". Entre outras alterações, estabeleceu-se que passa para a decisão do conservador o processo de justificação judicial, "aplicável à maioria das situações de suprimento de omissão de registo não oportunamente lavrado". Além disso, é eliminada a necessidade de processo para afastamento da presunção de paternidade, nos casos em que a mãe declare que o marido não é o pai, sendo admitida a imediata perfilhação por terceiro.

No ano seguinte foi publicado o Dec-Lei nº 113/2002, de 20 de abril, que respeita à interrupção voluntária da gravidez e, "permitindo evitar a sujeição dos pais e familiares a um sofrimento suplementar", dispensa a apresentação de certificado médico de morte fetal. Para tal fim é aditado ao CRCiv o artº 209º-A.

Três leis devem também ser referenciadas. Uma delas é a Lei nº 29/2007, de 2 de agosto que alterou diversos artigos do Código e aditou alguns (como no tocante ao registo de nascimento ocorrido em unidades de saúde). Outra é a Lei nº 29/2009, de 29 de junho que aprovou o "Regime Jurídico do Processo de Inventário" e que obrigou à menção da instauração do inventário no próprio assento de óbito. A seguinte é a Lei nº 103/2009, de 11 de setembro, que aprovou o "Regime Jurídico do Apadrinhamento Civil, Nos termos do artº 28º/1, "a constituição do apadrinhamento civil e a sua revogação são sujeitas a registo civil obrigatório, efectuado imediata e oficiosamente pelo tribunal que decida pela sua constituição ou revogação".

3.5.2. Antes, porém, dos diplomas que acabamos de citar, uma relevante novidade legislativa consistiu na aprovação do "Código da Insolvência e da Recuperação de Empresas", aprovado pelo Dec-Lei – o nº 53/2004, de 18 de março.

Simplesmente, este louvável diploma no tocante ao seu principal objeto, alterou o Código do Registo Civil de uma maneira *desastrada*. Com efeito, considerou sujeitos a *Registo Civil* – repito: a Registo Civil – "A declaração de insolvência, o indeferimento do respectivo pedido, nos casos de designação prévia de administrador judicial provisório, e o encerramento do processo de insolvência; a nomeação e cessação de funções do administrador judicial e do administrador judicial provisório da insolvência, a atribuição ao devedor da administração da massa insolvente, assim como a proibição da prática de certos actos sem o consentimento do administrador da insolvência e a cessação dessa administração, etc.

É manifesto que todas estas situações, por um lado devem ser registadas e, pelo outro, *nada têm a ver com a identificação civil ou com o estado civil, nem tão-pouco com os Direito de Família, bem como com qualquer dos fins do Registo Civil.* Ou seja: trata-se de situações, que devem ser registadas, mas *nunca* no Registo Civil[45]. Aliás, a inscrição ou averbamento ao *assento de nascimento* da insolvência da pessoa a quem esse registo respeita, atenta contra o seu

[45] A única explicação que foi dada – a do Código que regula a insolvência demandar *um registo* dos aludidos factos – *não parece ser explicação alguma*. Com efeito, é bem sabido que as dívidas, o seu incumprimento ou o passivo de uma pessoa não podem, à luz dos princípios do nosso Ordenamento e da nossa Civilização afectar o *ser* da pessoa, o seu *estado civil* ou a sua *identidade*, os seus *direitos de personalidade*. E é destes aspectos e destas realidades que trata o registo civil, *nunca* das dívidas ou das contingências da actividade económica, cujo único cabimento será, entre nós, no registo comercial. Nem se diga que os não comerciantes não estão sujeitos a registo, porque as próprias heranças jacentes têm inscrição no RNPC e se o legislador sujeitou os aludidos factos a registo civil (???) porque não os poderia tê-lo feito (como seria adequado) ao registo comercial? Além disso, por um lado, foi abolida a antiga dicotomia *falência* (para comerciantes) e *insolvência* (para não comerciantes) e, pelo outro, as ações e procedimentos relativos à insolvência têm (todos eles) inscrição no registo comercial – que tem, pois, a inerente "base de dados".

bom nome e, consequentemente, é inconstitucional[46]. Já o temos referido[47], mas até agora não foram alteradas as sobreditas disposições.

3.5.3. De todas as mencionadas alterações, a mais significativa foi a introduzida pelo Dec-Lei nº 324/2007, de 28 de Setembro. Como é dito no preâmbulo, este Dec-Lei teve em vista adotar "medidas de simplificação e desformalização relacionadas com a vida dos cidadãos, no quadro das medidas promovidas pelo Ministério da Justiça para o Programa SIMPLEX 2007". É, pois, um diploma que se assemelha bastante ao Dec-Lei nº 116/2008, de 4 de julho, que no ano seguinte também intentou a simplificação, desmaterialização e eliminação de alguns atos e procedimentos no Registo Predial.

No tocante ao Registo Civil, de entre as medidas aprovadas, constam as que simplificaram certas formalidades associadas ao processo de separação de pessoas e bens e de divórcio, permitindo ainda que nas conservatórias fosse feita a partilha dos bens do casal e pagos os devidos impostos, bem como promovidos os registos dos bens adjudicados. Também se visou concretizar a simplificação do processo de casamento, incluindo a documentação exigida a estrangeiros e a livre escolha e titulação do regime matrimonial de bens.

[46] Trata-se de questão que não temos visto debatida. Todavia, parece-nos claro que a Constituição proíbe (nomeadamente no artº 26º nºs 1 e 2) a divulgação de informação – como é o caso no registo civil e por averbamento ao *assento de nascimento*!!! (artº 69º,nº1, al.s g) a l)) de factos que atentam contra o "bom nome" da pessoa, como é o caso desta não liquidar as dívidas e ser declarada insolvente (vejam-se os comentários de Gomes Canotilho e Vital Moreira na *Constituição da República Portuguesa, Anotada,* 3ª ed. Rev. Coimbra, Coimbra Editora, 1993, pág. 179/80)..

[47] Foi o caso do citado livro *Ensaio sobre a Problemática....* Onde referimos o seguinte: Todavia, consideramos ser *inconstitucional* – como em várias intervenções veementemente acentuamos – que tenham sido aditadas as (atuais) alíneas l) a o) que *não tratam* de factos correspondentes a 'atos de Registo Civil' e menos ainda à identidade e ao estado civil das pessoas, nem importam à finalidade e objeto deste registo, mas sim e unicamente à matéria do 'endividamento' e da *insolvência,* sendo *absurdo* e, além disso, altamente *discriminatório* e *vexatório* para o registado – e consequentemente *inconstitucional* –, que esses factos sejam publicitados *conjuntamente com a sua identidade e estado civil* e não, como deveriam, numa outra instituição, designadamente no Registo Comercial (incluindo o RNPC). Trata-se, a nosso ver, de uma *pseudo-solução* legislativa que resulta *inexplicável e incongruente* e consideramos mesmo que desrespeita a instituição que é o 'Registo Civil', bem como as suas essenciais atribuições públicas, o que, por certo, seria impensável para os próprios revolucionários de 1910 que o instituíram em Portugal como obrigatório.

Por outro lado, os utentes dos serviços ficaram dispensados de apresentar certidões de actos ou documentos sempre que os mesmos constem de bases de dados a que a conservatória tenha acesso, ainda que respeitantes a outros serviços.

Outras alterações significativas consistiram na informatização dos atos e procedimentos e na eliminação da competência territorial das conservatórias, salvo no caso de disposição especial fixar a conservatória competente.

Em suma: este Dec-Lei nº 324/2007 alterou globalmente o CRCiv. Em consequência o Registo Civil, foi profundamente transformado, e tornou-se bastante mais fácil a relação dos utentes com as conservatórias. Porém, nem todas as alterações foram consensuais. É o caso da crítica de MENEZES CORDEIRO à revogação, considerada inconstitucional, do artº 40º/2 a 4[48].

As posteriores modificações foram pontuais – principalmente para adaptar o Código à lei substantiva –, como foi o caso da Lei nº 103/2009, de 11 de Setembro que aprovou o regime jurídico do apadrinhamento civil, o da Lei nº 9/2010 de 31 de maio que permitiu o casamento civil entre pessoas do mesmo sexo e o da Lei nº 143/2015, de 8 de setembro que aprovou o regime jurídico do processo de adoção.

[48] Cf. CORDEIRO, ANTÓNIO MENEZES: "Títulos nobiliárquicos e registo civil – A inconstitucionalidade da reforma de 2007" *in* ROA, 2009, Vol. I e II, *in* «Actualidade».

TÍTULO II
SISTEMÁTICA DO REGISTO CIVIL

Capítulo III
Metodologia do Registo Civil

O ordenamento metodológico do Registo Civil está direcionado em três sentidos fundamentais, estando também preparado para a total informatização e para ser prático e facilmente acessível a qualquer pessoa.

Aqueles três sentidos são:

1 – O de que todos os essenciais factos sujeitos a registo constam «à partida» de *assentos*: três habituais – de nascimento, casamento e óbito – e, ocasionalmente, de mais dois: de declaração de maternidade e de perfilhação.

Ou seja: é apenas nos mencionados assentos que inicialmente ficam a constar os indicados factos básicos.

As diversas vicissitudes que surjam e que decorram destes factos – podendo incluir a retificação e a dissolução do vínculo constante do assento – são registados por *averbamento* ao assento respetivo. Mas, facilitando a publicitação da situação jurídica, o conteúdo desse averbamento fica integrado no assento.

2 – O de haver um registo inicial – que é um assento básico – ao qual estão ligados todos os factos constantes quer dos outros assentos, quer dos averbamentos. Por isso, nesse assento – que é o de *nascimento* – é publicitada atualizadamente a *situação jurídica identitária* de cada pessoa.

3 – Os registos, ainda que careçam de determinado documento (como por ex. uma certidão de óbito) são feitos quer por simples *declaração verbal* prestada pessoalmente ao conservador ou oficial dos registos e numa qualquer conservatória ou em local protocolado pelo IRN, quer com base

em *documento escrito* enviado para a conservatória. Sendo necessário um requerimento, também o facto solicitado pode ser declarado direta e verbalmente, sendo reduzido a auto na própria conservatória.

Capítulo IV
A Modernização do Registo Civil

Desde os primórdios do presente Século, que o Registo Civil se tem modernizado continuada e comprovadamente. Podemos sintetizar a sua atualização e a sua evolução estruturando-as em quatro vertentes principais:

I – Na total informatização dos atos e procedimentos;
II – Na facilitação de formalidades e comprovativos;
III – Na conceção de novos e de revistos documentos de identificação;
IV – Na execução dos atos e desempenho de novas competências.

1. A realização dos procedimentos para a informatização dos atos e processos de registo teve início em 2006 e terminou em 2007 (!), mercê do empenho de todos: conservadores e oficiais, bem como de técnicos e funcionários do IRN.

A informatização, que se processou em todas as conservatórias do país e também em postos consulares (ainda que nestes não tivesse ficado concluída em 2007), permitiu a criação de uma *base de dados* centralizada e possibilitou a eliminação da competência territorial das conservatórias, bem como a imediata obtenção de elementos e certificações junto de outras e dos demais serviços públicos informatizados (como os fiscais), evitando, assim, que os utentes tivessem de a eles se deslocar, designadamente para obter certidões e outros documentos.

Além disso, foi a informatização que possibilitou a realização de pedidos *online*, as notificações por via eletrónica, os anúncios e editais pela internet e a notória celeridade de procedimentos.

A instalação do sistema informático do Registo Civil foi concretizada através da plataforma denominada SIRIC (Sistema Integrado do Registo e Identificação Civil) que é gerida pelo IRN

Deve ainda dizer-se que a circunstância de todos os atos se realizarem informaticamente permitiu que tivessem sido criados diversos meios e processos expeditos para satisfazer os pedidos, como foi o caso do portal "Civil Online". Porém, desta e de outras iniciativas trataremos em ulteriores capítulos.

2. A modernização do Registo Civil consistiu também na eliminação ou redução de formalidades que se reconheceu serem desnecessárias. Além de que, desde a informatização que acabamos de referir, os interessados, na generalidade das hipóteses, foram dispensados de apresentar certidões de quaisquer atos existentes na aludida base de dados, ou mesmo nas de outros serviços, a que as conservatórias pudessem aceder.

Como é evidente, estas possibilidades e comodidades traduzem-se globalmente numa simplificação e diminuição de custos, reduzindo outrossim o tempo que os utentes tinham de despender antes da informatização.

Os aspetos concretos destas facilidades serão concretizados à medida que se forem estudando os temas que nos propusemos tratar.

3. Ao Registo Civil, como já procuramos explicitar, incumbe definir e comprovar a identidade de cada cidadão. E ao falar nesta identidade dever-se-á recordar que há determinados elementos fundamentais que o conceito engloba, como é o caso do nome, do estado civil, do sexo, da idade, da nacionalidade, da filiação, em suma, de todos os dados[49] que permitem saber quem uma pessoa é.

Veremos melhor ao tratar dos registos que o assento que tem aptidão para fazer essa prova – e prova plena – é o assento de nascimento. De modo que qualquer documento que tenha por fim demonstrar a identidade do cidadão tem de basear-se no assento de nascimento e nos dados que dele

[49] Já desde o CRCiv de 1911 todos esses elementos deviam constar do assento de nascimento (artº 141º).

constam. Os mais antigos documentos que se destinavam a comprovar a identidade eram as certidões e boletins (artºs 295º e 310º do CRCiv de 1911) e depois de 14 de abril de 1924, quando lavrado o registo de nascimento devia "entregar-se ao declarante uma cédula pessoal" que era o documento onde constavam os principais elementos constantes do registo de nascimento. Esta obrigação manteve-se nos sucessivos Códigos [50].

Pelo Dec-Lei nº 5266, de 16 de Março de 1919, foi criado o "bilhete de identidade" (B.I.), cujo modelo foi sucessivamente aperfeiçoado, passando a ser plastificado e a conter a fotografia do próprio. Além disso, a sua apresentação foi tornada obrigatória para identificar a pessoa a que ele dizia respeito.

No âmbito da modernização do Registo Civil e da "simplificação digital", a Lei nº 7/2007, de 5 de fevereiro, criou o *cartão de cidadão* que, nos termos do artº 4º, "constitui título bastante para provar a identidade do titular". Ou seja: tem uma finalidade idêntica à do "bilhete de identidade", mas com uma informação mais completa. Com efeito, a ideia que presidiu à criação deste cartão foi a de lhe agregar outras informações, designadamente as respeitantes aos números de identificação fiscal, de utente dos serviços de saúde e da segurança social[51].

Assim, o artº 2º da Lei nº 7/2007, define cartão de cidadão como o "documento autêntico que contém os dados de cada cidadão relevantes para a sua identificação e inclui o número de identificação civil, o número de identificação fiscal, o número de utente dos serviços de saúde e o número de identificação da segurança social". Além disso, também "inclui uma zona específica destinada a leitura óptica e incorpora um circuito integrado" (artº 6º/1). Contém, entre outros, "de harmonia com o que constar do assento de nascimento", os seguintes elementos básicos: nome. filiação, nacionalidade, data de nascimento, sexo e ainda os que constarem do circuito integrado.

Além do cartão de cidadão, outras possibilidades de identificação e de informação pessoal subsistem – desde logo, o *passaporte*, bem como as referentes aos dados pessoais recolhidos na "base de dados" que digam

[50] O CRCiv de 1932 denominava-a "cédula de família". O artº 410º dizia: "Feito o registo de nascimento, o funcionário entregará uma cédula de família (...)"

[51] A ideia de agregar esta *outra informação*, bastante útil para evitar o uso de diversos cartões, parece que se ficou a dever à AMA (Agência para a Modernização Administrativa, I.P).

respeito ao próprio – e ainda as *certidões* dos assentos, especialmente do de nascimento[52], mas com mais fácil aquisição e utilização, dada a possibilidade de serem disponibilizadas *online*.

Vemos, pois, que os atuais documentos de identificação e informação contribuíram indubitavelmente para a modernização do Registo Civil.

4. Desde 2007 que a execução dos atos é feita em suporte eletrónico, o que permitiu que se possam obter os modelos, principalmente dos assentos e averbamentos, em parte pré-preenchidos, facilitando e tornando mais célere o cumprimento das respetivas tarefas.

Por outro lado, a total informatização e a existência de uma base de dados permitiu o desenvolvimento de projetos que visaram facilitar o acesso dos utentes à prática dos atos pretendidos, como é o caso do civil *online* que, através da internet, permite que, em qualquer local, se possa iniciar o processo preliminar de casamento, bem como o processo de divórcio e de separação de pessoas e bens, pedir ou consultar certidões, e outros atos que oportunamente iremos referir.

Outra novidade que se seguiu à informatização consistiu na criação dos denominados balcões «nascer cidadão» que permitem efetuar a declaração de nascimento do recém-nascido e também pedir o seu cartão de cidadão na própria unidade de saúde onde ocorreu o parto.

Após o registo de óbito passou a ser possível efetuar a habilitação de herdeiros e a partilha. Também a iniciativa «espaço óbito» permite que se realizem uma série de tarefas relacionadas com o óbito.

Identicamente, no caso de divórcio ou de separação de pessoas e bens também passou a ser viável efetuar a partilha dos bens do casal.

Todas estas –e outras – inovações no campo das práticas tradicionais, permitem concluir que, desde 2007, se processou uma inquestionável modernização do Registo Civil, como melhor veremos no decurso da exposição das várias tarefas que lhe incumbe realizar.

[52] Também logo que efetuado o registo de nascimento é entregue um documento que o comprova.

Capítulo V
Os Princípios do Registo Civil

§ 1º O tema dos princípios

O CRCiv não contém um capítulo dedicado aos *princípios* do Registo Civil. No entanto, tal como em outros ramos do Direito, também no Registo Civil os princípios constituem um dos tópicos mais relevantes para se perceber quais são os fins, o valor, os efeitos e a importância prática deste Registo.

Os princípios traduzem e sintetizam as *regras básicas do sistema*[53] – no caso, de registo – e são caracterizadores e estruturantes do mesmo, tanto do ponto de vista organizacional, como do jurídico, inclusivamente quanto aos aspetos essenciais da *qualidade da informação* que é prestada e das garantias que decorrem dos factos registados, face às próprias partes e a terceiros. Sob outro ângulo, também no cumprimento dos desígnios que têm os interessados em ver suas legítimas pretensões inscritas no sistema registral.

Os princípios dizem respeito, por um lado, aos elementos ou traços essenciais que fundamentam e estruturam *um sistema de registo*. Por outro, têm um papel muito importante na concretização efetiva e tabular dos direitos que a ordem jurídica confere.

[53] No douto ensino de Canaris, e no número intitulado "O sistema como ordem de «princípios gerais do Direito» diz (a propósito da caracterização do sistema como ordem teleológica) que "na descoberta do sistema teleológico, não se pode ficar pelas «decisões de conflitos» e dos valores *singulares*, antes se devendo avançar até aos valores *fundamentais* mais profundos, portanto até aos *princípios* gerais duma ordem jurídica; (...)" (Cf: Canaris, Claus-Wilhelm – *Pensamento Sistemático e conceito de sistema na ciência do direito.* (introdução e tradução de A. Menezes Cordeiro). Lisboa: Fundação Calouste Gulbenkian, 3ª ed., 2002, pp. 76/7).

Como já referimos, o Registo Civil é instrumental de outros ramos de Direito substantivo, nomeadamente do Direito de Família, dos Direitos de Personalidade e do Direito Constitucional. Há, por isso, princípios desses e de outros ramos que se repercutem no Registo Civil.

Por conseguinte, consideramos que se devem distinguir os princípios gerais, que são estruturantes e próprios do sistema registral, dos que «estão ao serviço» de cânones ou princípios do Direito substantivo e que o Registo Civil tem de respeitar. Assim,

A – Entre os *princípios gerais*, consideramos.

I – Princípio da obrigatoriedade
II – Princípio da eficácia absoluta
III – Princípio presuntivo por regra inilidível
IV – Princípio da legitimação registral
V – Princípio da prova insubstituível
VI – Princípio da coerência com o sistema jurídico
VII – Princípio da legalidade
VIII – Princípio da oralidade ou da instância oral
IX – Princípio da atualização oficiosa.
X – Princípio da omissão de referências vexatórias e sigilosas
XI – Princípio da gratuitidade
XII – Princípio da autonomia registral

B – Entre os *princípios substantivos* consideramos:

XIII – Princípio do direito ao nome
XIV – Princípio da garantia e prova da identidade pessoal
XV – Princípio da especialidade

§ 2º O princípio da obrigatoriedade

Este princípio constituiu «uma bandeira» da Revolução Republicana de 1910 que, tendo defendido a separação da Igreja e do Estado, entendeu (e bem) que a identificação dos cidadãos – de todos os cidadãos – e do seu estado civil não devia constituir incumbência das instituições eclesiásticas, tendo de se buscar nos livros paroquiais, mas sim *um encargo próprio do Estado*. Por isso, a identidade das pessoas devia ser pública, independente do seu credo religioso e, consequentemente, constar doa livros do Registo Civil. Mais: para que este pudesse desempenhar cabal e adequadamente a sua função, este princípio tinha de ser geral e obrigatório.

E o incumprimento da obrigação sujeitava o obrigado a registar ao pagamento de uma coima. O princípio da obrigatoriedade ficou, aliás, expressamente consignado no artº 2º do CRCiv de 1911.

Defendendo-se, como se defendeu, a *secularização* da função registral, também paralelamente se considerou:

a) que dessa tarefa deviam ser encarregados funcionários civis privativos que a pudessem realizar com independência e responsabilidade;
b) que, nos termos dos artºs 7º e 8º do Código, os livros de registos paroquiais passassem para a propriedade do Estado e que os mesmos fossem imediatamente encerrados no estado em que se encontravam, não podendo escrever-se mais nenhum assento, nem neles fazer alterações. E, nos termos do artº 9º, o pároco que infringisse esta disposição incorreria na perda de todas as vantagens que podia receber do Estado e, além disso em multa.

A propósito da obrigatoriedade, sustentou-se convictamente "que a nenhum espírito liberal repugnam hoje os princípios em que se baseiam o registo civil obrigatório e a sua realização por autoridades civis"[54].

A "obrigatoriedade geral e absoluta"[55] dos factos que a lei sujeita a registo manteve-se em todos os ulteriores Códigos, com a diferença de que o incumprimento da obrigação de registar deixou de ser sancionado por se ter entendido que já era sanção suficiente a resultante da ininvocabilidade dos factos sujeitos a registo e não registados.

§ 3º Princípio da eficácia absoluta

O princípio que designamos como da eficácia absoluta está previsto na disposição seguinte – artigo 2º – cuja epígrafe refere: *Atendibilidade dos factos sujeitos a registo.* Depois, o articulado diz: Salvo disposição legal em contrário[56], os factos cujo registo é obrigatório só podem ser invocados depois de registados.

[54] *Vide: o panfleto* "A obrigatoriedade do Registo Civil", editado em 1908 pela Associação do Registo Civil. Consultável em; https://www.laicidade.org/documentos/documentacao-historica/aobrigatoriedade-do-registo-civil/

[55] Cf. Dias, Cândida Rodrigues :*Código do Registo Civil, Comentado,* Edição da Autora, *Imprensa Nacional,* 1959, *p.* 21.

[56] Arnaldo A. Alves e Maria Antonieta Pereira no *Código do Registo Civil Anotado* 4ª ed. Coimbra, Almedina, 1987 – citados por Álvaro Sampaio no *Código do Registo Civil,*

Quer assim dizer que os factos sujeitos a registo obrigatório não podem ser afirmados e justificados por qualquer pessoa – tanto por aqueles a quem o registo disser respeito, como por terceiros – se não estiverem registados[57].

Este princípio da *eficácia absoluta,* em síntese, indica-nos que os atos sujeitos a registo não produzem os efeitos que lhes são próprios se não estiverem registados. Por isso, dir-se-á que o Registo Civil não só publicita os factos, mas também os *titula de uma forma necessária* para que possam ser considerados e aceites por qualquer pessoa. Como pertinentemente se escreveu, existe *uma ineficácia* que é "absoluta em relação a todos, antes do registo"[58]. Acrescentamos: a ineficácia é absoluta não só porque se verifica em relação a todas as pessoas (incluindo terceiros), como também porque não existem atos em relação aos quais se possa dizer que, sem o registo, existe «alguma» eficácia. A ineficácia abrange toda a espécie de atos[59].

§ 4º Princípio presuntivo por regra inilidível

Este princípio está enunciado no artº 3º/1 do CRCiv deste modo: "A prova resultante do registo civil quanto aos factos que a ele estão obrigatoriamente sujeitos e ao estado civil correspondente não pode ser ilidida por qualquer outra, a não ser nas acções de estado e nas acções de registo".

Trata-se, consequentemente, de um princípio presuntivo e que não é apenas respeitante ao *estado civil* constante do registo e tal como nele se acha definido, mas que igualmente se refere aos demais "factos que a ele estão obrigatoriamente sujeitos".

E que presunção é? Diversamente do que habitualmente se ensina, propendemos a considerar que «em regra» se trata de uma presunção "iuris et de iure", visto a prova feita pelo registo é *inilidível* salvo nas ações de estado e nas de registo[60]. Trata-se, pois, de uma presunção absoluta e não

Anotado e Comentado, 5ª ed, Coimbra, Almedina 2019, p. 105) – apontam alguns casos, como o do casamento anterior não dissolvido, mesmo que não registado, que constitui impedimento dirimente absoluto.

[57] Deste modo, a título de exemplo, conclui-se que qualquer pessoa, seja a que propósito for, só pode dizer que A e B são casados se existir o seu registo de casamento. E se não houver registo o acto (casamento) não é eficaz mesmo para as partes e, em princípio, nem mesmo tem existência legal.

[58] Cf. Carlos Ferreira de Almeida, *op. cit.* p. 292

[59] O que, evidentemente, não significa que seja vedada a sua apreciação judicial. Esta, à luz da própria Constituição, pode sempre existir.

[60] Esta ressalva parece contrariar a primeira parte da disposição quando diz que a prova do registo "não pode ser ilidida por qualquer outra". Todavia, como a própria presunção "iuris

daquela que pode ser sempre afastada "mediante prova em contrário" de acordo com o disposto no nº 2 do artigo 350º do C.C. (isto é, a mera presunção *tantum iuris*).

Utilizamos a expressão «em regra», visto que a primeira parte do preceito estabelece *perentoriamente* uma inilidibilidade própria das presunções *iuris et de iure*, dado que a prova em questão "não pode ser ilidida por qualquer outra". Todavia, na segunda parte prevê uma ressalva: " a não ser...". Ou seja: a regra é a de a prova constante do registo *não poder ser ilidida por qualquer outra* (o que só acontece nas presunções *iuris et de iure*) e a ressalva – unicamente relativa às ações de estado e às ações de registo – constitui a exceção[61]. Por isso, sendo a ressalva juridicamente *excecional*, entendemos que não pode afastar a «regra geral» respeitante ao princípio que o artº 3º/1 consignou, que é a de uma presunção inilidível.

§ 5º Princípio da legitimação registral

Dos dois princípios anteriormente referidos, designadamente do presuntivo, e atento o disposto no artº 3º/1, decorre que a lei só poderia ter considerado que a prova própria do Registo Civil era «em regra «inilidível, se não partisse do pressuposto que era exata e verdadeira, Consequentemente, os factos registados gozam da *legitimação registral*, para empregar a expressão que é normalmente usada no Registo Predial[62]

Podemos colocar a seguinte interrogação: então o princípio presuntivo e o da presunção de verdade não são um mesmo e único princípio? Parece-nos que não. É que uma coisa é a presunção legal *em si* – a que nos referimos no parágrafo anterior – que apenas dispensa "provar o facto que a

et de iure" nunca poderá ao ponto de *impedir* que uma decisão venha a transitar em julgado e que, relativamente à matéria presumida, a *fixe* de modo diverso, também propendemos a considerar que aqui a decisão judicial quanto ao próprio registo não afasta o conceito da presunção inilidível. Aliás, há quem entenda (cf. CÂNDIDA RODRIGUES DIAS, *op cit.* p. 25) que "a prova fornecida pelo registo goza de autoridade semelhante à do caso julgado" pois este "é verdadeiro acto de jurisdição, cujo valor só pode ser ilidido mediante a competente acção de registo".

[61] É exceção, mesmo porque noutro tipo de ação – por ex. que apenas se destine à cobrança de uma dívida – se uma das partes vier alegar que a outra tem um estado civil diferente (do que consta da certidão do registo junta aos autos), não pode ser apreciado nessa ação qual é o seu exato estado civil.

[62] *Vide* nosso *Manual de Direito Registral Imobiliário*. Coimbra, Almedina, 2022, p. 240 e nota 456.

ela conduz" (artº 350º/1 do C.C.)[63], mas que não garante a *qualidade* desse facto, designadamente se é verídico, e outra é a de que o facto presumido ser considerado indubitavelmente *exato e verdadeiro.*

Sob este ângulo, embora o CRCiv não contenha uma disposição idêntica à que, para o Registo Predial, consta do artº 7º do CRPred, deduz-se iniludivelmente do contexto das supracitadas disposições e das iremos referir, que também no Registo Civil, os factos registados se presumem exatos e verdadeiros e – diria até – de um modo ainda mais evidente (e irrefutável) do que no Registo Predial.

§ 6º Princípio da prova insubstituível

Trata-se do princípio que o artº 4º do CRCiv enuncia nestes termos: "A prova dos factos sujeitos a registo só pode ser feita pelos meios previstos neste Código".

Este princípio é usualmente referido como *princípio da publicidade.* No entanto, preferimos a designação que demos, visto que não se trata de «uma qualquer» ou usual publicidade, mas antes da que *só pode ser feita* do modo indicado no preceito, não sendo mutável por outra.

Para comprovar os factos sujeitos a registo é *requisito absoluto* a utilização de uma das modalidades certificatórias que se acham previstas nos artigos 211º e seguintes. Tornar-se-ia portanto, ilegal pretender provar o estado civil de uma pessoa através de um outro qualquer meio, mesmo que faça prova plena, como é o caso de um certificado notarial (artºs 161º e ss. do C.Not.) ou de uma declaração complementar prevista no artº 46º do CRPred.

Através deste princípio o legislador tem também em vista zelar pelo cumprimento dos artºs 1º e 2º do Código, uma vez que se o facto não estiver registado também dele não pode ser feita prova por outros meios legalmente previstos. Todavia, deve notar-se que a imposição legal não é absoluta, dada a possibilidade de haver *omissão* do assento. Nesse caso – que é excecional – sendo necessário instaurar o competente processo, é nele admitida qualquer espécie de prova.

[63] Como se disse no Acórdão do STJ de 19/1/2017 (ANTÓNIO JOAQUIM PIÇARRA) "A presunção traduz-se e concretiza-se num juízo de indução ou de inferência extraído do facto de base ou instrumental para o facto essencial presumido, à luz das regras da experiência, sendo admitida nos casos e termos em que é admitida a prova testemunhal (artº 351º do Cód. Civil)".(Cf: Proc841/12.6TBMGR.C1.S1 *in http://www.dgsi.pt/jstj*).

§ 7º Princípio da coerência com o sistema jurídico

Traduz-se no seguinte: quando o registo publica determinada situação jurídica e numa ação judicial que a contesta ficou decidido que a situação era outra, não pode – não deve – esse registo continuar a publicitar a referida anterior situação, *em desconformidade* com o que foi decidido.

Tem de existir a mencionada *coerência*, de modo que o estava tabularmente declarado *deixe de o estar*, respeitando e refletindo imediatamente *o que na decisão final ficou determinado*.

De outro modo, o registo em vez de publicar a verdade, em conformidade com o seu fim e com o efeito presuntivo, isto é, disponibilizando uma informação verdadeira, compatível com o que ficou judicialmente definido e, por conseguinte, *atualizada*, passaria a induzir em erro e, consequentemente, a prestar um mau serviço.

Como é evidente, a lei não pode contemporizar com tal situação e, por esse motivo, existia, de há longa data, uma norma, que adiante iremos transcrever, dispondo que os factos comprovados pelo registo não podem ser impugnados sem que simultaneamente se peça o cancelamento do registo.[64] Deste modo, quando numa ação judicial se pretendesse impugnar a veracidade dos factos publicitados pelo registo tornava-se necessário pedir igualmente *o cancelamento* do próprio registo, para que este não subsistisse em vigor, publicando uma situação jurídica *diferente* e *contraditória* com aquela que fosse judicialmente considerada a verdadeira[65]. Entendemos que quando o nº 2 do artº 3º do C.RegCiv diz que "os factos registados não podem ser impugnados em juízo sem que seja pedido o cancelamento ou a rectificação dos registos correspondentes", consagra o princípio a que nos referimos neste parágrafo.

§ 8º Princípio da legalidade

O princípio da legalidade, que em qualquer registo que se queira fiável tem de se considerar crucial, indica, em síntese, que só podem ser registados factos e situações jurídicas a tal admitidos e que estejam *conformes com o que a lei determina*.

[64] Tratava-se do artº 12º do CRPred de 1967 e também do artº 12º do Código de 1959.

[65] Por isso, como disse o STJ (Ac. de 4/7/1972 *in* BMJ nº 219, p. 176), esta disposição visava "condicionar" a impugnabilidade dos factos tabularmente comprovados "ao simultâneo pedido de cancelamento do registo".

Os factos, anotações, comprovativos, declarações ou quaisquer referências contrárias ao que se acha estabelecido nas disposições legais não podem ter inscrição no registo. Por isso, o conservador não poderá receber uma declaração quando existe alguma norma que, naquelas circunstâncias, não a permite aceitar[66].

Trata-se de um importante princípio que, todavia, não está expressamente consagrado em qualquer preceito do CRCiv, diversamente do que se verifica em todos os outros registos no âmbito do IRN. No entanto, isso não significa que, em termos de Registo Civil, ele tenha menor importância e que não decorra implícita e claramente de várias disposições do Código.

Com efeito, como se compreenderia a existência dos outros princípios que *supra* assinalamos e sobretudo as disposições dos artºs 2º, 3º e 4º se os factos registados não tivessem de estar conformes com o estabelecido na lei?

Acresce que desde o Código de 1911 – que, designadamente, no artº 352º o afirmou – ficou claro que os funcionários que lavrarem atos contra a lei sujeitam-se a responder civil, penal e disciplinarmente.

A existência do princípio da legalidade não significa, porém, que os assentos estejam isentos de erros, que realmente não estão. É que são sobretudo feitos com base nas declarações dos interessados, as quais nem sempre são exatas ou se torna possível que sejam integralmente conferidas, em especial por acesso às respetivas bases de dados.

Apesar destas eventualidades, podemos afirmar que muito raras são as situações em que os atos registados sofrem de alguma invalidade, o que se deve ao generalizado e escrupuloso cumprimento do princípio da legalidade.

§ 9º Princípio da oralidade ou da instância oral

Outro princípio que vigora no Registo Civil é o que poderemos designar como princípio da *instância verbal* ou princípio *da oralidade.*

[66] Esta é uma ideia sucinta. Para mais ampla reflexão pode, entre outros, referir-se a citada obra de Jose Pere Raluy, que dedica todo o Capítulo XXIV (pp.. 297 e ss do Tomo I.) à qualificação e à análise do princípio da legalidade. Diz a certa altura este Autor: "a exigência do princípio da legalidade e da adequação do Registo à realidade extraregistral, exigem imperiosamente que se dote o Registador de uma faculdade qualificadora (...). A supressão da função qualificadora suporia o derrube das garantias básicas do Registo" (*vide:* p. 297).

É que o pedido para que se pratique qualquer acto de registo ou para que seja fornecido um meio de prova ou ainda *normalmente* para que seja instaurado um processo, não carece de ser formulado por escrito. A instância verbal é suficiente. Assim como as declarações que baseiam os assentos ou outros actos de registo podem ser – e usualmente são – feitas oralmente pelos interessados.

Relativamente aos próprios processos privativos do Registo Civil, existe a disposição expressa do artº 224º/2 que diz: "Quando o pedido for formulado verbalmente na conservatória, deve ser reduzido a escrito[67], com aposição do nome do conservador". E, mesmo quando alguém com legitimidade para tal, pretenda *contestar* o pedido pode-o fazer verbalmente, visto que o nº 3 desse artigo considera "aplicável à oposição o disposto nos números anteriores".

Há, contudo, um processo – que não é dos mencionados "privativos", visto que é do âmbito processual civil – em que a lei exige que o pedido seja formulado por escrito: é o de divórcio ou separação de pessoas e bens. Quanto aos outros, sendo embora necessária uma *instância,* ela pode sempre ser verbal e é a própria conservatória que, em auto-requerimento, o reduz a escrito.

§ 10º Princípio da atualização oficiosa

O princípio que se me afigura dever ser designado como princípio da atualização oficiosa traduz-se no seguinte: os registos têm de estar permanentemente atualizados e as providências indispensáveis para que isso se verifique carecem de ser tomadas *oficiosamente* pelos serviços.

Em resumo, trata-se do seguinte: por um lado, o Registo Civil é um registo de «certezas» e nunca de «dúvidas». Por isso, só cumpre adequadamente a sua função se comprovar o estado civil dos cidadãos de uma forma *permanentemente atualizada;* e, pelo outro, os factos que modificam o estado civil podem ocorrer a «qualquer hora» e em vários e distintos locais, devendo rapidamente constar do Registo (e da respetiva "base de dados").

[67] Este «escrito» é tradicionalmente denominado "auto-requerimento". ÁLVARO SAMPAIO, em comentário ao aludido artº 224º diz: "A feitura de auto-requerimento pela conservatória para reduzir a escrito um pedido verbal do interessado é uma possibilidade acolhida no CRC há longo tempo" (Cf. SAMPAIO, Álvaro: *Código do Registo Civil, Anotado.* 4ª ed. Coimbra: Almedina, 2011 p. 372 e na citada 5ª ed. a p. 443).

Por conseguinte, desde os primórdios da sua instituição, se considerou que as conservatórias deviam comunicar oficiosamente umas com as outras através do envio de "boletins" (cuja receção era também comprovada) os quais demonstravam o novo facto, possibilitando que fossem averbadas aos assentos todas as relevantes alterações do seu conteúdo. Isto permitia conhecer o estado civil das pessoas de um modo habitualmente atualizado. Esta «filosofia» tem-se sempre mantido (e bem) nas sucessivas alterações legislativas, com a única diferença de que os atuais meios técnicos facultam que essas intercomunicações se façam *por via eletrónica* e, por isso, instantaneamente, de modo fácil e automatizado.

Deste modo, se A natural de Faro, em cuja conservatória tem o seu assento de nascimento, casar às 11 horas do dia 10 de janeiro, na conservatória de Viseu, com B natural de Coimbra, nesse mesmo dia e hora o registo de casamento foi transmitido eletronicamente às aludidas conservatórias de Faro e de Coimbra e nelas averbado o casamento. Assim, se na mesma altura for pedida uma certidão de nascimento de A ou de B nela já passou a figurar o estado de casado com o outro cônjuge.

§11º Princípio da omissão de referências vexatórias e sigilosas

O Registo Civil é um registo público, mas isso não quer dizer que deva publicitar para quaisquer pessoas os factos – e quaisquer factos – que são registados.

A lei substantiva e a própria Constituição consagram determinados direitos, tais como o fundamental da "proteção legal contra quaisquer formas de discriminação" (artº 26º/1 da Constituição).

Esta proteção tem tradução registral em diversas disposições do CRCiv, como é o caso da elaboração, a requerimento verbal dos interessados ou dos seus representantes legais, de um novo a*ssento de nascimento* (artº 123º), dado que, em diversas situações em que a subsistência do registo original com determinados factos averbados se poderia considerar discriminatória e/ou deprimente. Tal é a hipótese do estabelecimento da filiação e consequente alteração de nome, da mudança de sexo, do casamento dos pais, da adoção e outras situações que no capítulo respetivo se estudarão.

Quanto aos casos em que deve existir situação sigilosa, como é a hipótese do parentesco próximo com o pretenso pai a que alude o artº 1866º do C.C., também no CRCiv no artº 133º se prevê que o assento de perfilhação se considere secreto.

Em síntese: à luz de diversas disposições do CRCiv torna-se manifesto que não devem ser publicitadas as referências constantes dos assentos que possam atentar contra o "bom nome"[68], especialmente por serem consideradas vexatórias, discriminatórias ou sigilosas e, quando possível, está mesmo prevista a feitura de um novo assento de nascimento onde já não constam tais referências.

Através dos exemplos referidos – e outros há – resulta inequivocamente que em Registo Civil vigora o supracitado princípio.

§ 12 Princípio da gratuitidade

Um outro princípio (que entre nós é de introdução recente[69]) e que habitualmente se diz ser característico do Registo Civil é o da *gratuitidade.*

Quer-se significar que a maior parte dos actos fundamentais relativos ao estado civil das pessoas – designadamente os assentos de nascimento, perfilhação, casamento urgente, óbito e outros[70] – são gratuitos. Como consta do preâmbulo do Dec-Lei.nº 322-A/2001, de 14 de dezembro, "foi efectuada a opção de total gratuitidade relativamente aos actos do registo civil que revestem um carácter não voluntário" e o artº 10º deste diploma confirma a gratuitidade da maioria dos actos, incluindo os referentes à nacionalidade.

Por outro lado considerou-se, e justamente, que a pessoa quando nasce *tem direito* a que o seu nascimento fique inscrito no Registo imediata e gratuitamente, comprovando-se, desde logo, a sua própria cidadania: Acresce que o Estado, como já dispunha o artº 1º do CRCiv de 1911, tem a obrigação "de fixar autenticamente a individualidade jurídica de cada cidadão". E, sendo esse um dever que incumbe ao Estado concretizar através de um serviço público, não faz sentido – como se reconheceu – que seja pago pelos particulares.

[68] O direito ao "bom nome" está expressamente previsto no artº 26º/1 da Constituição e consiste, além do mais, no direito de não se ser ofendido na própria dignidade ou consideração social (Cf. CANOTILHO, J.J. Gomes, com MOREIRA, Vital: citada *Constituição da República Portuguesa, Anotada.* p. 180).

[69] Foi apenas depois da publicação do Código atual que ficou consagrado o princípio. Como se vê na tabela emolumentar referente ao Código de 78 (que antecedeu o vigente de 95), os assentos de nascimento e de óbito eram pagos.

[70] Qualquer *outro acto* será gratuito no caso de comprovada insuficiência económica do interessado

Deve ainda dizer-se que, em termos de Direito comparado, a gratuitidade do Registo Civil também é um princípio aceite noutros países[71].

§ 13 Princípio da autonomia registral

O Registo Civil é uma instituição que desde os primórdios da sua criação surgiu com autonomia relativamente aos demais órgãos da Administração, bem como aos tribunais. Já o Código de Seabra no artº 2457º estabelecia que "a parte orgânica das repartições do registo civil, as obrigações dos funcionários (...) serão determinadas em regulamentos especiais". Ou seja: não se lhes aplicava o regime geral da Administração. Tratava-se- e trata-se – da habitualmente apelidada finalidade legitimadora do Estado.

Acresce que a necessidade da função qualificadora ser exercida com autonomia e sem quaisquer «pressões» (incluindo do poder político) constitui para todos os cidadãos uma garantia da correta, legal e isenta apreciação da registabilidade dos factos.

Como se referiu, a "autonomia do serviço registral"[72] é coeva da sua instauração. Mas, sobretudo a partir do atual Código de 1995 que, como diz o preâmbulo do mencionado Dec-Lei nº 131/95, aprovou "importantes alterações no domínio da competência dos conservadores do registo civil" - tais como a decisão nos processos de afastamento da presunção de paternidade, de dispensa de impedimentos e de divórcio por mútuo consentimento –, mais evidente se tornou a necessidade da autonomia.

Note-se, por último, que o Dec-Lei nº 115/2018, de 21 de Dezembro, relativo às carreiras de conservador e oficial dos registos, diz no artº 7º/1 que "o conservador de registos é o profissional com preparação jurídica, a quem incumbe, com responsabilidade, imparcialidade, autonomia técnica e funcional, e sujeição a critérios de legalidade e de objetividade estritos, exercer funções nos domínios da identificação civil, da nacionalidade e dos registos civil (...)". A aludida "autonomia técnica e funcional" está, pois, consagrada na lei.

[71] A título de exemplo pode citar-se o artº 1º da Lei nº 25/1986, de 24 de dezembro que diz:"Las actuaciones del Registro Civil son gratuitas, y sus certificaciones pueden obtenerse directamente por los ciudadanos sin coste alguno y sin que estén sometidas al pago de ninguna tasa o derecho".

[72] A expressão é de PERE RALUY (Cf: *op. cit.*,Tomo I, p. 121.

§ 14 Princípio do direito ao nome

Entre os *princípios substantivos* indicamos em primeiro lugar (o que não significa qualquer precedência) o "direito ao nome". Trata-se de um direito que se insere entre os "direitos de personalidade"[73] e que, dentro destes, integra "o direito fundamental à *identidade pessoal*"[74].

O nome da pessoa é o que consta do assento de nascimento, como de há longa data a lei estabeleceu. O artº 2448º do Código de Seabra refere que "em todos os assentos do registo civil deve mencionar-se (...) 2º Os nomes, apelidos (...) das partes e das testemunhas que neles intervêm". O artº 141º do CRCiv de 1911 diz que "os assentos de nascimento deverão conter as seguintes declarações: (...) 6º- O nome ou nomes de família que lhe ficam pertencendo; 7º- O nome próprio que lhe foi ou é posto". Nos sucessivos Códigos continua a ser uma menção obrigatória de todos os assentos de nascimento a indicação do nome. E, uma vez fixado o nome, só em algumas e expressas situações é que pode ser alterado.

No artº 103º do Código atual é pormenorizada a "composição do nome", como melhor veremos ao tratar do assento de nascimento. Por ora importa sobretudo atentar no facto de que *o direito ao nome* é um direito constitucionalmente reconhecido e também a lei civil estipula que "toda a pessoa tem direito a usar o seu nome completo ou abreviado". O artº 72º/1 do C.C. especifica ainda que a pessoa tem direito a opor-se a que outrem use ilicitamente o seu nome "para sua identificação ou outros fins". Pode, todavia, acontecer que alguém tenha um nome idêntico. Nesse caso, o nº 2 do artº 72º indica que "O titular do nome não pode, todavia, especialmente no exercício de uma actividade profissional, usá-lo de modo a prejudicar os interesses de quem tiver nome total ou parcialmente idêntico; nestes casos, o tribunal decretará as providências que, segundo juízos de equidade, melhor conciliem os interesses em conflito".

Em resumo: é um princípio legalmente incontroverso – e acolhido pelo Registo Civil – que toda a pessoa tem o direito a ter e a usar o seu nome, que é o constante do respetivo assento de nascimento.

[73] No dizer de José Tavares, "os direitos de personalidade são os fundamentais e originários de todos os outros" e, entre os que são "com eles intimamente conexos", temos o direito ao nome (Cf. Tavares, José: *Os Princípios Fundamentais de Direito Civil,* Coimbra: Coimbra Editora, 1930, p. 277). Além de outros Autores, também Vilhena de Carvalho lembra que o nome da pessoa é o que consta do assento de nascimento e que se trata de um direito de personalidade (Cf. Carvalho, Manuel Vilhena de: *Do Direito ao Nome,* Coimbra, Almedina, 1972, pp. 254).

[74] É o que diz Guilherme de Oliveira *in* cit. *Manual de Direito da Família,* p. 50.

§ 15º Princípio da garantia da identidade pessoal

A identidade pessoal *define* a pessoa e, por conseguinte, é algo *essencial,* que também se acha constitucionalmente garantido: artº 26º/1 da Constituição. Abrange uma multiplicidade de direitos – entre eles o anteriormente referido *direito ao nome* – cujos elementos, na sua maior parte, é ao Registo Civil que cabe consignar, designadamente no assento de nascimento.

Como se referiu no início do 1º Capítulo, a identidade é o conjunto dos vários elementos – até físicos – que possibilita saber *quem uma pessoa é.* A definição da identidade parte do próprio *assento de nascimento.* Por isso, pode dizer-se que os elementos constantes deste registo estão na base da prova da identidade da pessoa, bem como da dos seus progenitores, demonstrando, assim, a *historicidade pessoal*[75] dessa pessoa. Acresce que a referida prova da identidade é insofismável[76] e pública. Revelá-la pelos meios admitidos na lei – especialmente no CRCiv – constitui uma das principais funções do Registo Civil, como melhor veremos em ulterior Capítulo.

No ano seguinte à publicação do CRCiv de 1911, e com base nos dados do assento de nascimento, começaram a surgir as primeiras tentativas da instituição de um documento *portátil* comprovativo da identidade da pessoa – como adiante se pormenorizará –, até que em 1919 o Dec-Lei nº nº 5266, de 16 de março, tornou obrigatório o uso de um "bilhete de identidade" (B.I.) para todas as pessoas "nomeadas para algum cargo público civil em Lisboa". Anos depois é publicado o decreto nº 12202, de 21 de agosto de 1926, que organiza o "Arquivo de Identificação" e declara (artº 2º) que o "bilhete de identidade é documento bastante para prova da identidade da pessoa" e em múltiplos casos torna a sua posse obrigatória. Este documento foi sendo aperfeiçoado, passando a ter a fotografia da pessoa e depois (em 1992) foi plastificado. Em 2008 é substituído pelo *cartão de cidadão*[77].

Além destes documentos de identificação, de prático uso, a identidade pessoal pode sempre provar-se pelo recurso à Base de Dados do Registo Civil ou através das certidões por este emitidas. O que não há dúvida é

[75] É o que também refere GUILHERME DE OLIVEIRA (*in* citado *Manual...* p. 50.

[76] Tem-se entendido tratar-se de uma *prova pleníssima,* porque não pode ser contrariada por outro tipo de provas e não pode ser ilidida por qualquer outra, a não ser nas acções de estado e nas acções de registo.

[77] O principal objetivo deste cartão foi o de, além da identificação civil (proveniente do B.I.) agregar também a informação relativa aos números de contribuinte e dos serviços de saúde e da segurança social, evitando-se, assim, a necessidade da posse de vários cartões.

que o princípio da garantia da *identidade pessoal* é assegurado pelo Registo Civil, que é a instituição vocacionada – e legalmente admitida – para o tornar efetivo.

§ 16º Princípio da especialidade

De harmonia com este princípio os assentos registrais devem destinar-se a inscrever um só facto e respeitar a uma só pessoa, com exceção dos assentos de casamento que abrangem a pessoa do cônjuge.

No tocante ao *estado civil* "cada assento deve referir-se exclusivamente à aquisição, conservação ou modificação do estado civil de uma só pessoa"[78]. Não podem *misturar-se* diversos factos, mesmo que respeitem à mesma pessoa, já que normalmente isso seria causador de confusão, contrariando o objetivo nuclear da clareza dos registos.

No direito substantivo e no tocante às relações familiares, designadamente as que envolvem os cônjuges ou se referem à filiação, à adoção e, diríamos, à generalidade das situações contempladas no Direito da Família, não pode haver equívoco de que refiram a pessoa ou pessoas diferentes daquelas a que o facto diz respeito.

Consequentemente, o princípio da especialidade é um dos que no âmbito do Registo Civil tem de ser observado.

[78] A citação é de Pere Raluy (Cf: *op. cit., Tomo* I, p. 120).

TITULO III

ORGÃOS, COMPETÊCIA E SUPORTES DOCUMENTAIS

Capítulo VI

Orgãos do Registo Civil e Sua Competência

O Capítulo II do CRCiv – que tem exatamente a mesma epígrafe aqui dada – contém dois artigos: o 8º que respeita aos "órgãos privativos", dizendo que os órgãos privativos do registo civil são as conservatórias do registo civil e a Conservatória dos Registos Centrais; e o artº 9º que se refere aos "órgãos especiais"

1. O nº 1 do artº 9º estabelece que "a título excepcional, podem desempenhar funções de registo civil" e depois, em sucessivas alíneas indica quais são esses órgãos especiais. Logo na alínea a) refere "os agentes diplomáticos e consulares portugueses em país estrangeiro".

Começando por analisar esta disposição, consideramos que é manifestamente *inconsequente* e *ilógica*, visto que os agentes diplomáticos e consulares não desempenham a "título excecional" "funções de registo civil"[79]. No país estrangeiro em que exercem a sua atividade são os órgãos – os únicos – que *normal e legalmente* podem exercer as referidas funções. As conservatórias do registo civil e os conservadores não podem, visto

[79] Não praticam os atos a título *excecional*, como ocorre nos casos a que aludem as restantes alíneas. Os consulados praticam permanente e normalmente variadíssimos actos, também *por competência própria e direta estabelecida no Regulamento Consular.* PERE RALUY explica mesmo que é nos consulados (como ocorre "na generalidade das legislações") que no estrangeiro se praticam os *actos de registo civil* e que "o Registo consular é um Registo principal" (Vide: *op. cit*, pp. 184/5).

que a sua competência abarca apenas o território nacional e *não se estende a qualquer país estrangeiro*. Nestes, os "órgãos normais" são os agentes diplomáticos e consulares

Aliás, trata-se de organismos oficiais que para as comunidades portuguesas que residem e trabalham no estrangeiro, têm uma importância crucial, já que praticam, na respectiva área, a maior parte dos actos de registo civil e de notariado. Os registos que lavram devem, no entanto, ser integrados *em suporte informático* no "registo civil nacional", de harmonia com o estatuído no artigo 5º/1. Isto para que a "base de dados" do Registo Civil possa estar em condições de publicitar de uma forma permanente e atualizada, o estado civil de todos os cidadãos nacionais.

2. Em Portugal os registos *são* feitos[80] nas conservatórias e na Conservatória dos Registos Centrais, que a lei considera "órgãos privativos" do registo. As conservatórias têm, em razão da matéria, *competência genérica*, como resulta do disposto no nº 1 do artigo 10º, quando diz que lhes cabe efetuar o registo de "todos os factos": À face da atual legislação têm também, em razão do território, uma competência geral que – "salvo disposição especial" (como dispõe o artº 12º) – abrange *todo* o "território português, qualquer que seja a nacionalidade dos indivíduos" a quem os factos digam respeito.

A Conservatória dos Registos Centrais (que em tempos era a única competente para registar os factos ocorridos no estrangeiro) tem hoje uma competência limitada aos actos e factos indicados no artigo 11º, que respeitam principalmente aos nascimentos, declarações de maternidade e de perfilhação, respeitantes a portugueses, quando ocorridos no estrangeiro[81].

[80] Não aludimos aos locais onde pode ser efetuada a *declaração* para registo. Esta pode ser prestada em diversos locais, como acontece com as maternidades. Aliás, o artigo 57º até refere, de uma maneira muito ampla, *qualquer lugar* "a que o público tenha acesso". O Código vigente aboliu, no entanto, os "postos" que os anteriores previam (e que podiam reduzir a auto as declarações das partes: artºs 18º e 19º do CRCiv. de 1978).

[81] Cujas sucessivas alíneas abrangem quer os actos que devem ingressar no registo por inscrição, quer por transcrição (caso da alínea g) referente aos *actos lavrados pelas autoridades estrangeiras*, a que se refere o artº 6º). Note-se que no tocante às *sentenças estrangeiras* rege o disposto no artº 7º: a matéria da revisão dessas sentenças está explicada no citado *Código do Registo Civil, Anotado e Comentado*, de ALVARO SAMPAIO em comentário ao artº 7º (na 5ª ed. a pp.111 e ss.).

Além disso, tem ainda competência para outros actos, sobretudo relativos a importantes decisões em matéria de nacionalidade, bem como ao "Registo Central da Nacionalidade", a que alude o Capítulo II do Título II do Regulamento da Nacionalidade Portuguesa, aprovado pelo Decreto-Lei nº 237-A/2006, de 14 de Dezembro e sucessivamente alterado[82]. Estes actos são obviamente de grande relevo, mas dos quais só iremos tratar na Parte III.

Diga-se, por último, que quaisquer petições ou documentos que sejam dirigidos à Conservatória dos Registos Centrais podem ser apresentados em qualquer uma das conservatórias do país – que, assim, nesses casos, funcionam *como intermediárias* daquela (artigo 13º).

3. O citado nº 1 do artº 9º refere na alínea b): "Os comissários de marinha dos navios do Estado, os capitães, mestres ou patrões nas embarcações particulares portuguesas e os comandantes das aeronaves nacionais". E, na alínea c) às entidades designadas nos regulamentos militares;

A competência de todas estas entidades circunscreve-se a determinados casos de nascimentos, perfilhações, casamentos e óbitos, designadamente os ocorridos em viagens aéreas ou por mar e em circunstâncias em que lei determina a feitura desses registos. É o caso do artº 109º/1 que contempla o nascimento que se verifique a bordo de navio ou aeronave, devendo "a autoridade de bordo, dentro das vinte e quatro horas posteriores à verificação do facto (...) lavrar o registo de nascimento com as formalidades e requisitos previstos neste Código, acrescentando a indicação da latitude e longitude em que o nascimento tenha ocorrido".

Nas mesmas circunstâncias tais como as aludidas viagens, mas havendo "perigo iminente de morte", a lei prevê o registo da declaração de maternidade (artº 128º/1), bem como o de perfilhação (artº. 130º/1). A hipótese do casamento civil urgente é outra situação em que se admite a respetiva celebração " sem a intervenção de funcionário do registo civil". Deve, por último, referir-se o caso do óbito. Nos termos do artº 204º/1 "se em viagem a bordo de navio ou aeronave portugueses ocorrer algum falecimento, deve observar-se, com as necessárias adaptações, o disposto nos artigos 109º e seguintes".

[82] Até à data em que escrevo a última alteração foi a do Dec-Lei nº 26/2022, de 18 de março.

O artº 9º/1 menciona na alínea d) quaisquer indivíduos nos casos especialmente previstos na lei. É a situação já referida da celebração do casamento civil urgente (artº 156ª). Além da competência para *a prática* destes atos, também há entidades a quem apenas compete «participar» a ocorrência dos factos, como os previstos no artº 204º/1: óbitos verificados em unidade de saúde, estabelecimento prisional ou outro previsto na lei. O respetivo diretor, administrador ou outro funcionário por eles designado deve comunicar a ocorrência, sempre que possível por via eletrónica e nos termos indicados no preceito.

Capítulo VII
Suportes Documentais

1. Os actos, processos e procedimentos de registo quando corram seus termos nas conservatórias são lavrados *em suporte informático*, como determina o artº 14º/1 do CRCiv, e nos termos do disposto no artº 1º da Portaria nº 1119/2009, de 25 de setembro, devem obedecer aos modelos existentes no Sistema Integrado de Registo e Identificação Civil (SIRIC).

Os assentos constantes dos livros que eram mencionados na redação inicial do artº 14º ou já foram informatizados ou digitalizados, ou os antigos que ainda não, são-no agora, de modo que atualmente todos os atos de registo – e respetivas certidões permanentes adiante referidas – se processam informaticamente. Decorrentemente da informatização foram revogadas as disposições (artºs 18º, 19º e 20º) que exigiam a legalização dos livros de assentos, a sua encadernação e a feitura de verbetes

No tocante à apresentação de requerimentos ou pedidos e ao envio de documentos, bem como às comunicações e notificações, também podem ser realizados eletronicamente (artº 14º/2).

Contudo, esta praticamente total informatização dos suportes documentais, não significa que os interessados estejam inibidos de apresentar requerimentos em papel, visto que o podem fazer sem restrição alguma.

2. No que respeita à "reconstituição de actos e processos de registo" o artº 15º/1 explicita que quando se inutilizar algum suporte de acto ou de processo de registo, deve proceder-se à reconstituição do acto ou processo em falta.

A Portaria que regula esse procedimento é a nº 1119/2009, de 25 de setembro[83], que prevê o seguinte:

[83] O preâmbulo da Portaria diz: que a reconstituição se fazia "através de um procedimento que incluía a afixação de editais e uma fase de julgamento de eventuais reclamações. Tratava-se

a) Havendo suporte documental as conservatórias devem verificar se existe algum documento arquivado, ainda que seja em qualquer outra ou no arquivo de outras entidades da Administração, que permita reconstituir o acto ou o processo inutilizado.
b) Só quando não existirem documentos que permitam a reconstituição, é que a conservatória notifica os interessados para, no prazo de 30 dias, apresentarem os documentos comprovativos do acto ou do processo inutilizado. No entanto, se não existirem ou não tiverem sido disponibilizados elementos, a reconstituição faz-se, mas ir-se-á de basear tão-só nas declarações que os interessados prestem.

Os assentos são reconstituídos do modo que se indicou e quando forem lavrados devem mencionar a circunstância de terem sido reconstituídos.

3. Quanto ao arquivo, o artº 16º/1 determina que os documentos e processos e que tenham servido de base à feitura de registos, ou que lhes digam respeito, devem ser arquivados eletronicamente.

O artigo seguinte, respeitante à destruição de documentos, esclarece no nº 1 que os que tenham sido digitalizados são de imediato destruídos e, de acordo com o nº 2, também o podem ser os arquivados tendo mais de um ano e se não instruíram qualquer registo. No entanto, devem ser previamente identificados.

Os demais números respeitam à destruição dos comprovativos das despesas, certidões de sentenças e decisões dos conservadores que basearam averbamentos.

Os artigos seguintes, como se disse, foram revogados, visto que após a informatização dos serviços deixaram de ter sentido. A intercomunicação das conservatórias, que anteriormente era efetuada sobretudo através dos "boletins" enviados pelos correios é agora feita por via eletrónica. Daí a revogação daquelas disposições e de outras que se lhes referiam (v.g. art.os 35º, 75º e 218º).

de um processo injustificadamente moroso que fazia com que a reconstituição dos assentos pudesse, caso não fossem encontrados documentos para a reconstituição, demorar vários meses". Presentemente criou-se "um novo procedimento para estes casos com o objectivo de reconstituir os actos ou processos inutilizados de forma mais simples e mais rápida, com benefícios para os cidadãos"..

TÍTULO IV
OS ATOS EM GERAL

Capítulo VIII
Partes e Outros Intervenientes

1. O conceito de "partes" é, em Registo Civil bem mais abrangente do que na lei processual civil. Com efeito, o artigo 39º refere que são partes não só as pessoas a quem o facto diz diretamente respeito[84], como também as pessoas "de cujo consentimento dependa a plena eficácia deste" – caso do perfilhado, sendo maior – e ainda com um alcance que diríamos essencial, *os declarantes.*

Nos processos de registo – e como já corretamente se observou – o Código utiliza ainda a expressão partes no sentido amplo de "interessados"[85]. É o caso, previsto no artº 291º/1, referente aos recursos do conservador, no qual declara que a " parte prejudicada pela decisão, o conservador recorrido e o Ministério Público podem interpor recurso".

[84] ÁLVARO SAMPAIO, refere, entre outros, o nascido no assento de nascimento, os nubentes no assento de casamento, o falecido no assento de óbito, a mãe que declara a maternidade... (Vide: *op. cit.* p. 127). E, (citando ROBALO POMBO, em *Código do Registo Civil, comentado e anotado,* Coimbra, Almedina, 1991, anotação ao artº 49º) também refere que não são consideradas partes as testemunhas, procuradores e intérpretes.

[85] É o que explicam FILOMENA MOCICA e MARIA DE LURDES SERRANO. "Trata-se de designar as pessoas ligadas entre si por uma relação processual equivalente ao binómio "requerente - requerido", nos processos privativos do registo civil, a que se pode fazer corresponder, muito simplesmente, a figura de "interessados" nesses mesmos processos (cf. art.os 78º, nº 2, 225º, nº 3 e 291º, nº 1)". (Cf: MOCICA, Filomena e SERRANO, Maria de Lurdes: *Código do Registo Civil, Anotado* Lisboa: Rei dos Livros, 2003, pp. 79/80)

O artº 40º, respeitante à identificação dos declarantes, esclarece que apenas é necessário mencionar o seu nome completo e residência habitual.

Além das partes – quando são os *intervenientes principais* – há outros participantes que, à semelhança do referido nos artºs 65º e ss. do Cód. do Notariado, designamos como *intervenientes acidentais* e que são aqueles a que aludem os artigos seguintes (41º a 45º). Trata-se dos intérpretes, procuradores e testemunhas. Os primeiros podem ser nomeados – quando os registandos ou seus representantes necessitem – nos casos de surdez, mudez ou de ignorância da língua portuguesa. Neste caso, o Cód. do Notariado denomina-os, mais rigorosamente, de tradutores. Um esclarecimento deve ser feito: se não for possível a intervenção de um só tradutor, nada obsta a que intervenham tantos quantos os necessários, como por exemplo: um que intervenha traduzindo do romeno para alemão e outro, que também intervém, para traduzir do alemão para português.

2. É admitida a representação das partes por procuradores, mas estes devem, *em qualquer caso*, ter "poderes especiais para o acto" (artº. 43º/1).

No entanto, tratando-se do acto do *casamento* só é admitido procurador para *um dos nubentes* (artº 44º/1) e o instrumento de procuração deve sempre identificar o outro nubente e a modalidade do casamento (artº 44º/2). A mesma exigência é necessária para concessão do consentimento à celebração do casamento de menores.

Quanto à forma da procuração, além do instrumento público e do documento particular autenticado é admitido o documento subscrito pelo representado, com o simples reconhecimento presencial da sua assinatura. Contudo, se a procuração tiver sido passada a advogado ou solicitador – que exercem o mandato profissionalmente –, considera-se suficiente o documento assinado pelo representado.

3. Quanto à intervenção de testemunhas, ela é facultativa para as partes nos casos dos assentos de nascimento (duas) e de casamento (entre duas e quatro), mas pode ser obrigatória em qualquer espécie de assento "se ao conservador se suscitarem dúvidas fundadas acerca da veracidade das declarações ou da identidade das partes" (artº 45º/2). Não aponta a lei critério algum para que exista fundamento para a exigência de testemunhas. Todavia, propendemos a considerar que deve tratar-se de um fundamento

objetivo: v. g. as partes não apresentarem um documento de identificação e serem desconhecidos do conservador e dos oficiais.

Exigindo a lei que as testemunhas devam ser "pessoas idóneas e maiores ou emancipadas" (artº 46º/1), não considera, todavia, que o parentesco ou afinidade quer com as partes quer com os funcionários seja motivo de impedimento (nº 2) ao invés do que ocorre no processo civil. É que tratando-se de atos que envolvem relações familiares, o habitual é mesmo que as testemunhas sejam parentes.

Capítulo IX
Assentos e Averbamentos

§ 1º Assentos

1. Os actos de registo revestem duas modalidades ou, dito de outro modo, são de duas espécies: os *assentos* e os *averbamentos* (artº 50º). Esta não era a versão inicial: tanto o Código de Seabra, como o CRCiv de 1911 referem-se unicamente aos *assentos*, como *sinónimo de registos*, embora os averbamentos já existissem. E assim continuou até ao CRCiv de 1958. Apenas no artº 193 do CRCiv de 1932 se começou a fazer a referência à circunstância de à margem da coluna do assento haver outra "mais estreita" onde se inscreverão ... e o nº 4 diz: "quaisquer notas ou averbamentos que devam fazer-se---". Ou seja: o conceito de averbamento era equiparado ao de uma simples *nota* à margem do «registo», considerando-se que este era apenas o assento.

Todavia, o artº 49º/1 do CRCiv de 1958 passou a dizer que "o registo civil dos factos a ele sujeitos será lavrado, nos termos deste código, por meio de assento ou de averbamento". Isto é: a lei passou a considerar «registo» tanto o assento como o averbamento, equiparando-os[86]. No entanto, os averbamentos não têm autonomia, visto que "são necessariamente lavrados num assento e tornam-se parte integrante daquele"[87].

[86] Isto mesmo diz CÂNDIDA DIAS: "Foi, assim, eliminada a questão debatida na vigência do código anterior sobre a natureza jurídica dos averbamentos, que, atualmente, sem contestação possível, é a mesma dos correspondentes assentos" (Vide: *op. cit.*, p. 77)

[87] A frase é de ÁLVARO SAMPAIO. Vide: *op. cit.* p.143..

2. Os assentos, por seu turno, também podem ser lavrados por duas formas: por *inscrição* e por *transcrição* (artº 51º). A lei não define estas duas modalidades de assentos: apenas enumera os que são lavrados por inscrição (artº 52º) e por transcrição (artº 53º). No entanto, a distinção é facilmente percetível. O registo por inscrição tem lugar quando é feito com base em declaração *prestada diretamente* ao funcionário do Registo Civil (ou, no estrangeiro, ao agente diplomático ou consular que tenha competência própria para a prática dos respetivos actos).

Os assentos lavrados por inscrição são, em síntese, quando *declarados nas conservatórias*, os de nascimento, casamento civil não urgente, de declaração de maternidade, de perfilhação e de óbito.

Nos assentos lavrados por transcrição tal declaração *é indireta*, ou seja, é feita a outrem que não o próprio funcionário que vai lavrar o registo. Por isso, o assento é efectuado, não em face da própria declaração imediata e direta, mas sim com base *num título* – documento ou declaração – de diversas proveniências admitidas por lei (v.g. num auto, num duplicado, numa comunicação judicial) onde, *aí*, é que ficou exarada a *declaração direta* que o interessado fez. São todos os que vêm referidos no artº 53º, sendo os mais comuns os de casamento católico e de casamento civil sob forma religiosa, visto serem celebrados perante o clérigo ou ministro do culto respetivo que tem a obrigação de enviar de imediato à conservatória o competente duplicado.

O artº 54º contém uma disposição especial respeitante aos assentos realizados pelos agentes diplomáticos ou consulares para indicar que, como já se disse, devem ser lavrados em suporte informático e integrados "na base de dados do registo civil nacional".

3. Os assentos têm determinados requisitos, uns que são comuns a todas as espécies e (artº 55º) e outros que apenas existem para os lavrados por transcrição (artº 56º). Não parece que se levantem dúvidas e, por isso, apenas fazemos uma breve indicação quanto às menções que devem conter: são o número do assento, a identificação das partes e de eventuais intervenientes, a da conservatória e a data em que são lavrados.

A alínea d) do nº 1 do artigo 55º tem nova redação, mas passou a conter uma *superfluidade*: sendo a declaração direta já se sabe que é prestada na conservatória, portanto é feita "perante oficial público". Por outro lado, eliminou-se o requisito da "assinatura das partes" que constava da anterior redação e, esse sim, parece-nos que era *adequado*[88]manter, até porque seria facilmente digitalizável, podendo integrar (com o recurso a uma técnica hoje simples) o assento informatizado.

Quanto aos assentos lavrados por transcrição deve ser indicado o título que lhe serviu de base, referindo-se a sua natureza, proveniência e data (artº 56º/1). Os demais números da disposição respeitam a casos especiais que estão claramente indicados. Notamos apenas que quando se verifiquem deficiências nos elementos de identificação a transcrição deve ser efetuada de modo a permitir a correta menção dos mesmos no texto do assento. Por isso, sempre que possível, deve ser feita "por recolha dos elementos que constem do processo".(artº 56º/2).

Os assentos têm de ser escritos por extenso e os efetuados por inscrição podem-no ser "nas conservatórias ou, mediante pedido verbal dos interessados, nas unidades de saúde ou em qualquer outro lugar a que o público tenha acesso" (artº 57º/1). São lavrados em face das declarações das partes – e, atentas as observações do conservador ou do oficial –, na presença simultânea "daquelas e dos demais intervenientes"

Depois de lavrados (como diz o artº 61º) devem ser lidos na presença de todos (e eventualmente corrigido algum lapso), sendo depois aposto o nome do conservador ou do oficial que o lavrou, após o que fica "completo", não podendo o seu *texto* ser alterado (artº 62º, nº 1) – no sentido de "adulterado" – muito embora o seu *conteúdo* possa ser "emendado" em processo próprio (v.g. de retificação) ou modificado por posterior averbamento.

§ 2º Averbamentos

1. Os assentos não são imutáveis, designadamente porque na vida há novos factos que continuamente se verificam e que determinam alterações do conteúdo dos mesmos ou inserção de novas menções que lhes respeitam e também devam ser registadas.

Por conseguinte, os averbamentos destinam-se basicamente a introduzir novos factos no conteúdo dos assentos, atualizando-os completando-os ou retificando-os.

[88] No eventual caso (que se deseja nunca venha a acontecer) de se suscitarem fundadas dúvidas sobre o conteúdo de uma declaração ou sobre a própria identidade do declarante (fisionomicamente parecido ou até gémeo que dolosamente interveio) como se resolve a questão? Claro que a assinatura é sempre passível de exame pericial e, além disso, pensamos que em nenhum sistema registral latino foi eliminada. É que o Registo Civil tem de ser inquestionável e totalmente seguro.

Para cumprir essa função, satisfazendo da melhor forma tais fins, os averbamentos foram concebidos como uma espécie "abreviada" de registos, lavrados com referência ao assento respetivo e de harmonia com determinados modelos legais (artº 73º/1).

A lei pormenoriza nos artigos 69º, 70º e 71º quais são os averbamentos que, em especial, devem ser efetuados aos três basilares assentos: de nascimento, casamento e de óbito. Indica ainda (artº 72º) que ao assento de perfilhação poderá ser ulteriormente averbado o assentimento do perfilhado. A propósito de cada um desses assentos indicaremos os averbamentos que lhes correspondem.

A existência de averbamentos aos assentos é antiga (apesar de não serem considerados «registos»): o CRCiv de 1911 manda que sejam averbados determinados factos "na coluna à margem do assento" (v.g. ao de nascimento no artº 163º) e Código de 1932 (v. g. no artº 380º) mantém idêntica técnica, igualmente seguida nos posteriores. Como é evidente, depois da informatização dos registos já não é viável que o averbamento seja escrito «á margem» do assento. É referido a seguir e logo introduzido no próprio texto do assento.

2. A feitura dos averbamentos é *oficiosa*. Assim, por ex., quando é lavrado o assento de casamento, este deve ser imediata e oficiosamente averbado ao assento de nascimento de cada um dos cônjuges. E o mesmo ocorre com respeito aos diversos factos e relativamente aos vários assentos a que aludimos. No caso de haver incertezas sobre a localização do assento a que o facto tenha de ser averbado, a conservatória tem de tomar as providências necessárias para a sua localização (e identificação) e se porventura houve omissão ou erro no assento também deve "ex officio" ser instaurado o competente processo de justificação (artº 77º). Por outro lado, se for detetado que um averbamento que devia ter sido lançado não o foi, deverá igualmente a conservatória tomar *oficiosamente* as medidas necessárias para suprir essa omissão (artº 81º).

Os averbamentos são «formais», isto é, têm de obedecer "aos modelos aprovados" e são lavrados com base nos assentos ou nos documentos que os motivaram. Todavia, se a estes faltar algum elemento exigido pelo "modelo", mas que não interesse "à substância do facto", admite-se que possa ser completado com base em quaisquer outros documentos (artº 73º/2). Contudo, se ao averbamento forem acrescentadas menções além das que o modelo contém, não é necessário retificar o averbamento, mas essas menções supérfluas "são havidas como não escritas" (artº 62º/2).

3. O Código não prevê que exista um «prazo» para a realização dos averbamentos, pois determina que sejam lavrados "imediatamente após a realização do acto" (artº 73º/4). Compreende-se esta exigência, visto que o averbamento visa consignar uma alteração (*lato sensu*) do conteúdo do assento e se essa alteração se produziu, *deve ser logo mencionada*[89] para que este passe a indicar a *verdade*.

Após a introdução do sistema informático, os registos deixaram de ser assinados, mas a assinatura foi substituída pela "aposição do nome do funcionário". Os averbamentos têm de conter o nome do conservador ou do oficial que o lavrou e, se este faltar, mas se em face dos documentos ou assentos correspondentes nada obstar a que o averbamento tivesse sido efectuado, "o conservador que notar a omissão deve nele apor o seu nome, mencionando a omissão e a data em que foi suprida". No entanto, caso se conclua que a aposição do nome não é possível, o averbamento deve ser cancelado[90]. Por isso, parece que é despropositada a indicação da parte final do artº 74º/3:" deve ser mencionada, de forma sucinta, a razão por que o averbamento fica incompleto". É que se não pode ser «subscrito» – a indicação do nome no sistema informático equivale à assinatura – *nada vale*, quaisquer que sejam as razões que impossibilitem a "aposição do nome". Haverá tão-só que cancelar de imediato esse averbamento e depois – se deve ser feito – suprir a omissão do mesmo.

De certo modo, corrobora este entendimento o disposto no artº 77º/2 que – depois de no nº1 indicar que a conservatória que lavrar o assento é a que deve saber qual é a que tem de efetuar o averbamento – dispõe o seguinte: " Se houver erro na feitura do assento ou omissão deste, deve ser instaurado o competente processo de justificação administrativa ou judicial, a fim de que o averbamento possa ser efectuado". Por conseguinte, os

[89] Embora a expressão "imediatamente" por vezes seja impraticável, como nota Álvaro Sampaio. Devem se lançados "o mais rapidamente possível" (Cf: *op. cit. p.* 172)

[90] Concordamos com Álvaro Sampaio quando diz que a falta de aposição do nome por impossibilidade ou recusa acarreta a sua inexistência e subsequente cancelamento (artºs 85ºnº 1 e 91º,nº 1 c)), sem dependência de qualquer processo de despacho" (Cf. *op cit.*, anotação ao artº 74º, a p. 172, que remete para a nota ao artº 61º a p. 152/3).

aludidos casos de erro ou omissão só se resolvem através do competente processo de justificação, como adiante se estudará.

A concluir as regras dos averbamentos o artº 77º/1 contém uma óbvia: é a conservatória que lavra o assento que compete localizar aqueloutros a que o facto deve ser averbado. E o artº 78º/1 determina que os tribunais devem comunicar às conservatórias as decisões proferidas respeitantes a factos sujeitos a registo que devam ser averbados. Na comunicação devem identificar completamente as partes e o processo, com as menções referidas no nº 2 desse artº 78º.

Capítulo X
Omissão, Vicios e Cancelamento do Registo

Juntamos num mesmo capítulo a "omissão" e os "vícios" do registo, porque embora correspondam a conceitos distintos, no entanto a omissão pode equiparar-se a uma não existência, pelo que, *em termos práticos* (e para a resolução da omissão) equivale ao mais grave dos vícios: a inexistência. Atentemos, em primeiro lugar ao caso da *omissão.*

§ 1º Omissão do registo

1. Em rigor só pode falar-se em omissão do registo quando o assento[91] não foi lavrado atempadamente, nem no presente se torna possível lavrá-lo pelos meios usuais previstos no Código.

Quanto a tais meios, vejamos:

- A respeito do registo de nascimento que não foi oportunamente declarado, em regra é possível que seja ulteriormente efetuado, atento o disposto no artº 99º do Código;
- No caso de assento de casamento lavrado por transcrição, é possível solicitar a quem o celebrou (v.g. o pároco ou ministro do culto que o oficiou) a remessa do duplicado que não foi tempestivamente enviado e o conservador deve fazê-lo logo que tome conhecimento dessa irregularidade.
- Na falta de comunicação do registo de óbito que deva ser transcrito, o conservador tem de promover que o respetivo documento seja remetido à conservatória.

[91] Quanto aos averbamentos, rege o disposto no artº 81º já anteriormente analisado.

2. Sendo inviável o recurso aos indicados meios que permitem lavrar «normalmente» o assento em falta sem necessidade recorrer a qualquer processo, então é que há necessidade de *suprir a omissão* do assento nos termos do artº 83º.

Quando o conservador tomar conhecimento da omissão de um registo, seja a que propósito for, mesmo que por solicitação de algum interessado, "é obrigado a promover o seu suprimento, com as diligências que ao caso couberem" (artº 83º/2). Tais diligências variam consoante a hipótese em causa, mas revestem sempre carácter *oficioso*. O suprimento da omissão deve ser concluído com a possível brevidade e, evidentemente, com a necessária certeza e segurança quanto às menções que devem constar do assento.

3. Quanto ase trate de registo que cumpra efetuar por inscrição, a omissão tem de ser apreciada *em processo de justificação administrativa* e se, no processo, o conservador concluir que se trata de uma omissão que deve ser suprida, a sua decisão será no sentido de determinar a feitura do registo omitido. E, a este propósito, estipula o artº 84º que o juízo que imponha a realização do registo omitido deve fixar "concreta e expressamente todos os elementos a levar ao registo, consoante os requisitos legais de cada espécie".

Caso o registo deva ser lavrado por transcrição, ao conservador cumpre requisitar "à entidade competente" o título necessário para o lavrar, No entanto, esse título pode nunca ter sido lavrado e então "o conservador deve providenciar para que a entidade competente faça suprir a omissão e remeta à conservatória o respetivo título" (artº 83º/1,c)).

Na hipótese de haver uma impossibilidade de obter o título necessário para a transcrição, dever-se-á instaurar o processo de justificação administrativa e o caso é então decidido nesse processo.

§ 2º Vícios do registo

O vícios do registo que o Código contempla são dois: a inexistência e a nulidade. A primeira é, evidentemente, mais grave, embora o seu regime seja, em Registo Civil, algo diverso daquele que em geral se considera atinente ao negócio jurídico[92], desde logo porque se exige *um processo* para a sua declaração (artº 86º).

[92] Como é sabido alguma doutrina contesta a pertinência de uma figura jurídica autónoma de "inexistência", embora outra (quiçá dominante) considere que tem lugar próprio, visto

Embora o Código o não refira, pensamos que a simples *irregularidade* do registo, ainda que não constitua qualquer um dos graves vícios como tal previstos a partir do artº 85º até ao artº 90º, no entanto, embora menos significativo, não deixa de ser um vício. O próprio Código o reconhece ao admitir a retificação do registo "juridicamente inexistente, nulo ou irregular" (artº 92º/1).

1. Os casos de inexistência são os previstos no nº 1 do artigo 85º e os de nulidade os indicados nas quatro alíneas do artigo 87º.

Quanto à inexistência apenas tem lugar se disser respeito a um facto que não exista ou se a aposição do nome que dele consta for o de quem não tinha competência para tal. Em qualquer destas hipóteses, exige-se que isso resulte "do próprio contexto" do assento. È também causa de inexistência o registo não ter a aposição do nome de quem o devia ter feito. Quanto ao assento de casamento, é inexistente se "não contiver a expressa menção de os nubentes haverem manifestado a vontade de contrair matrimónio".

Tratando-se de averbamento só é inexistente quando for insuprível a falta de aposição do nome do competente funcionário.

A inexistência *é de conhecimento oficioso* e também pode ser invocada por quem tiver interesse (e não, como no negócio jurídico, por qualquer pessoa). Seja qual for o caso, a regra é: logo que se aperceba da situação, o conservador deve de imediato instaurar o processo com vista a declará-la ou, sendo o caso, promover o suprimento da omissão.

2. Quanto à nulidade:

O Código prevê quatro hipóteses determinantes da nulidade do registo:

1. A falsidade, ainda que resulte da transcrição de título falso, mas, em qualquer caso, apenas nas situações previstas nos artºs 88º e 89º;
2. A incompetência da conservatória que o lavrou;
3. Ter sido aposto o nome de quem para tal não tinha competência "se tal não resultar diretamente do próprio contexto" e salvo o caso de funcionário putativo.
4. Consistindo a hipótese na transcrição de casamento católico, no facto de ter sido celebrado existindo algum dos impedimentos previstos nas alíneas d) e e) do artº 174º/1.

que na inexistência do negócio não existe sequer a "aparência mínima" e, portanto, nem tão-pouco carece de ser declarada.

O legislador esclareceu que não se verifica sempre a "falsidade" nos termos genéricos a que alude o nº 2 do artº 372º do C.C., mas unicamente nas situações especificadas nos artigos 88º e 89º. O primeiro indica os casos seguintes:

a) A aposição do nome do funcionário não ser da autoria da pessoa a quem é atribuída;
b) Ter sido viciado por forma a induzir em erro acerca do facto registado ou da identidade das partes;
c) Apresentar-se como inscrição de um facto que nunca se verificou;
d) Apresentar-se como transcrição de um título inexistente.

Tratando-se da falsidade *do título* transcrito, o artº 89º também contempla apenas três situações:

a) A assinatura das partes, procurador, testemunhas, intérprete ou funcionário, que deva constar do título, não ser da autoria da pessoa a quem é atribuída;
b) Ter sido viciado nas condições previstas na alínea b) do artigo anterior;
c) Respeitar a facto que nunca existiu ou decisão que nunca foi proferida.

A primeira parte do artigo 90º diz o que é óbvio: "a nulidade do registo só pode ser invocada depois de declarada", mas a parte final contém uma "novidade" relativamente ao regime geral: a declaração da nulidade pode ser decretada "por decisão do conservador".

§ 3º Cancelamento do registo

O Código dedica ao cancelamento do registo um único artigo: o 91º.

Verificando-se que o registo – ou o próprio facto registado – é inexistente ou nulo há que o *cancelar*. Os casos em que o registo deve ser *cancelado* estão contemplados nas sucessivas alíneas do nº 1 do artigo 91º[93].

[93] Houve alguma controvérsia sobre a questão de saber se os casos estavam aqui referidos *taxativa* ou *exemplificativamente*, até porque antes do Código de 78 a lei dizia "só serão cancelados". Por essa razão, ARNALDO AUGUSTO ALVES considerava que a enumeração era taxativa. (*vide:* ALVES, Arnaldo Augusto: *Código do Registo Civil, Anotado*, Coimbra, Coimbra Editora, 1979, p. 77). Não nos parece, contudo, até pela alteração da redação da lei, que a

Uma nota ainda quanto à parte final da alínea b): o registo de casamento nulo ou anulado *não pode ser cancelado*, visto que o casamento putativo produz efeitos face ao disposto no artigo 1647º do C.C. (diversamente do que ocorre com o inexistente, que, não produzindo qualquer efeito – artº 1630º – pode ser cancelado).

Quando se coloca a questão do cancelamento, para se decidir se deve ser instaurado um *processo de justificação administrativa*, há que verificar se o mesmo pode ser dispensado. Pode-o ser unicamente nos casos previstos nas alíneas c) e d) daquele artigo: o 91º:

a) duplicação do registo;
b) ter sido lavrado em conservatória incompetente[94].

Nestas hipóteses, a lei contenta-se com um "simples despacho do conservador" (artº 91º/ 4).

Quando o registo é cancelado, duas situações podem ocorrer:

1ª) o facto que constava desse registo deixou de existir, pelo que, após o cancelamento, nenhuma outra diligência tem de ser feita;
2ª) o facto realmente *existe* e o que se verificou foi que o correspondente registo foi declarado inexistente ou nulo. Neste caso, deve ser instaurado processo para suprimento da omissão (artº 83º).

enumeração dos casos *permaneça taxativa*. Julgamos que não é. Neste sentido (de não ser taxativa) ALVARO SAMPAIO, também o confirma:" a enumeração não é taxativa ao contrário do Código do Registo Civil de 1958" (cf: *op. cit.* p.196).

94 A incompetência é hoje apenas em razão da matéria (e não já do território). Curioso seria saber como decidir no caso "daqueles" factos referidos nas alíneas j) a n) do artigo 1º, nº 1 – que a nosso ver *não são* de "Registo Civil" – terem sido registados no "Registo Comercial": ao que nos parece estariam aí *bem registados* (apesar daquela iníqua previsão legal) e não deviam ser cancelados.

Capítulo XI
Retificação do Registo

1. No Capítulo anterior referimos os vícios de registo e os casos em que deve ser cancelado. Não sendo esta a situação, mas também *não devendo subsistir o vício,* a solução legal é a da *retificação* do registo.

Em antigo livro, embora referindo outra legislação, escrevi: "o processo [de retificação] pode iniciar-se por iniciativa do conservador – oficiosamente – ou a pedido de qualquer interessado – segundo o *princípio da instância.* O conservador aparece assim, e bem, como a primeira entidade que pode (deve) promover a rectificação. É sua primacial função cuidar da veracidade do registo, da exacta coincidência deste com o que se acha titulado. Daí que o indicado preceito mande promover *oficiosamente* a rectificação «logo que tome conhecimento da irregularidade»[95].

A atual redação da lei não coincide inteiramente com esta opinião, visto que apenas manda promover oficiosamente a retificação quando a irregularidade a sanar for "da responsabilidade dos serviços". Caso contrário, "devem os interessados requerer a retificação", mas se o não fizerem, " poderá a mesma ser promovida pelo conservador". «Poderá», quer dizer: se os interessados não agirem, é deixado ao critério do conservador providenciar, ou não, pela concretização da retificação – o que, diga-se, não nos parece ser a melhor solução. Pensamos que a retificação deve ter

[95] A transcrição é do livro *Noções de Direito Registral,* 2ª ed. Coimbra: Coimbra Editora, 1994, p. 271.

sempre lugar[96]. Perante a inércia dos interessados, o conservador devê-la-á promover *oficiosamente*, porque nenhum registo deve permanecer errado, nada se fazendo e sabendo a conservatória que está errado.

2. A retificação é sempre feita por averbamento (artº 92º/4).

Se o registo foi efetuado por inscrição e verificando-se, logo após a aposição do nome do funcionário, que a retificação se mostra necessária, dever-se-á fazer- imediatamente "por meio de declaração lavrada pelo conservador ou oficial no seguimento do registo, com aposição do respectivo nome"[97].

A retificação é efetuada por processo de justificação administrativa ou judicial. Todavia, só pode ser em processo de justificação judicial quando se suscitem dúvidas acerca *da identidade* das pessoas a quem o registo diz respeito.

Sempre que possível, tratando-se de um registo irregular, a retificação administrativa é efetivada por simples despacho do conservador. É-o também se existir:

- Manifesto erro de grafia ou relativamente à indicação do lugar ou da data do registo.
- Divergência do assento ou do averbamento lavrado por transcrição com o título que lhe serviu de base.
- Erro do assento ou do averbamento lavrado por transcrição decorrente de erro do título que o baseou, caso seja obtida a correção deste.
- Omissão ou inexatidão do acto, comprovada por documento bastante.

3. Tem de ser à organizado o processo de justificação administrativa (não bastando o simples despacho) sempre que:

- O vício de que o registo enferma o torne juridicamente inexistente ou nulo;

[96] Álvaro Sampaio também concorda que a retificação se deve fazer "sempre que esteja em causa a segurança ou a certeza do registo", mas não a correção de meros pormenores (Cf. *op. cit.* 5ª ed. p.200).

[97] Álvaro Sampaio refere que este documento obriga a nova aposição do nome do funcionário e deve ser lido na presença dos intervenientes, implicando um averbamento conforme resulta do SIRIC (Cf. *op. cit.* 5ª ed. p.201).

- O conservador verifique, em face dos documentos, que a irregularidade, não pode ser sanada por simples despacho, tornando-se necessário o processo de justificação judicial.
- Seja conveniente para sanar a irregularidade que os interessados sejam ouvidos em auto[98].

4. Feita a retificação por averbamento ou se for efetuada logo após a aposição do nome, pode a mesma, por simples a requerimento verbal dos interessados, ser *integrada* no texto do assento através da feitura de *um novo registo* e cancelamento do anterior.

O mesmo procedimento pode ter lugar relativamente aos averbamentos que se encontram cancelados, que podem ser eliminados efetuando-se um novo registo[99].

[98] Em face da redação do nº 3 do artº 95º parece que havia uma «terceira espécie» que seria apenas o auto de inquirição dos interessados. No entanto, tal não nos parece legal. Ou há apenas o despacho ou há o processo (artºs 221º e 241º).

[99] Estes novos registos seguem o procedimento previsto no artigo 123º. Álvaro Sampaio recorda o Parecer do Procº CC 9- DSJ publicado no BRN nº 5/99, p. 17 que considerou o pedido de novo assento como acto de menor importância para efeitos do disposto no artº 1902º do C.C. (*Vide: op. cit,* p. 209).

TITULO V
DOS ATOS EM ESPECIAL

Capítulo XII
O Registo de Nascimento

§ 1º O assento de nascimento em geral

1. O nascimento, em si mesmo, "é um facto jurídico autónomo, independente dos outros factos que são a maternidade e a paternidade"[100].

O assento de nascimento é o primacial registo, o básico, aquele que define a *identidade pessoal do cidadão* e onde também ficam consignados direitos fundamentais, cabendo desde já realçar o crucial direito de personalidade que é o *direito ao nome*. É, além disso, o registo que comprova o *estado civil*, visto que é a esse assento que imediatamente vêm a ser averbadas todas as alterações que ao longo da vida do cidadão o seu estado civil vai sofrendo e, por último, onde também é averbado o óbito. Por isso, o registo de nascimento é o «registo do cidadão», que prova a identidade da pessoa, a sua nacionalidade, o seu estado civil e até se é viva ou se já faleceu.

Por conseguinte no Registo Civil, o *assento de nascimento é o que deve ser considerado principal*, visto que, por um lado, o facto mais relevante de cada cidadão é o seu nascimento e este é o próprio *objeto da inscrição registral*[101] e, pelo outro, é a este registo que os factos inscritíveis são, através de sucessivos averbamentos, "entre si conectados"[102], de modo que no assento de nascimento transparece o *estado civil* do indivíduo inteiramente atualizado.

[100] A frase é de Guilherme de Oliveira *in* citado *Manual*... p. 427.

[101] Vide, neste sentido, Pere Raluy, *op. cit.*, Tomo I, p.391.

[102] Essa conexão, segundo Carlos Ferreira de Almeida, caracteriza o "registo público. O Autor define "registo público" como" o assento efectuado por um oficial público e constante

2. O registo é feito com base na "declaração de nascimento", que tem o prazo legal de 20 dias para ser efetuada e, no *território nacional*, pode sê-lo em qualquer conservatória do registo civil (artº 96º/1)[103] ou em "unidade de saúde" autorizada[104] e onde a parturiente ainda se encontre (artigo 96º). Logo que declarado o nascimento, através do programa "nascer cidadão" (de que falaremos) pode ainda ser imediatamente obtido o cartão de cidadão do nascido.

Quanto ao prazo: se for excedido, a declaração necessita igualmente de ser efetuada, sem que haja lugar a qualquer sanção[105].

A declaração deve, em primeiro lugar, ser prestada pelos pais, por outros representantes legais do menor ou por quem para tal seja por eles mandatado (em mero "escrito particular"). Poderá ainda e sucessivamente sê-lo pelo "parente capaz mais próximo" e pelo representante da unidade de saúde onde ocorreu o nascimento (artigo 97º). Existe, portanto, *para todas essas pessoas* que tomaram conhecimento da ocorrência do nascimento *a obrigação* de participar e promover o registo desse facto. Mas, é claro que sendo a obrigação cumprida por qualquer delas as demais ficam desoneradas da incumbência (nº 2).

de livros públicos, do livre conhecimento, directo ou indirecto, por todos os interessados, no qual se atestam factos jurídicos conformes com a lei e respeitantes a uma pessoa ou a uma coisa, factos entre si conectados pela referência a um assento considerado principal, de modo a assegurar o conhecimento por terceiros da respectiva situação jurídica e do qual a lei faz derivar, como efeitos mínimos, a presunção do seu conhecimento e a capacidade probatória" (Cf. *cit.* "Publicidade e Teoria dos Registos", nº 32, p. 97). No caso do assento de nascimento, os factos registáveis são conectados com referência a esse assento (de nascimento) que, portanto, é o principal.

[103] Isto não quer dizer que as disposições do Código não se apliquem aos nascimentos ocorridos no estrangeiro, nomeadamente os declarados nos consulados portugueses. *Aplicam-se sem qualquer dúvida.* Aliás, de harmonia com o estabelecido no Novo Regulamento Consular (aprovado pelo Dec-Lei nº 51/2021, de 15 de junho), sobretudo no artigo 51º, "o exercício de funções consulares no âmbito do registo civil rege-se, com as necessárias adaptações, pelas disposições do Código do Registo Civil".

[104] Note-se: em unidade de saúde *onde ocorreu o parto* e aí seja possível declarar o nascimento ou também em unidade de saúde *para onde a parturiente tenha sido transferida.* A permissão para declarar em unidades de saúde privadas depende, à face do artº 96º-A, de um "protocolo" a celebrar pelos membros do Governo responsáveis pelas áreas da justiça e da saúde", conforme definido em "portaria conjunta" desses governantes.

[105] Contudo, se não for prestada declaração e houver necessidade da instauração de processo para suprimento da omissão, como decorre do artº 98º/5, há lugar a uma coima.

Se o nascimento não tiver sido declarado no prazo legal, as autoridades (ou, como se disse, até "qualquer pessoa") devem participar o facto do nascimento ao conservador ou ao Mº Pº para ser instaurado processo de suprimento do registo, no qual o conservador indica os elementos que devem constar do assento. Contudo, pode entretanto ser voluntariamente prestada a declaração de nascimento (artº 98º). O que se pretende – e a lei *não quer* – é que qualquer nascimento fique por registar.

Há, porém, lugar a alguns "cuidados" legais (indicados no artigo 99º) quando o nascimento tiver ocorrido *há mais de um ano* (nº 1) e também a obrigatoriedade da intervenção de duas testemunhas e, se possível, de documento comprovativo da veracidade das declarações, quando o nascimento ocorreu *há mais de 14 anos* (nº 2).

3. O registo de nascimento, como se referiu, pode ser feito em qualquer conservatória do registo civil ou na respetiva unidade de saúde, desde que aí seja possível declará-lo.

Como indica o artº 102º/1 o registo de nascimento, além dos requisitos gerais, deve ainda conter os elementos que, estando ligados "ao início da personalidade", envolvem também o "acoplamento de noções biológicas e jurídicas"[106]. São os seguintes:

a) O nome próprio e os apelidos;
b) O sexo;
c) A data do nascimento, incluindo, se possível, a hora exata;
d) A freguesia e o concelho da naturalidade;
e) O nome completo, a idade, o estado, a naturalidade e residência habitual dos pais;
f) O nome completo dos avós;

Além destes, a alínea g) refere as *menções* exigidas em casos especiais.

Antes de analisar cada um dos elementos, deve sublinhar-se que, *para fazer a declaração*, quando esta não foi realizada na unidade de saúde respetiva, a lei exige que o declarante *demonstre* por "documento emitido pela unidade de saúde que comprove a ocorrência do parto e indique o nome da parturiente" (artº 102º/5). Para tanto, o artº 101º-A/1 determina que "no prazo de vinte e quatro horas após o nascimento, as unidades

[106] As expressões são de PERE RALUY (*op. cit.* pág. 383).

de saúde devem inserir em registo informático de acesso exclusivo das unidades de saúde, do Instituto dos Registos e do Notariado e do Instituto da Segurança Social, dados sobre o nascimento, com indicação da respectiva data e hora, do sexo do menor e do nome e residência da parturiente".

No caso de não ser possível confirmar o nascimento no registo informático, o assento não é efetuado, mas "deve ser confirmado com carácter de urgência, junto da unidade de saúde, para que possa ser inserido no registo informático" (artº 101º-A/3) e ser então lavrado o registo.

Também na hipótese do parto não ter ocorrido em unidade de saúde, deve igualmente ser passado pelo/a responsável pelo parto um documento semelhante. Este documento é importante justamente porque se destina a precaver falsas declarações de nascimento inexistente (por ex, para obter uma adoção fraudulenta) que no passado chegaram a ocorrer.

4. Logo que lavrado o assento de nascimento, é inserido no registo informático e feita a comunicação dos dados relevantes para efeitos de inscrição da criança nos serviços de segurança social e de saúde e, se tal for solicitado pelos pais ou representantes legais, também nos serviços de finanças. Ou seja: o registo de nascimento desencadeia aquelas inscrições burocráticas, evitando que, para tal fim, quem representar o menor tenha de se deslocar àqueles serviços.

Ademais, a lei preocupou-se com a defesa dos nascidos e, por isso, é necessário nos termos do artº 101º-B/2, "sempre que a declaração de nascimento não seja prestada por um dos pais, que esse facto seja comunicado, imediatamente e por via eletrónica, à Comissão Nacional de Proteção de Crianças e Jovens em Risco". É ainda preciso comunicar à Comissão Nacional de Proteção de Dados quais as características técnicas do sistema adotado, para garantir o cumprimento da lei aplicável ao tratamento dos dados, como se refere no artº 101-C.

São outrossim obrigatórias, de acordo com o artº 101º-D as "diligências oficiosas para prevenção de exclusão social", pelo que, nomeadamente a unidade de saúde onde ocorreu o parto deve preencher o impresso "Notícia de nascimento" e enviá-lo para o centro de saúde da área de residência da parturiente ou qualquer outro por ela indicado. Todavia, "sempre que sejam detetados eventuais sinais de risco social, a unidade de saúde envia para o Instituto da Segurança Social essa informação".

Em suma: após o nascimento as conservatórias e, sendo o caso, as unidades de saúde, não podem deixar de efetuar oficiosamente todas as aludidas comunicações com vista à proteção dos nascidos.

5. *O nome* é, ao que pensamos, o mais importante elemento do assento de nascimento. MENEZES CORDEIRO sintetiza-o nestes termos: "O nome é a representação linguística de um ser humano". E acrescenta: "Tem uma função dupla. Vocativa, porquanto permite designar a pessoa que o usa; distintiva por facultar destrinça-lo das demais"[107]. ÁLVARO SAMPAIO também considera que "o nome é o elemento número um de identificação das pessoas"[108]. A essencialidade do nome é de uma evidência tão irrefutável que se torna supérfluo dizer algo mais a este respeito.

O nome é necessariamente composto pelo *nome próprio,* no máximo de dois vocábulos, e pelos *apelidos* no máximo de quatro (artº 103º/2). "Não se estabeleceu um número mínimo de nomes, nem se impõe um número mínimo de apelidos, embora o *nome deva ser completo,* isto é, conter pelo menos um nome próprio e um apelido"[109].

5.1. Nos termos do disposto no artº 1875º/2 do C. C. a escolha do nome próprio e dos apelidos do filho menor *pertence aos pais,* Em princípio supõe-se que há acordo, embora a lei não exija essa prova e considere suficiente a declaração prestada apenas por um dos progenitores. Todavia, o preceito acrescenta: na falta de acordo, decidirá o juiz, de harmonia com o interesse do filho.

As regras a que deve obedecer o nome próprio estão presentemente sintetizadas na alínea a) do artº 103º/2 que apenas determina que deve ser português e contar-se "entre os constantes da onomástica nacional ou adaptados, gráfica e foneticamente, à língua portuguesa" e depois acrescenta que não deve suscitar dúvidas sobre o sexo do registando. Afigura-se-nos que estas sucintas indicações, ao invés das pormenorizadas nos códigos anteriores[110], *são suficientes* para a escolha do nome. Mas, caso se

[107] Cf: CORDEIRO,, ANTÓNIO MENEZES, *Código Civil, Comentado,* I- Parte Geral, Coimbra: Almedina, 2020, p. 297.

[108] Cf: SAMPAIO, Álvaro *op. cit.* p. 227.

[109] A citação é de GUILHERME DE OLIVEIRA *in* citado *Manual...* p. 577.

[110] O artº 130º do Código de 1967 (e artº 128º do Código anterior) diziam: " nem envolver referências de carácter político, nem confundir-se com meras denominações de fantasia,

suscitem dúvidas, designadamente por o conservador não considerar que determinado nome conste da onomástica nacional, deve a questão ser colocada à Conservatória dos Registos Centrais que instruirá o processo, o informa e submete a despacho do Presidente do IRN, que decidirá.

Quanto a nomes estrangeiros, são admitidos "se o registando for estrangeiro, houver nascido no estrangeiro ou tiver outra nacionalidade além da portuguesa" e também "se algum dos progenitores do registando for estrangeiro ou tiver outra nacionalidade além da portuguesa" (alíneas b) e c) do mesmo artigo).

Uma última observação (constante da alínea d): aos irmãos não pode ser atribuído o mesmo nome próprio, exceto no caso de um deles já ter falecido.

5.2. No tocante aos apelidos, o Código atual é muito mais permissivo do que os anteriores. Com efeito, em primeiro lugar, podem ser livremente indicados quantos se quiserem entre um e quatro.

Depois, tanto podem pertencer à mãe como ao pai e ter a ordem que se pretenda: isto é: por ex., pode começar num do pai, seguir-se outro da mãe e terminar num que nem é do pai nem da mãe, mas a que qualquer um deles "tem direito", ou inversamente,

Podem ainda os quatro ser só da mãe, ou só do pai, ou nem de um nem do outro, mas apenas qualquer deles "ter direito" ao seu uso". E o que é isto de "ter direito"? É o comprovar-se que o apelido *pertence à família* do pai ou da mãe[111]" e "independentemente do grau de parentesco do antepassado que o usou (Pº 21 RC 91)"[112].

No caso, certamente excecional, de nenhum dos progenitores ter apelido, admite-se que se escolha um dos nomes "por que sejam conhecidos" (citada al. e) *in fine*).

Uma outra hipótese está contemplada na alínea f) do mesmo artº 103º: a de a filiação não estar estabelecida. Nesse caso é o declarante que escolhe os apelidos do registando. Mas, se o não fizer, aplica-se o disposto no artigo 108º, ou seja, é o conservador que tem de escolher o nome, como no caso de registo de abandonados.

apelidos de família, nomes de coisas, animais ou qualidades, salvo tratando-se de nomes de uso vulgar na onomástica portuguesa.

[111] Segundo o parecer proferido no Pª nº 384 RC 32 pode ser um qualquer apelido "desde que seja feita prova de que o mesmo pertence à família do pai ou da mãe".

[112] As citações são de FILOMENA MOCICA e MARIA DE LURDES SERRANO *in cit Código do Registo Civil, Anotado*, p. 168.

6. O nome que ficou a constar do assento de nascimento é, em princípio, o que acompanha a pessoa durante a sua vida, salvo se ocorrer algum dos casos seguintes:

i) Ser instaurado *o processo especial de alteração de nome* (que em capítulo ulterior será tratado) e nele seja decidida autorização para tanto pelo Conservador dos Registos Centrais.
ii) Por simples requerimento do interessado quando:
   a) Tiver sido estabelecida a filiação, tiver havido adoção, sua revisão ou revogação, ou casamento;
   b) Ocorrer a retificação do registo;
   c) Existir a intercalação ou supressão de partículas de ligação entre os vocábulos (v.g. as partículas *e, de*) que formam o nome, ou em adicionar apelidos, se do assento apenas contiver o nome próprio;
   d) A alteração resultante da perda do direito ao nome ou da renúncia aos apelidos adotados aquando do casamento;
   e) Quando, na hipótese do nº1 do artº 1876º do C.C. o filho, nos dois anos posteriores à sua maioridade ou emancipação, requerer que sejam eliminados do seu nome os apelidos do marido da mãe.
   f) A simples adoção do nome pretendido, quando o assento de nascimento foi lavrado na pendência de consulta sobre a sua admissibilidade e esta foi aceite.
   g) A alteração do nome próprio decorrente da mudança de sexo.
   h) Tratar-se de estrangeiro que pretenda adquirir a nacionalidade portuguesa. Neste caso, o artº 39º do Regulamento da Nacionalidade permite a recomposição do nome e, nomeadamente, "o aportuguesamento dos elementos constitutivos do nome próprio",

7. Um outro elemento do assento que carece de alguma explicação é a *naturalidade*. Como é sabido, este conceito em termos tradicionais e até ao Código de 1978 correspondeu sempre ao do lugar onde o nascimento ocorreu. Todavia, o Dec-Lei 379/82, de 14 de Setembro, que introduziu várias alterações a esse Código, deu a seguinte redação ao artº 125º/2: "Para efeitos dos assentos de nascimento ocorrido em território português, a lavrar após a entrada em vigor deste diploma e de que não haja registo anterior, considera-se naturalidade o lugar em que o nascimento ocorreu ou o lugar,

em território português, da residência habitual da mãe do registando, à data do nascimento, cabendo a opção ao registando, aos pais, a qualquer pessoa por eles incumbida de prestar a declaração ou a quem tenha o registando a seu cargo; na falta de acordo entre os pais, a naturalidade será a do lugar do nascimento".

Esta possibilidade – existente em Portugal, mas não em muitos outros países – foi pensada pelo facto das maternidades se situarem nas grandes cidades sem efetiva ligação com o concelho onde vivem os progenitores e a própria criança, no futuro, ser conhecida como sendo natural desse concelho. Por isso, aquela disposição legal manteve-se, com redação similar, no artº 101º/2 do Código atual. Assim, a lei considera naturalidade "o lugar em que o nascimento ocorreu ou o lugar, em território português, da residência habitual da mãe do registando, à data do nascimento". Todavia, a opção – que cabe aos pais e demais pessoas indicadas no preceito – *exige acordo,* visto que na falta de acordo entre os pais, a naturalidade *será a do lugar do nascimento.*

8. Os demais elementos que o assento deve conter – sexo, data, identificação integral dos pais e nome completo dos avós e menções especiais. – não levantam questões que necessitemos de esclarecer, salvo no tocante ao sexo, às menções especiais e à prova da identificação dos pais.

No tocante ao sexo[113] há casos, ainda que raros, de a criança nascer com o sexo indeterminado ou indefinido, pelo que essa rubrica não é preenchida até que venha a ser definido[114], devendo escolher-se um nome "de fácil adaptação aos dois sexos". Também não devem ser tiradas fotocópias do assento e, em princípio, as certidões não podem mencionar o sexo[115].

[113] Não está aqui em causa a «mudança de sexo» depois de ter sido determinado na altura do nascimento.

[114] Guilherme de Oliveira diz – e bem – que o sistema português se mantém "dentro do *sistema binário tradicional*", mas também refere – e no caso do sexo indeterminado não acompanhamos o douto Professor – que "o declarante do nascimento deve mencionar o sexo". Esse caso excecional obriga a uma resposta excecional: não pode ser declarado o que se ignora. Parece que é este o entendimento do Conselho Consultivo do IRN. (As citações de Guilherme de Oliveira são do citado *Manual...* p.429).

[115] É o que foi decidido no Pº 49 R.C. 36 da D.G.R.N., referido no citado Código do Registo Civil, Anotado de Maria da Conceição Lobato Guimarães *et alt.*, (Cf: Guimarães, Maria da Conceição Lobato, Mocica, Filomena Maria Máximo e Carvalho, Manuel Vilhena de, *Código do Registo Civil, Anotado.* Lisboa; Rei dos Livros, 1995, p.106).

Quanto às menções especiais podem ser muito variadas, devendo citar-se a indicação de intérprete, de procurador, do assento ser lavrado com base num título (caso de abandonados), a indicação do registado já ter falecido (artº 100º), enfim qualquer menção que a lei obrigue a ser referenciada.

Em relação à prova da identificação dos pais, convém notar que é necessário ser feita *com rigor*, devendo exigir-se a exibição do respetivo cartão de cidadão ou um documento com equivalente força probatória e, no caso de não ser apresentado, tem de ser consultada a base de dados, de modo que se comprove a correta identidade dos progenitores. Note-se que essa identidade se reporta à altura do nascimento.

§ 2º O assento de nascimento de abandonados

O Código nas subsecções seguintes à do "registo de nascimento" trata dos casos especiais do *registo de abandonados* e dos *nascimentos ocorridos em viagem*. Consideram-se abandonados (como refere o artº 105º) os recém-nascidos de pais desconhecidos que forem encontrados ao abandono, mas também – dir-se-ia que apenas para efeitos do registo – os menores de idade aparente inferior a 14 anos, ou dementes de qualquer idade, cujos pais se ausentaram para parte incerta "deixando-os ao desamparo" [116]. Contudo, "não pode ser qualificado de abandonado para efeitos de registo civil um indivíduo que pretenda declarar o seu nascimento e diga que tem 64 anos de idade (...) ainda que afirme ter sido abandonado pela mãe enquanto criança" [117].

1. O abandonado deve ser apresentado o mais brevemente possível – no prazo de 24 horas – e com "todos os objetos e roupas de que ele seja portador", à autoridade administrativa ou policial *e é esta* que deve promover o registo de nascimento, devendo para tal levantar um *auto* da ocorrência. A lei preocupa-se com a futura possibilidade de completa identificação do abandonado e, por isso, o auto de ocorrência, deve indicar "a data, hora e lugar em que foi encontrado, a idade aparente, os sinais que o individualizem, a descrição das roupas e objectos de que seja portador e quaisquer outras referências que possam concorrer para a sua identificação" (artº 106º/2).

[116] Conceito que provem do Código de 58. Anteriormente a lei falava em "expostos" e em abandonados", mas não definia este conceito.

[117] Despacho de 26/06/69, referido no Código editado pela DGRN em 1974 e cuja citação é feita por Álvaro Sampaio (*op. cit.* p.190).

Na situação em causa, o assento de nascimento é lavrado por transcrição com base no auto que, portanto, constitui o *título*, que deve ser digitalizado e arquivado, associando-o ao processo informático. Nos termos do artº 107º/2 "a hora, dia, mês e lugar em que o registando foi encontrado são considerados, para fins de registo, como correspondentes à hora, dia, mês e naturalidade". No que respeita ao ano do nascimento, deve ser "determinado em função da idade aparente".

Quanto ao nome, que tem de obedecer à regra geral e ser completo, é escolhido pelo conservador, que tem a incumbência de o designar preferencialmente entre os nomes de uso vulgar ou, sendo o caso, procurar derivá-lo "de alguma característica particular ou do lugar em que foi encontrado", mas por forma a impedir quaisquer denominações suscetíveis de recordar a condição de abandonado. Tem, por outro lado, de ser respeitada alguma indicação escrita encontrada em poder do abandonado, ou junto dele, ou por ele próprio fornecida.

§ 3º O assento do nascimento ocorrido em viagem

No caso de o nascimento ocorrer em viagem de navio ou avião a "autoridade de bordo" lavra o assento – se não houver livro, em simples papel e em duplicado – e no primeiro porto ou aeroporto em que se entre, se for estrangeiro, esse duplicado é entregue à entidade diplomática ou consular que lavrará o assento, enviando-o à Conservatória dos Registos Centrais, por intermédio do Ministério dos Negócios Estrangeiros. Sendo nacional, também é remetido (no prazo de 20 dias) à Conservatória dos Registos Centrais.

Tratando-se de nascimento ocorrido em viagem por terra dentro do território nacional, o registo de nascimento "pode ser lavrado em qualquer conservatória do registo civil" (artº 111º).

§ 4º O novo assento de nascimento

Abrimos um parágrafo autónomo para tratar do tema de um novo registo de nascimento por nos parecer um ponto sobremaneira relevante. O CRCiv refere-se a esta matéria no artº 123º, integrado no Capítulo relativo aos "actos de registo" e na Secção II que respeita à *filiação*. Ao que nos é dado ver, uma vez que o *novo registo* não se circunscreve à filiação (por ex. a mudança de sexo nada tem a ver com a filiação), devia ter ficado incluído no final da Secção I e numa Subsecção própria, autónoma (a V), realçando assim o interesse e a independência conceptual do «novo registo».

A maioria dos autores que tem comentado o Código observa que a disposição "corresponde ao artigo 151º do código anterior"[118]. Ao que nos parece, é uma norma substancialmente inovadora, deixando inequívoco que nos casos em que possa haver discriminação, menosprezo pelos direitos dos cidadãos ou pelo seu bom nome e reputação – e assim desconsiderar os inerentes princípios constitucionais –, o legislador resolveu radicalmente o problema, prevendo em tais situações "a realização de novo assento de nascimento".

Aliás, o preâmbulo do Dec-Lei nº 131/95, de 6 de junho, que aprovou o Código, diz no ponto 3, que além das significativas alterações enunciadas, "teve-se igualmente em vista harmonizar os dispositivos legais com os princípios e normas constitucionais, nomeadamente quanto aos que se reportam à igualdade de direitos dos cidadãos perante a lei, sem qualquer discriminação, e aos que impõem o respeito pela intimidade da vida privada"

Nas hipóteses de estabelecimento de filiação, alteração de nome, mudança de sexo e outras, tais como a adoção, o artº 123º permite que esses factos (que são averbados ao assento de nascimento) fiquem integrados no próprio "texto do assento", mediante a feitura de *um novo assento de nascimento*. Trata-se de situações necessariamente posteriores à realização do assento original e que a lei, admitindo que se considerassem desonrosas, depreciativas ou discriminatórias para o cidadão em causa e adversas à reserva da sua vida privada, considerou que ficavam mais «resguardadas» através de um novo registo em que não é mencionada a existência de alterações.

Este novo registo não é lavrado oficiosamente – ao contrário do que nos parecia adequado – mas sim "a requerimento verbal dos interessados ou dos seus representantes legais" (artº 123º/!).

O nº2 do artº 123º permite ainda que as menções consideradas discriminatórias da filiação consentidas pela lei anterior (por ex:, o caso de "filho ilegítimo"), os averbamentos de factos *não sujeitos a registo*, os que contrariam a filiação estabelecida e também os que se referem ao exercí-

[118] Vide, por ex: Álvaro Sampaio *op. cit.* p. 255, Maria da Conceição Lobato Guimarães *et alt.* em *op. cit*, p. 126. No entanto, Filomena Mocica *et. alt*, também em *op. cit.* p. 194, não dizem que " corresponde ao artigo 151º do código anterior", mas referem que "abrange casos que a doutrina já havia estabelecido". Aquele artº 151º não previa a feitura de novo assento, mas apenas a "integração, no texto do assento, da filiação averbada".

cio do poder paternal, quando o registado atingir a maior idade, também "podem ser eliminados mediante a feitura de novo assento".

Em consequência da elaboração do novo assento, e uma vez lançados todos os averbamentos até então existentes, o assento original é cancelado, excerto no caso de adoção plena (artº 123º/3).

Depois de efetuado o novo assento, quaisquer factos posteriores que careçam de ser averbados, tê-lo-ão de ser, nos termos gerais, a esse novo assento, o que não carecia de disposição que o redissesse.

Capítulo XIII
Os Averbamentos ao Assento de Nascimento

1. Ao assento de nascimento são averbados todos os factos registáveis que alterem o *estado civil* do registado demostrando-se, assim a importância crucial que a lei atribuiu a este assento, mormente porque – como já referimos –, pode comprovar, *atualizadamente*, a identidade da pessoa.

1.1. O primeiro facto – referido na alínea a) do artº 69º/1 – diz respeito ao *casamento*. Contudo, não apenas ao casamento em alguma das suas modalidades e enquanto subsiste, mas também no que respeita à sua dissolução por uma das causas legais (divórcio ou viuvez), e à "declaração de inexistência ou nulidade, anulação e sanação in radice". Além disso, está englobada na previsão da alínea a separação em qualquer das suas espécies e a reconciliação dos cônjuges legalmente separados.

Álvaro Sampaio chama a atenção – e bem – para o facto de o casamento não ser registado por averbamento, mas sim por assento. Só é por averbamento no caso de casamento católico celebrado depois do casamento civil já registado[119]. Todavia, é sempre necessário averbar o casamento (e os outros factos acima indicados) aos assentos de nascimento de cada um dos cônjuges,

1.2. A alínea b) contempla o estabelecimento *da filiação*. Trata-se de matéria de grande importância e, por isso, será tratada em capítulo autónomo.

[119] Cf: *op. cit.* pp. 157/8.

Aqui, sucintamente, referiremos apenas que – salvo quando o assento de perfilhação se considerar *secreto* – o estabelecimento da filiação é registado por averbamento *nos casos em que não ficou a constar do assento de nascimento.* Mesmo que se verifiquem as situações previstas nos artigos 125º (declaração de maternidade) ou 130º (perfilhação), que dão lugar a um assento próprio, a filiação nele mencionada *deve igualmente ser averbada* ao assento de nascimento.

A filiação que tiver sido estabelecida judicialmente ou constante de testamento e demais atos admitidos (por ex;, escritura pública) *é também averbada* ao assento de nascimento do filho.

Na hipótese do registo de perfilhação se considerar *secreto,* esta não é logo averbada ao assento de nascimento do perfilhado, mas apenas feita uma *cota de referência* com a indicação precisa do respetivo assento, e só quando ele deixar de ser considerado secreto é que deve ser oficiosamente lavrado o averbamento. Também no caso perfilhação que dependa de assentimento do perfilhado, só é averbada quando este for prestado.

1.3. O facto mencionado na alínea c) refere-se ao casamento dos pais, entre si, posterior ao assento de nascimento do filho.

À luz da lei anterior o casamento dos pais dava lugar à legitimação do filho, mas como, presentemente, deixou de existir a distinção entre filhos legítimos, legitimados ou ilegítimos, o casamento dos pais não tem efeitos jurídicos, nomeadamente sucessórios.

1.4. O Regime Jurídico do Processo de Adoção (RJPA) foi instituído pela Lei nº 143/2015, de 08 de Setembro. A adoção, bem como a e a revisão da sentença respectiva dão lugar ao averbamento previsto na alínea d) do artº 69/1. Note-se que, em qualquer caso, a adoção *é sempre* registada por meio de *averbamento ao assento de nascimento,* com base num *título* que é necessariamente a *sentença judicial,* de harmonia com o disposto no artº 1973/1 do C.C.: "O vínculo da adopção constitui-se por sentença judicial".

O C.C. continha os artºs 1992º a 2002º que previam a adoção restrita, mas estas disposições foram revogadas pelo atual RJPA.

Através da adoção "o adotado adquire a situação de *filho do adotante,* extinguindo-se, em princípio, as relações de família entre os seus ascendentes e colaterais naturais (artº 1986, nº 1)[120], o que tem expressão adequada no plano do registo, no qual se reflete igualmente o segredo da identidade do adotante aos pais naturais do adotado, conforme previsto no artº 1985º"[121].

O RJPA prevê nos artºs 61º e ss. a adoção internacional, que se dá quando "ocorra a transferência de uma criança do seu país de residência habitual para o país da residência habitual dos adotantes, com vista ou na sequência da sua adoção" /artº 61º/1). Para estes casos de adoção internacional o citado Regime Jurídico instituiu a Autoridade Central para a Adoção Internacional a quem compete exercer as tarefas enunciadas no artº 62º, entre elas as previstas em convenções internacionais relativas à adoção de que Portugal seja parte.

Álvaro Sampaio chama a atenção para o facto das *decisões de adoção* proferidas pelas entidades competentes dos Estados contratantes ou aderentes à Convenção Relativa à Proteção das Crianças e à Cooperação em Matéria de Adoção Internacional – celebrada em Haia a 29 de maio de 1993, –, são reconhecidas em Portugal *independentemente de revisão e confirmação*[122].

Havendo revisão da sentença que tiver decretado a adoção é igualmente registada por averbamento ao assento de nascimento (al. d) *in fine*).

1.5. O averbamento referido na alínea e) refere-se à regulação do exercício do poder paternal, sua cessação e a alteração que respeite à confiança do filho.

O artº 1877º do C.C. estabelece a regra geral de que "os filhos estão sujeitos *às* responsabilidades parentais até à maioridade ou emancipação"[123] e o nº1 do artº seguinte, esclarece o conteúdo dessas responsabilidades, reiterando que "compete aos pais, no interesse dos filhos, velar pela segurança e saúde destes, prover ao seu sustento, dirigir a sua educação, repre-

[120] Como diz Ana Rita Alfaiate em comentário ao referido artº do C.C., "com a adoção ocorre uma total transferência do exercício das responsabilidades parentais, mas também da sua titularidade, para os adotantes. Trata-se da única situação em que os pais biológicos perdem aquela titularidade e ocorre a sua verdadeira substituição. (Cf. Comentário ao citado *Código Civil Anotado, Livro IV*, coorden. de Clara Sottomayor, p.1050).

[121] A citação é de Guilherme de Oliveira em *op. cit.* p. 564.

[122] Cf: Álvaro Sampaio *op. cit.* p. 160.

[123] Sobre o tema *vide.* Cit *Código Civil Anotado, Livro IV*, coorden. de Clara Sottomayor, pp. 854 e ss.. Diz esta Autora que "a titularidade das responsabilidades parentais pertence aos pais e constitui o *principal efeito jurídico do* estabelecimento da filiação" (itálico nosso).

sentá-los, ainda que nascituros, e administrar os seus bens". Nesse âmbito cabe-lhes arcar com as despesas do sustento, segurança, saúde e educação dos filhos. Na constância do matrimónio o exercício das responsabilidades parentais pertence a ambos os pais, mas havendo discordância entre eles, bem como separação ou divórcio, diz o artº 1905º/1 que "os alimentos devidos ao filho e a forma de os prestar são regulados por acordo dos pais, sujeito a homologação". Contudo, "a homologação é recusada se o acordo não corresponder ao interesse do menor".

Em suma: a lei substantiva contém pormenorizada regulamentação a respeito do poder paternal, que não cabe nestas noções especificar, devendo apenas salientar-se que deve ser averbada ao assento de nascimento do filho a regulação do poder paternal, incluindo a homologação do mesmo, *bem como* quaisquer vicissitudes que ocorram e que a lei sujeite – como em regra sujeita – à publicitação registral.

1.6. A alínea f) contempla a hipótese de inibição e suspensão do exercício do poder paternal, bem como as providências limitativas desse poder.

Trata-se das situações previstas nos artigos 1913º e seguintes do C.C. Este artº 1913º respeita à inibição de pleno direito (caso dos condenados definitivamente por crime a que a lei atribua esse efeito) e pode cessar com o termo do acompanhamento ou com a revisão da sentença que a tenha decretado. O artº 1916º refere-se à inibição a requerimento do Ministério Público, de qualquer parente do menor ou de pessoa a cuja guarda ele esteja confiado. O tribunal pode decretar a inibição total ou limitada à representação e administração dos bens e abranger um ou ambos os progenitores e será levantada quando cessem as causas que lhe deram origem.

Todavia, pode não haver inibição, mas apenas providências limitativas, designadamente quando a segurança e outras circunstâncias determinem que o menor se encontre em perigo "e não seja caso de inibição do exercício *das* responsabilidades parentais , pode o tribunal, a requerimento do Ministério Público ou de qualquer das pessoas indicadas no nº 1 do artigo 1915º, decretar as providências adequadas".

O artº 1920º-B manda que sejam "oficiosamente comunicadas à repartição do registo civil competente a fim de serem registadas:

a) As decisões que regulem o exercício das responsabilidades parentais ou homologuem acordo sobre esse exercício;

b) As decisões que homologuem a reconciliação de cônjuges judicialmente separados de pessoas e bens;
c) As decisões que façam cessar a regulação do poder paternal em caso de reconciliação de cônjuges separados de facto;
d) As decisões que importem a inibição do exercício das responsabilidades parentais, o suspendam provisoriamente ou estabeleçam providências limitativas desse poder"[124].

Todas estas situações, emergentes de decisões judiciais, devem ser comunicadas pelo tribunal à conservatória e aí registadas por meio de averbamento, como decorre das alíneas e) e f) aqui mencionadas.

1.7. Na alínea g) vem previsto "o acompanhamento de maiores, incluindo as concretas medidas decretadas com relevância registal, a tutela e administração de bens, a curadoria provisória ou definitiva de ausente e a incapacidade de menor casado para administrar os bens, sua modificação e extinção".

Como se vê, esta alínea engloba situações jurídicas muito diferentes. Começa pelo *acompanhamento de maiores*, novo regime que foi criado pela Lei nº 49/2018, de 14 de agosto, que intitulou "Regime Jurídico do Maior Acompanhado" e que teve o propósito de substituir os antigos institutos da *interdição* e da *inabilitação*, que estavam previstos no C.C. Neste sentido, não só alterou vários artigos deste Código, como de muitos outros diplomas. O que a lei pretendeu com este "Regime Jurídico" foi eliminar qualquer tipo de discriminação, dando lugar, quanto possível, à própria vontade e às opções do maior acompanhado. O essencial do Regime passou a ficar contemplado nos artºs 138º a 156º do C.C. Como é evidente, não tem aqui cabimento o estudo completo deste "Regime Jurídico", bastando dizer-se que *devem ser averbadas* ao assento de nascimento do maior acompanhado *as medidas* que a correspondente decisão judicial considerar que devem ser registadas e, nada dizendo, o averbamento dirá apenas que essa pessoa ficou sujeita ao regime de maior acompanhado.

[124] A inibição do exercício das responsabilidades parentais está prevista no artº 1915º do C. C.. Como nota Álvaro Sampaio (*op. cit.* p. 162), no caso da inibição abranger ambos os progenitores o menor fica sujeito a tutela (artº. 1921º, nº 1, b) do C. C.).

1.7.1. A tutela é um meio destinado a suprir o poder paternal que está previsto no C.C. a partir do artº 1921º e que tem lugar, como dispõem as sucessivas alíneas deste artigo, quando os pais tiverem falecido, estiverem inibidos do poder paternal e bem assim nas demais situações indicadas no preceito. A tutela é exercida pelo tutor e pelo conselho de família (artº 1924º/1). Em caso de menor confiado a instituições de assistência exerce as funções de tutor o diretor desse estabelecimento (artº 1962º/1).

O tutor é designado pelos pais ou pelo tribunal de menores (artº 1927º), mas a tutela é exercida "sob a vigilância do tribunal de menores" (artº 1925º/1) que decreta as medidas que entenda deverem ser registadas. Todas elas têm de ser averbadas ao assento de nascimento do menor, em cumprimento da decisão judicial. A seu pedido, o tutor pode ser exonerado ou removido do cargo, factos que também devem ser averbados.

1.7.2. Quando, nos termos do artº 1922º, houver lugar à instituição da administração de bens do menor, como determina o artº 1967º "são aplicáveis à designação do administrador as disposições relativas à nomeação do tutor", pelo que, identicamente há lugar ao respetivo averbamento. Este artigo ressalva "o preceituado nos artigos seguintes". Neles se regulam as várias situações que podem ocorrer, as quais, de harmonia com o que for decidido, dão lugar aos correspondentes averbamentos.

1.7.3. A alínea g) a que nos temos referido prevê ainda os averbamentos relativos à *curadoria do ausente*, a qual pode ser *provisória* – como estatuem os artºs 89º a 98º do C.C. – ou *definitiva*, conforme prescrevem os artºs 99º a 113º. O primeiro caso verifica-se, nos termos do artº 89º, quando houver necessidade de providenciar pela "administração dos bens de quem desapareceu sem que dele se saiba parte e sem ter deixado representante legal ou procurador" ou se este, por qualquer motivo, cessar de exercer as suas funções. Em todas essas situações o tribunal deve nomear um curador provisório, comunicando o facto à conservatória que procederá ao respetivo averbamento ao assento de nascimento do ausente.

1.7.4. A curadoria provisória termina verificando-se qualquer das hipóteses referidas no artº 98ª. Contudo, não sendo esse o caso, e se tiverem decorrido "dois anos sem se saber do ausente, [ou] se este não tiver deixado representante legal nem procurador bastante, ou cinco anos, no caso contrário, pode o Ministério Público ou algum dos interessados requerer a justificação da ausência".

Neste caso, há lugar à curadoria definitiva e os bens do ausente são entregues aos seus herdeiros, legatários e eventuais interessados e todos eles passam a ser havidos como *curadores definitivos* (artº 104º). A curadoria definitiva cessa verificando-se um dos factos mencionados no artº 112º. Quer a curadoria definitiva, quer a sua cessação devem também ser averbadas ao assento de nascimento do ausente.

1.7.5. A última situação contemplada na alínea g) é "a incapacidade de menor casado para administrar os bens, sua modificação e extinção;". A primeira parte desta proposição respeita à sanção prevista no artº 1649º do C.C., preceito com que começa o Capítulo VII, que tem esta epígrafe: "Sanções especiais" e cujo nº 1, em síntese, diz que "o menor que casar sem ter obtido autorização dos pais ou do tutor, ou o respetivo suprimento judicial, continua a ser considerado menor quanto à administração de bens...". Pires de Lima e Antunes Varela no *Código Civil, Anotado,* chamam a atenção para o facto deste artigo reproduzir, "com ligeiras alterações (...) o artigo 169º do Código do Registo Civil de 1958".

Em face do incumprimento por parte do menor em obter o consentimento para casar, a lei adotou duas sanções:

a) recusando-lhe a emancipação pelo casamento e,
b) não lhe concedendo a administração dos bens[125].

Esta incapacidade da administração dos bens nos termos legalmente prescritos, bem como a sua modificação ou extinção, tem de ser averbada ao assento de nascimento do menor.

1.8. A al. h) diz respeito à constituição do apadrinhamento civil e a sua revogação.

Foi a Lei nº 103/2009, de 11 de setembro, que aprovou o Regime Jurídico do Apadrinhamento Civil. O artº 2º define o apadrinhamento civil como "uma relação jurídica, tendencialmente de carácter permanente, entre uma criança ou jovem e uma pessoa singular ou uma família que exerça

[125] *Vide.* Pires de Lima e Antunes Varela *cit. Código Civil, Anotado.* Vol. IV, Coimbra. Coimbra Editora, 1975, pp 179/180..

os poderes e deveres próprios dos pais e que com ele estabeleçam vínculos afetivos que permitam o seu bem-estar e desenvolvimento, constituída por homologação ou decisão judicial e sujeita a registo civil"[126].

Os padrinhos exercem, em princípio, as responsabilidades parentais e assumem uma função similar à dos adotantes. O Decreto-Lei nº 121/2010, de 27 de Outubro, procedeu à regulamentação do regime jurídico do apadrinhamento civil e, nomeadamente, obrigou a que a decisão sobre a habilitação dos padrinhos seja precedida da elaboração de um relatório que ateste a sua idoneidade[127]. A relação de apadrinhamento civil constitui-se ou por "compromisso de apadrinhamento civil homologado pelo tribunal" ou "por decisão do tribunal" (artº 13º/1 da Lei nº 103/2009).

Uma vez decretado, o apadrinhamento civil ingressa no Registo Civil através de averbamento ao assento de nascimento do menor. Outro tanto acontece no caso de o apadrinhamento ser revogado.

1.9. Nas alíneas seguintes estão previstos os seguintes factos *que nada têm a ver com o Registo Civil e com as suas funções*:

i) A declaração de insolvência, o indeferimento do respectivo pedido e o encerramento do processo de insolvência;
j) A nomeação e cessação de funções do administrador judicial e do administrador judicial provisório da insolvência, a atribuição ao devedor da administração da massa insolvente, bem como a proibição da prática de certos actos sem o consentimento do administrador da insolvência e a cessação dessa administração;
l) A inabilitação e a inibição do insolvente para o exercício do comércio e de determinados cargos;
m) O início, cessação antecipada e decisão final do procedimento de exoneração do passivo restante e a revogação desta.

126 Sobre o apadrinhamento civil *vide* o referido *Manual de Direito da Família* de Guilherme de Oliveira pp. 647/669.

127 O que está certo, visto que, como bem explicou Rossana Martingo Cruz, "o apadrinhamento civil é uma nova forma de família" (vide o citado estudo de CRUZ, Rossana Martingo a pp. 93 e ss. da coletânea *Paradigmas do atual direito constitucional* dirigida por Irene Mª Portela – Instituto Politécnico do Cávado e do Ave, 2017. Consultável em: https://www.academia.edu/45108776/PARADIGMAS_DO_ATUAL_DIREITO_CONSTITUCIONAL.

1.9.1. Consideramos que é *inconstitucional* – como já referimos e em várias intervenções veementemente acentuamos – que tenham sido aditadas as citadas alíneas l) a o), que *não tratam* de factos correspondentes a matéria do Registo Civil'[128], nem importam à sua finalidade, designadamente à determinação da identidade e estado civil das pessoas, mas sim e apenas a uma temática totalmente diferente: a do «endividamento» e da *insolvência*, pelo que se configura *absurdo* e, além disso, altamente *discriminatório* e *vexatório* para o registado – e consequentemente *inconstitucional*[129/130] –, que esses factos sejam publicitados *conjuntamente com a sua identidade e estado civil* e não, como deveriam ser, num outro registo de natureza comercial, como é o caso do RNPC.

Trata-se, a nosso ver, de uma pseudo-solução legislativa que resulta inexplicável e *incongruente*[131] e consideramos mesmo que desrespeita não

[128] Nem, inclusivamente, aos constantes da al. r) que,ao indicar "em geral, todos os factos jurídicos que modifiquem os elementos de identificação...", constitui uma 'disposição aberta' que permite incluir 'quaisquer factos', mas que, evidentemente, digam respeito à finalidade básica do Registo Civil.

[129] Trata-se de questão que não temos visto debatida, muito embora já a tivessemos suscitado expressamente em diversas ocasiões, tanto no citado texto dos "Temas...", como em algumas conferências. E parece-nos claro que a Constituição proíbe (nomeadamente no artº 26º nºs 1 e 2) a *divulgação* de informação pública – como a do Registo Civil e, ainda por cima, *por averbamento ao assento de nascimento* (artº 69º,nº1, al.s g) a l)) – de factos que atentam contra o "bom nome" da pessoa, como manifestamente é o caso o endividamento desta que, não tendo liquidado as dívidas, é declarado insolvente. Ora, o ser averbado ao "assento de nascimento" (!) deste que foi declarado insolvente, parece-me claramente inconstitucional (vejam-se os comentários ao artº 26º de Gomes Canotilho e Vital Moreira *in* "Constituição da República Portuguesa", 3ª ed., p. 179/80).

[130] Não afasta a apontada (e a nosso ver claramente existente) *inconstitucionalidade* a circunstância dos correspondentes averbamentos poderem vir a ser eliminados – se e quando cessar a insolvência – e feito um novo assento (artº 81º-A). Essa «eventual possibilidade» *só confirma* que o legislador considerou aquelas menções *discriminatórias*, já que *é a sua eliminação que justifica a feitura de um novo assento.*

[131] A única explicação que é dada – a de certas disposições do Código que regula a insolvência demandarem *um registo* dos aludidos factos – *não parece ser explicação alguma*. Com efeito, é bem sabido que as dívidas, o seu incumprimento ou o passivo de uma pessoa *não podem*, à luz dos princípios do nosso Ordenamento e da nossa Civilização afetar o *ser* da pessoa, bem como o seu *estado civil* ou a sua *identidade*, os seus *direitos de personalidade*. E é *destes aspetos* e *destas realidades* que trata o Registo Civil, *nunca* das dívidas ou das contingências da atividade económica, cujo único cabimento será, entre nós, *no Registo Comercial*. Nem se diga que os não comerciantes não estão sujeitos a registo, porque as próprias 'entidades associativas' sem personalidade jurídica (que obviamente não são comerciantes!) têm inscrição no RNPC (artº 4º/1, d) do

apenas a pessoa, como a própria *instituição* que é o Registo Civil, com as suas essenciais atribuições públicas, o que, por certo, seria impensável para os próprios legisladores de 1911 que o instituíram em Portugal como obrigatório.

1.9.2. A legislação comunitária tem exigido que a declaração de insolvência seja inscrita num registo público. Assim, já no antigo Regulamento (CE) nº 1346/2000 do Conselho, de 29 de maio de 2000, relativo aos processos de insolvência, no artº 22º obrigava a essa inscrição "no registo predial, no registo comercial" e acrescentava: ou "outro registo público". Simplesmente, parece óbvio que esse qualquer *outro* eventual registo teria de ser análogo ao comercial ou de se reportar à situação patrimonial, a bens ou a dívidas, mas nunca à identidade e ao estado civil do insolvente. Não ficou expressa a expressão "registo análogo", mas tem de se considerar *implícita* (por exemplo, seria impensável inscrever insolvências num registo público de serviços de saúde).

Posteriormente, o vigente Regulamento (CE) nº 2015/848 do Parlamento Europeu e do Conselho, de 20 de maio de 2015, no artigo 24º refere-se à "criação de registos de insolvências" e o nº 1 diz que "os Estados-Membros criam e mantêm no seu território um ou vários registos em que sejam publicadas informações sobre os processos de insolvência («registos de insolvências»)". Ou seja: o Regulamento obriga à criação de um «registo de insolvências», que nada tem a ver (nem podia ter) com o Registo Civil ou com a publicitação do estado civil dos insolventes.

1.10. A alínea n) abrange os diversos casos de *alteração de nome*.

Ao tratar dos assentos de nascimento referimos as diversas – e únicas – hipóteses em que pode ser alterado o nome que originariamente ficou a constar do assento de nascimento. Em qualquer delas a alteração deve ser consignada por meio de averbamento ao registo de nascimento da pessoa em causa.

Regime do RNPC) e se o legislador sujeitou os aludidos factos a Registo Civil (!) porque não poderia tê-lo feito, como seria adequado, ao Registo Comercial? Além disso, por um lado, foi abolida a antiga dicotomia *falência* (para comerciantes) e *insolvência* (para não comerciantes) e, pelo outro, as ações e procedimentos relativos à insolvência têm (todos eles) inscrição no Registo Comercial – que possui, pois, a inerente (e única) "base de dados". Em suma, parece que o legislador "andou mal" (*muito mal*, mesmo) e não há maneira de emendar a mão.

1.11. A alínea o) prevê a mudança de sexo e a consequente mudança de nome próprio.

A mudança de sexo e de nome no Registo Civil foi inicialmente regulada pela Lei nº 7/2011, de 15 de Março que criou o "procedimento de mudança de sexo e de nome próprio". Posteriormente esta Lei foi revogada pela Lei nº 38/2018, de 7 de agosto, que estabeleceu o "direito à autodeterminação da identidade de género e expressão de género e à proteção das características sexuais de cada pessoa".

O artº 7º indica quem tem legitimidade para requerer o procedimento e o artº 6º/1 estabelece que "o reconhecimento jurídico da identidade de género pressupõe a abertura de um procedimento de mudança da menção do sexo no registo civil[132] e da consequente alteração de nome próprio, mediante requerimento"[133].

Nos números seguintes explica-se que, em princípio, o procedimento tem *natureza confidencial* e que um novo requerimento depende de prévia autorização judicial. Tratando-se de decisão final sobre a identidade de género proferida por autoridade ou tribunal estrangeiro é a mesma reconhecida nos termos legais.

Apesar da reformulação da lei, o meio de registar a mudança de sexo e a decorrente alteração do nome próprio mantem-se: é por averbamento ao assento de nascimento da pessoa.

1.12. É na alínea p) que está assinalada "a conservação dos apelidos dos cônjuges que tenha lugar em caso de dissolução do casamento ou de novas núpcias.

Como decorre do disposto no artº 1677º-B/1 é na hipótese de separação judicial de pessoas e bens que os cônjuges conservam os apelidos que tenham adotado e pertençam ao outro, porque, havendo divórcio, só os

[132] A 1ª conclusão da Deliberação do Conselho Técnico do IRN de 29/6/2011, proferida no Pº CC 29/2011 SJC-CT (Maria de Lurdes Serrano) diz que " A decisão no procedimento de mudança de sexo e de nome próprio é da competência de conservador do registo civil".

[133] Diz o artº 8º da Lei: "O procedimento de mudança da menção do sexo no registo civil e da consequente alteração de nome próprio tem início mediante requerimento apresentado em qualquer conservatória do registo civil, com indicação do número de identificação civil e do nome próprio pelo qual a pessoa pretende vir a ser identificada, podendo, desde logo, ser solicitada a realização de novo assento de nascimento, no qual não pode ser feita qualquer menção à alteração do registo".

pode conservar se o ex-cônjuge der o seu consentimento ou o tribunal o autorizar. Dando-se este caso de autorização da manutenção dos apelidos, o facto tem de constar de averbamento ao registo de nascimento do ex--cônjuge que os conservou.

1.13. A alínea q) diz respeito ao óbito e à morte presumida judicialmente declarada.

O óbito dá lugar a um *assento* próprio, mas isso não quer dizer que não tenha *também* de ser averbado ao assento de nascimento, visto que, como temos referido, é este registo que revela a *historicidade pessoal* de cada pessoa e identifica a sua personalidade jurídica[134].

Além do óbito, a alínea refere-se à morte presumida. A ausência para além de determinados prazos pode dar lugar, nos termos previstos pelo artº 114º do C.C., à declaração morte presumida, que só pode ser declarada pelo tribunal. Uma vez transitada em julgado a decisão é o tribunal que a comunica à conservatória a fim de ser averbada ao assento de nascimento.

1.14. Na última alínea – a r) – preveem-se "em geral, todos os factos jurídicos que modifiquem os elementos de identificação ou o estado civil do registado".

Trata-se de uma disposição genérica e abrangente, visto que a lei pretende que seja averbado *qualquer facto* suscetível de alterar a identificação da pessoa, o seu estado civil ou algum dos requisitos especiais do seu assento de nascimento. Apontam-se vários casos em que tal ocorre[135] – como os provenientes da retificação do registo, do seu cancelamento ou da declaração de nulidade –, mas que aqui não é necessário especificar. Basta acentuar que *qualquer facto* que altere os citados elementos tem de ter tradução registral através do mencionado averbamento.

Há, porém factos de grande importância, relativos à atribuição, aquisição ou perda da nacionalidade que não podemos deixar de mencionar. No entanto, esta matéria será concretizada na Parte III.

[134] Nos termos do artigo 6º, da "Declaração Universal dos Direitos do Homem", Todos os indivíduos têm direito ao reconhecimento em todos os lugares da sua personalidade jurídica.
[135] Cf: Álvaro Sampaio *op. cit.* p. 166/167.

Capítulo XIV
A Filiação

A importante questão da filiação nos seus aspetos jurídicos – e filosófico-jurídicos –, sociais e humanos coloca-se fundamentalmente no âmbito do Direito de Família. A *filiação*, que resulta do vínculo geracional, "motiva todo o parentesco"[136]. Quando a Ordem Jurídica acolhe e reconhece este vínculo, mormente em conformidade com o que ficou mencionado no assento de nascimento, diz-se que há o "estabelecimento da filiação"[137]

Para o Registo Civil importa, em termos essencialmente práticos, primeiro tratar do registo referente à menção da maternidade e da paternidade, depois do reconhecimento da maternidade e por último da perfilhação. Por isso, este capítulo divide-se em três parágrafos que abordam essas três questões.

§ 1º Menção da maternidade e da paternidade

1. No tocante à *mãe*, "a filiação resulta do facto do nascimento" e, por isso, o declarante do assento de nascimento deve – salvo se tal não lhe for pos-

[136] A conclusão é de CASTRO MENDES: todo o "parentesco e afinidade têm por causa ou concausa filiações". (cf." MENDES, JOÃO DE CASTRO: *O Direito da Família*, Lições do Curso de 78/79 policopiadas. Lisboa: A.A.F.D., p.. 203).

[137] Trata-se, não do mero facto biológico – ainda que englobando as atualmente difundidas e complexas questões da chamada "procriação artificial" –, mas sim da relação geracional *tal como é* acolhida pelo Direito. A este propósito *vide* as disposições dos artigos 1796º e ss. do C.C.. e os comentários de CLARA SOTTOMAYOR E LEONOR VALENTE MONTEIRO no citado *Código Civil Anotado, Livro IV*, coorden. de CLARA SOTTOMAYOR, pp. 597 e s.

sível – declarar quem é a mãe do registando (artºs 112/1 do CRCiv e 1803º/1 do C.C.). De facto, por regra não se suscitam dúvidas: segundo a velha máxima, "*mater semper certa*".

Quando o nascimento ocorreu há *menos de um ano* e a declaração não tiver sido feita pela mãe ou pelo marido, o conteúdo do assento, deve ser, sempre que possível, notificado pessoalmente à mãe (artº 1804º/1 de C.C.) e essa notificação é averbada ao assento de nascimento (artº113/3 do CRCiv).

Estes cuidados são ainda maiores se o nascimento tiver ocorrido *há mais de um ano* e se a declaração não tiver sido feita pela mãe ou se, no acto de registo, ela não estiver presente ou representada por procurador com poderes especiais ou também se não for exibida prova da declaração de maternidade feita pela mãe em escritura[138], testamento ou termo lavrado em juízo. Não se verificando qualquer destas situações, a pessoa indicada como mãe deve ser *notificada pessoalmente* para no prazo de 15 dias confirmar a maternidade, sob a cominação de o filho ser considerado seu. A notificação e a confirmação da maternidade, são averbadas ao assento de nascimento.

Se *negar* o facto, a menção da maternidade fica sem efeito (artigo 114º). Neste caso, assim como em qualquer outro em que a maternidade não conste ou deixe de constar do assento e, salvo no caso de parentesco próximo (citado no nº 2 do artº 115º), o conservador tem de remeter a certidão ao tribunal, conjuntamente com as declarações que existam, sendo, portanto, o caso decidido judicialmente (artigos 115º e 1808º e ss. do C.C.). E se no tribunal a mãe confirmar a maternidade, a secretaria deve remeter a qualquer conservatória certidão do termo para averbamento ao assento de nascimento do filho.

Para preservar qualquer hipótese de discriminação o artº 115º/3 estabelece que "das certidões extraídas do assento de nascimento, excetuada a prevista no nº 1, não pode constar qualquer referência à maternidade não estabelecida ou aos averbamentos que lhe respeitem".

2. Quanto à paternidade que a lei civil considera presumida, ou seja, a "que o filho nascido ou concebido na constância do matrimónio tem como

[138] Consabidamente o aludido Dec-Lei 116/2008 na generalidade dos atos substituiu a escritura pelo documento particular autenticado. Aqui «esqueceu-se», mas se a prova for feita através desse documento, será suficiente.

pai o marido da mãe" (artº 1826º/1 do C.C.), é a que – salvo nos casos de afastamento da presunção – também deve ser mencionada no assento de nascimento do filho. Mas, como diz o artº 118º/2, se o matrimónio dos pais "vier a ser efectuado posteriormente ao assento de nascimento do filho, e se deste não constar a menção da paternidade", dever-lhe-á ser *oficiosamente, averbada* "a paternidade presumida" (a do marido da mãe).

O C.C. no artº 1827º esclarece que a anulação ou declaração de nulidade do casamento *não exclui* a presunção de paternidade.

Contudo, se a declaração do nascimento for efetuada pela mulher casada e, na altura, afirmar que o filho *não é do marido*, o assento não deve mencionar a paternidade presumida. Aliás, se o pretenso pai estiver presente, é até imediatamente aceite o *reconhecimento voluntário* da paternidade que ele faça (artº 119º).

Quando inexistir presunção de paternidade, esta só pode ser mencionada no caso de haver reconhecimento voluntário ou judicial (artº 120º) e se for desconhecida a paternidade, ou no caso de ser eliminada a menção respetiva, o art º121º manda que se observe o seguinte:

- O conservador deve remeter ao tribunal certidão de cópia integral do registo de nascimento para se averiguar, oficiosamente, a paternidade.
- Todavia, a remessa não tem lugar se, conhecido o nome do pretenso pai, o conservador verificar que este e a mãe são parentes ou afins em linha reta ou parentes no 2º grau da linha colateral.

§ 2º A declaração de maternidade

O registo de declaração da maternidade que não conste do assento de nascimento, pode ser lavrado *por assento* ou *por averbamento*. É por assento se for declarada diretamente na conservatória (em qualquer conservatória) ou, em situação de viagem ou campanha à entidade referida no artº 128º do CRCiv. Contudo, no caso de *estar já* consignada "em testamento, escritura pública ou termo lavrado em juízo" a declaração deve ser averbada ao assento de nascimento do filho.

§ 3º O assento declaração de maternidade

Este assento deve conter os requisitos gerais e ainda os seguintes mencionados no artº 126º:

a) O nome completo, sexo, estado, data do nascimento, naturalidade e residência habitual do filho;
b) O nome completo, data de nascimento, estado, naturalidade, residência habitual, filiação e número de identificação civil da mãe;
c) A declaração expressa da maternidade;
d) A indicação da data do óbito do filho e a última residência habitual, no caso de ser falecido.

O texto legal recomenda ainda que a mãe, sempre que possível, exiba os seus documentos de identificação e os do filho, mas, não o fazendo, deve a conservatória consultar oficiosamente a base de dados do registo civil.

No caso de faltar algum dos elementos, o assento é lavrado do mesmo modo e produz todos os seus efeitos, "desde que nenhuma dúvida fundada se suscite acerca da identidade da pessoa a quem respeita" (artº 127º), completando-se quando o elemento faltoso for conhecido.

Embora tenha sido lavrado o *assento* de declaração da maternidade, não basta a quota de referência a que alude o artº 126º/4. É necessário que a maternidade fique *averbada* ao assento de nascimento (o artº 69º/1, b), que só admite a exceção do nº 2. Feito o averbamento, o mesmo pode ser integrado no texto do assento de nascimento se e quando for requerida feitura de novo assento (artº 123º/1).

§ 4º Reconhecimento da paternidade

O artº 1847º do C.C. esclarece que o "reconhecimento do filho nascido ou concebido fora do matrimónio efetua-se por *perfilhação* ou *decisão judicial* em ação de investigação".

No entanto, se a filiação já constar do registo de nascimento, enquanto este se mantiver em vigor, não é permitido o reconhecimento que a contrarie e se, porventura, fosse efetuado não produziria efeitos.

A. Perfilhação voluntária

Quando a paternidade *não ficou a constar* do assento de nascimento, pode ser ulteriormente mencionada, quer quando reconhecida, de modo voluntário, por quem, tendo mais de 16 anos e estiver no pleno gozo dos seus direitos pessoais, afirme ser o pai, quer mesmo em caso de averiguação oficiosa, quando o processo não prosseguir litigiosamente até à decisão, pelo facto de, nele, o progenitor *confirmar voluntariamente* a paternidade, devendo, nesse caso, ser lavrado o "auto de perfilhação" (artº 1865º/3 do C.C.), que é comunicado à conservatória para que essa perfilhação seja averbada ao assento de nascimento.

Além deste termo em juízo, a perfilhação pode efetuar-se:

a) por declaração prestada perante o funcionário do registo civil;
b) por testamento ou,
c) por escritura pública.

Em qualquer caso, o acto de perfilhação *não admite* condições limitativas ou modificativas e, caso tenham sido estabelecidas consideram-se não escritas.

A perfilhação *é irrevogável* (artº 1858º), podendo fazer-se "a todo o tempo, antes ou depois do nascimento do filho ou depois da morte deste". (artº 1854º do C.C.). Mas, tratando-se de filho maior ou emancipado só produz efeitos se este der o seu *assentimento*, ainda que, sendo o caso, por intermédio de acompanhante judicialmente autorizado.

A irrevogabilidade da perfilhação não significa que não possa ser impugnada. O artº 1859º do C.C. admite que, *se não corresponder à verdade*, possa ser impugnada a todo o tempo, mesmo depois da morte do perfilhado. E é também anulável, a requerimento do perfilhante "quando viciada por erro ou coação moral" (artº 1860º/1) ou por incapacidade do perfilhante (artº 1861º/1).

Tem também legitimidade para impugnar o Ministério Público, designadamente para "promover a revelação da verdade biológica"[139].

B. Ação de investigação

O artº 1864º do C.C. determina que em qualquer caso em que seja lavrado o registo de nascimento de menor "apenas com a maternidade estabelecida", a conservatória tem a obrigação de "remeter ao tribunal certidão integral do registo, a fim de se averiguar oficiosamente a identidade do pai".

O tribunal deve, pois, instaurar o processo de *averiguação oficiosa da paternidade* (cuja tramitação processual excede o âmbito deste Manual), exceto se:

a) a mãe e o pretenso pai forem parentes ou afins em linha reta ou parentes no segundo grau da linha colateral;
b) Se tiverem decorrido dois anos após a data do nascimento (artº 1866º).

[139] *Vide* citado *Manual de Direito da Família* de GUILHERME DE OLIVEIRA, P..490.

A improcedência da ação de averiguação oficiosa não obsta a que seja intentada *nova ação* de investigação (artº 1813º *ex vi* do artº 1868º).

Além da averiguação oficiosa, pode o filho intentar nas condições e prazo legais (que aqui não especificaremos) ação de investigação de paternidade. No caso desta ou da averiguação oficiosa procederem, dão lugar ao já referido averbamento ao assento de nascimento.

C. Efeitos da perfilhação

Alguns dos mais importantes efeitos da perfilhação dizem respeito às responsabilidades parentais[140], cujo estudo, sendo do domínio substantivo, não faz parte do contexto deste Manual. Aqui cingimo-nos a referir o direito que o perfilhado tem de adotar os apelidos do perfilhante. Nesse caso, como é evidente, essa alteração de nome tem de ser averbada ao assento de nascimento do perfilhado.

§ 5º O assento de perfilhação

Quando o perfilhante reconhece voluntariamente a paternidade "perante o funcionário do registo civil" deve esta ser registada por meio de *assento*.

Tal como nos demais assentos, é necessário que contenha os requisitos gerais e, além desses, os seguintes:

a) O nome completo, sexo, estado, data do nascimento, naturalidade e residência habitual do filho;
b) O nome completo, data de nascimento, estado, naturalidade, residência habitual, filiação e número de identificação civil do perfilhante;
c) A declaração expressa do reconhecimento da paternidade;
d) No caso de o filho já ter falecido, a indicação da data do óbito e a sua última residência habitual.

O nº 2 do artº 130º diz ainda que se o perfilhado for maior ou emancipado, deve mencionar-se o seu *assentimento* ou o dos seus descendentes, se for pré-defunto. Este assentimento pode ser prestado, a todo o tempo, quer por declaração presencial feita pelo perfilhante perante o conservador, que a reduz a auto, quer por documento autêntico ou autenticado, quer ainda

140 Cf: sobre o exercício das responsabilidades parentais, o referido *Manual de Direito da Família* de Guilherme de Oliveira, pp. 341 e ss.

por termo lavrado em juízo. Logo que prestado o assentimento, deve ser averbado ao assento de perfilhação (artº 72º).

Enquanto o assentimento não é prestado, o registo da perfilhação é considerado *secreto*, exceto para apreciação no processo preliminar de casamento (ao que o conservador tem de estar atento), mas se o perfilhado ou os seus descendentes forem notificados para prestar o assentimento e o recusarem, "o assento é cancelado oficiosamente com base em certidão comprovativa da recusa".

§ 6º Efeito tabular do estabelecimento da filiação

Sempre que é estabelecida a filiação, como já se referiu, há lugar ao *averbamento* ao assento de nascimento do interessado, de modo a que fique consignada a sua filiação. Há ainda a possibilidade de ser lavrado um novo assento de nascimento em cujo texto fica integrada a filiação estabelecida (artº 123º/1).

Há que referir a *nacionalidade* do progenitor, de harmonia com o estabelecido nos nºs 3 e 4 do artigo 5º do Regulamento da Nacionalidade que, em síntese, determinam que da decisão judicial ou do acto em que a filiação for estabelecida "deve constar a menção da nacionalidade do progenitor português ou a menção da naturalidade do progenitor estrangeiro, nascido no território português, e da respectiva residência neste território, ao tempo do nascimento do filho". Tais menções têm de constar igualmente do *averbamento* de estabelecimento da filiação a efetuar ao assento de nascimento.

Capítulo XV
O Casamento

§ 1º O processo preliminar

O assento que o Código trata a seguir ao de nascimento é o de *casamento*. Não começa, todavia, pela noção, pelo acto ou pelo registo, mas sim pelo "processo preliminar de casamento".

Embora o tema da *noção* de casamento seja próprio do Direito da Família e não do Registo Civil, no entanto dado o relevo que tem, é pertinente recordar que o artº 1577º do C.C. define casamento como um *contrato*: "o que é celebrado entre duas pessoas que pretendem constituir família mediante uma plena comunhão de vida, nos termos das disposições deste Código". Ele é também um «acto» e um «estado»[141] e ainda uma comunhão de vida "em que os cônjuges estão reciprocamente vinculados pelos deveres se respeito, fidelidade, coabitação, cooperação e assistência (artº 1672º)"[142].

Como diz Pereira Coelho "poucas legislações definem o casamento". No entanto, "todos temos uma ideia do que o casamento é"[143], sabendo que inclui uma série de direitos e obrigações, como é o caso do direito de "constituir família" que está *constitucionalmente consagrado* no artº

[141] Leite de Campos e Mónica Martinez de Campos, a respeito dos carateres do casamento, referem-no como contrato, como negócio jurídico, como negócio pessoal, como negócio solene e como estado (Cf; Campos, Diogo Leite de e Campos Mónica Martinez de: *Lições de Direito de Família*, 5ª ed. rev. Coimbra: Almedina, 2020, pp. 173 e ss.).

[142] Cf: Guilherme de Oliveira, cit. *Manual de Direito da Família*, p.72.

[143] Cf: Coelho, Francisco Manuel Pereira: *Curso de Direito de Família*. Coimbra: Atlântida Editora, 1965, p.36.

36º/1 da Constituição. Este artigo também consagra o direito de contrair casamento "em condições de plena igualdade" e a Lei nº 9/2010, de 31 de maio, veio permitir "o casamento civil entre pessoas do mesmo sexo "[144].. Todavia, "a lei portuguesa não permite o ingresso no registo civil nacional de qualquer forma de união de facto"[145].

No entanto, o C.C. estabelece pressupostos para a celebração do casamento seja consentida. Nomeadamente, só pode ser celebrado por quem tiver a necessária capacidade matrimonial e o artº 1597º/1 esclarece que a capacidade dos nubentes para contrair matrimónio é comprovada por meio do *processo preliminar* de casamento.

1. O *processo preliminar de casamento* que o CRCiv regula e que, como se disse, também é imposto pela lei civil (artºs 1597º e 1610º do C.C.), destina--se a demonstrar a *capacidade matrimonial* dos nubentes, designadamente no sentido de se verificar que não existem *impedimentos* à celebração do casamento (artº 1600º do C.C.).

O processo preliminar só é dispensado, como «preliminar», quanto aos casamentos católicos e de outros cultos, nos casos de urgência previstos no artigo 1599º do C.C. e, quanto aos casamentos civis, se forem urgentes (artº 1622º),

O processo, que pode ser instaurado em qualquer conservatória do registo civil, inicia-se com a "declaração para casamento" (artº. 135º do CRCiv) que pode ser feita pelos nubentes ou por seu procurador, bem como pelo pároco, no caso de casamento católico, ou pelo ministro do culto respetivo, na hipótese de outras religiões.

Esta declaração (ou requerimento) pode ser apresentada pessoalmente, pelo correio ou por via eletrónica e, nos termos do disposto no artº 136º, tem de conter as seguintes menções:

a) O nome completo, idade, estado, naturalidade e residência habitual dos nubentes;

[144] Maria Clara Sottomayor no comentário que faz ao artº 1577º explica pormenorizadamente este tema, tanto ao nível nacional como internacional e refere que o TEDH interpretou o artº 12º da Convenção Europeia dos Direitos do Homem no sentido de que o casamento civil entre pessoas do mesmo sexo não violava essa disposição (Cf: Sottomayor, Clara, *in* citado *Código Civil Anotado, Livro IV*, pp.14-21).

[145] *Vide:* a adiante mencionada deliberação do Pº CC 58/2010 SJC-CT (Laura Maria Vieira da Silva) na nota 148.

b) O nome completo dos pais e a menção do falecimento de algum deles, se o nubente for menor;
c) O nome completo e residência habitual do tutor, se algum dos nubentes for menor e tiver tutela instituída;
d) No caso de novas núpcias de algum dos nubentes, a data do óbito ou da morte presumida do cônjuge anterior e a data da sentença que a declarou, ou a data do divórcio ou de anulação do casamento anterior, com a indicação da data do trânsito em julgado das sentenças, ou, tratando-se de casamento católico, a data do averbamento da declaração de nulidade ou da dissolução por dispensa;
e) A indicação de algum dos nubentes ter filhos, salvo se o regime de bens for imperativo;
f) A modalidade de casamento que os nubentes pretendem contrair e a conservatória ou paróquia ou outro local[146] em que deve ser celebrado e, no caso de casamento civil sob forma religiosa, a indicação do ministro do culto credenciado para o acto;
h) A menção de o casamento ser celebrado com ou sem convenção antenupcial, salvo se o regime de bens for imperativo, caso em que apenas se refere a existência da convenção no caso desta ter sido outorgada;
i) Os elementos relativos aos documentos de identificação dos nubentes[147], quando exigíveis, ou o protesto pela sua apresentação posterior;
j) No caso previsto no nº 2 do artigo 166º, a declaração expressa de que, de harmonia com a respectiva lei pessoal, nenhum impedimento obsta à celebração do casamento[148].

[146] A lei não refere esse outro local, mas, de harmonia com antiga tradição que nunca foi posta em causa, o casamento pode ser celebrado em local escolhido pelos nubentes (por ex. um hotel). E no parecer do Pº C.C. 13/2011.SJC-CT (Laura Maria Vieira da Silva) é referido que as despesas de transporte do oficiante resulta de acordo estabelecido com os nubentes (Cf: https://irn.justica.gov.pt/Sobre-o-IRN/Doutrina-registal/Pareceres-do-Conselho-Consultivo#RegistoCivil).

[147] Como diz Álvaro Sampaio, pode ser o B.I., o cartão de cidadão para os portugueses e o documento de residência, passaporte ou documento equivalente para os estrangeiros e, para os que existe convenção própria, o documento admitido (Cf: *op. cit.* p.272)

[148] A este respeito Álvaro Sampaio menciona o caso do casamento entre pessoas do mesmo sexo ou já ligadas por união civil. e o caso da lei pessoal de um dos nubentes o não consentir. Na Deliberação do Pº CC 58/2010 SJC-CT (Laura Maria Vieira da Silva) foi dito que

Se o processo foi iniciado por requerimento subscrito pelo pároco porque os nubentes pretendiam casar catolicamente, mas depois de ter sido instaurado alteraram esse propósito e passaram a pretender casar civilmente, é necessário que façam *uma nova declaração inicial* (artº 135º/3).

Quando é apresentada a declaração que inicia o processo preliminar é possível, como permite o artº 135º/5, ser cumulativamente feito o pedido para instauração de qualquer dos processos destinados a obter a dispensa de impedimentos ou a suprir a certidão de registo a que se refere o artº 266º.

2. Analisadas as menções que o artº 136º refere, percebe-se que algumas se destinam a verificar a inexistência de impedimentos. Tal é a situação de menoridade de qualquer dos nubentes (será necessário identificar os pais ou, sendo o caso, o tutor) ou das novas núpcias (e o artigo 139º esclarece como se prova que já não subsiste o anterior casamento).

Há ainda as que respeitam à indicação da modalidade do casamento, à existência de convenção antenupcial, de filhos e mais que a disposição menciona, designadamente o local (conservatória, paróquia ou outro) em que se pretende que seja celebrado.

A declaração (ou requerimento) deve por norma ser acompanhada *dos documentos* previstos no artigo 137º, cabendo, no entanto, notar que habitualmente não será necessário anexa-los fisicamente, uma vez que *a própria conservatória,* logo quando é feita a declaração, deve *oficiosamente* comprovar (v.g. os registos de nascimento dos nubentes) pela "base de dados do registo civil" o conteúdo dos documentos que dela constem (nº 4 do artº 137º) e, eventualmente, fazê-lo também junto de outras entidades (caso do nº 7)

Haverá, no entanto, necessidade daquela *junção física* noutras hipóteses, como na de o nubente ser estrangeiro. A sua identificação pode ser efetuada pelo título ou autorização de residência, passaporte ou documento equivalente. Esta documentação é dispensada se o nubente se fizer representar por procurador, caso em que deve ser solicitada a identificação deste. Atente-se ainda no facto de que a sua certidão de nascimento dever obedecer à forma exigida pela lei do seu país (nº 2). Havendo dúvidas

" a capacidade do estrangeiro deverá ser aferida nos termos do artº 22º nº 2 do Código Civil, prestando o nubente a declaração prevista no artº 136º nº 2, al. j) do Código do Registo Civil."

a este respeito devem ser esclarecidas junto da representação diplomática desse país[149].

No caso, embora raro, de não ser viável obter, em tempo útil, a prova pelos meios normais dos registos de nascimento dos nubentes (ou dos de óbito e dos que se mostrem necessários[150]) a lei permite que ela seja feita através de "certificados de notoriedade" (nº 5) que serão emitidos mediante a instauração do "processo de suprimento da certidão de registo" regulado nos artigos 266º e seguintes e que adiante se analisará.

3. O processo preliminar é público (artigo 140º) no sentido de pode ser dado a conhecer a qualquer pessoa, incluindo a identidade dos declarantes, o seu intuito de contrair casamento e certos outros elementos da declaração (nº 1). Até à recente revisão do Código fazia parte deste processo a publicação de editais contendo esses dados (a própria epígrafe do artº 140º era "afixação de editais"), mas tal meio de conferir publicidade foi revogado e, presentemente, ela é apenas feita através da entrega a quem o solicite de uma cópia da parte da declaração que contenha os sobreditos elementos.

A publicitação do intuito de casar que os nubentes declararam tem sobretudo em vista apurar se existem *impedimentos* ao casamento. E os próprios funcionários da conservatória que os conheçam, ou deles se apercebam, devem declará-lo, assim como qualquer pessoa que dos mesmos tenha informação.

No caso de algum impedimento vir a ser declarado, o processo suspende-se até que o ele cesse ou venha a ser dispensado ou ainda que, por *decisão judicial*, o aparente impedimento venha a ser julgado improcedente.

4. Uma vez instaurado o processo podem ter lugar algumas diligências instrutórias (artigo 143º), mas não as havendo é logo, no prazo de um dia, proferido o "despacho final", no qual o conservador verifica a identidade dos nubentes, a existência ou não de impedimentos e a sua capacidade

149 Esta é também a opinião de Álvaro Sampaio (Cf. *op. cit*, p. 276).

150 Na rara situação de documento exigível, mas cujo prazo de validade expirou, a lei (em virtude da pandemia do Covid) admitiu a atendibilidade desses documentos – como consta do artº 16º do Decreto-Lei nº 10-A/2020 – e, nessa base, o Conselho Consultivo no parecer do Proc. C.C. 19/2021 SJ-CC (Madalena Teixeira) aceitou o certificado de capacidade matrimonial emitido por autoridade estrangeira com validade expirada, pois também concorria o caso das "situações que preencham o conceito de «motivo de força maior»".

matrimonial, concluindo por autorizar o casamento ou por o mandar arquivar. Sendo o despacho desfavorável à celebração do casamento, "é notificado aos nubentes, pessoalmente ou por carta registada" (artº 144º/4) e é passível do recurso previsto no artº 292º.

Se o despacho concluir pela autorização[151], o casamento deverá ser celebrado no prazo de seis meses (artº 145º/1), mas sendo excedido este prazo, o processo pode ser "reavaliado" (artº 145º/2)[152].

Se a celebração for na conservatória, depois do despacho final não há lugar à passagem de qualquer documento. Todavia, quando *não é* celebrado na conservatória (como no caso do casamento católico ou do civil sob forma religiosa) há lugar à passagem de um *certificado.*

5. Como se referiu, nos casos em que o casamento é celebrado fora da conservatória deve ser passado um *certificado no* qual se declara que os nubentes podem contrair casamento. Este certificado deve conter os elementos previstos no artigo 147º/1, que são:

a) O nome completo, idade, estado, naturalidade, residência habitual e filiação dos nubentes;
b) O nome completo e residência habitual do tutor do nubente menor;
c) A indicação de o casamento ser celebrado com ou sem convenção antenupcial, referindo o auto ou a escritura respectiva e o regime de bens adotado, se já tiver sido apresentado documento comprovativo;
d) As indicações referentes à existência de consentimento prévio dos pais ou do tutor dos nubentes menores, bem como o respetivo suprimento, havendo-o, ou a menção do nome das pessoas que podem prestar consentimento no próprio acto da celebração do casamento,;
e) Se algum dos nubentes for representado por procurador, o seu nome completo.

[151] Nos termos do artº 144º/3, "não são impeditivas do despacho de autorização as irregularidades ou deficiências verificadas nos registos, certidões ou certificados juntos ao processo, nomeadamente as relativas à grafia dos nomes ou à eliminação ou acrescentamento de qualquer apelido, desde que não envolvam dúvidas fundadas acerca da identidade das pessoas a quem respeitem".

[152] Nesta hipótese, como nota Álvaro Sampaio, apenas têm de ser apresentados os documentos de identificação do nubentes no caso de, entretanto, terem excedido o prazo de validade. A reavaliação implica novo despacho final (Cf: *op. cit.* p.289).

f) No caso de ter sido escolhida a forma de casamento civil sob forma religiosa, o conservador deve confirmar – e mencionar no certificado – que verificou que os nubentes *têm conhecimento* do que é o casamento (artº 1577º do C.C.), bem como a noção de capacidade matrimonial (artº1600º), do princípio da igualdade (artº 1671º) e dos deveres conjugais (artº 1672º) e ainda a menção do nome e da credenciação do ministro do culto;
g) O prazo dentro do qual o casamento deve ser celebrado;
h) O número, ano e conservatória detentora dos assentos de nascimento dos nubentes e os elementos de referenciação dos respetivos documentos de identificação.

5.1. Na hipótese de os nubentes terem declarado que celebraram convenção antenupcial, mas não apresentarem o documento comprovativo até à passagem do certificado, deve mencionar-se que o mesmo pode ser apresentado até ao acto da celebração do casamento.

Quando a lei civil, determinar a obrigatoriedade do regime de separação de bens, o certificado deve indicar o regime de bens sob o qual o casamento é contraído.

5.2. O certificado – documento onde se declara que os nubentes podem contrair casamento – tem de ser entregue (v.g, por via eletrónica) ao respetivo celebrante para que o casamento se possa realizar. Todavia, se depois do despacho favorável ou da passagem do certificado houver a informação da existência de impedimentos, a celebração do casamento deverá "ser sustada" (artº 148º/1).

Neste sentido, a conservatória que emitiu o certificado deve comunicar ao respetivo pároco ou ministro do culto os impedimentos de que ulteriormente vier a ter conhecimento, a fim de que seja suspensa a celebração do casamento.

Também "qualquer conservatória que tenha conhecimento de impedimentos que obstem à celebração do casamento deve fazer constar do processo os documentos que os comprovem" (artº 148º/2).A confusa redação deste preceito, significa que qualquer (outra) conservatória que conheça um impedimento *deve comunicar o facto* à que é detentora do processo preliminar e é esta que deve providenciar para que seja suspensa a celebração do casamento.

5.3. Um dos impedimentos – que pode ser dirimente no caso previsto na al. a) do artigo 1601º do C.C. ou impediente no da al. a) do artigo 1604º – é a *menoridade*. Ora, tal impedimento impediente cessa quando for dada autorização pelos pais (ou, sendo o caso, pelo tutor) ou ainda se for "suprida" pelo conservador (nº 1 do artº 1609º do C.C.). A autorização (ou *consentimento*, como denomina o CRCiv) pode ser prestada por qualquer das formas previstas no artigo 150º.

Quando o despacho final do conservador for favorável, o casamento, pode celebrar-se no prazo de seis meses. Todavia, sendo tal prazo ultrapassado, o processo também pode ser reavaliado (nº 2 do artº 145º). De qualquer modo, para que o casamento se possa celebrar – e salvo no caso do casamento urgente – é necessário, como dissemos, que tenha havido a aludida decisão favorável.

§ 2º Celebração do casamento

O casamento é um *acto solene*, livre e validamente *consentido* entre os nubentes *capazes* e pode ser celebrado de harmonia em qualquer uma das seguintes modalidades:

- casamento civil
- casamento católico
- casamento civil sob forma religiosa.

1. Na regulamentação do Código é primeiramente referido – artºs 151º e 152º – o casamento católico[153]. O nº 1 artº 151º realça a necessidade de ser apresentado ao pároco celebrante o certificado para casamento e o nº 2 excetua dessa imposição os casamentos *in articulo mortis*, na iminência de parto ou cuja celebração imediata tenha sido autorizada pelo respetivo ordinário por grave motivo de ordem moral (o denominado «casamento de consciência»)[154].

153 Sobre "o direito do casamento católico" *vide*: LEITE DE CAMPOS e MÓNICA MARTINEZ DE CAMPOS, cit. *Lições de Direito de Família*, pp. 151 e ss. Os Autores indicam que o "o direito matrimonial substantivo tem como fonte principal (...o) Código do Direito Canónico" e que "as fontes de produção do Direito Canónico em geral, e do Direito matrimonial, são de quatro espécies: divinas, eclesiásticas, concordatárias e civis"

154 *Vide* o comentário ao artº 1599º feito por Nuno Alonso Paixão no citado *Código Civil Anotado, Livro IV*, coorden. de CLARA SOTTOMAYOR, pp. 71 e ss.

O artº 152º trata do casamento católico celebrado no estrangeiro. O nº 1 considera aplicável o disposto no artº 151º e o nº 2 confirma que para a organização do processo preliminar é competente qualquer conservatória do registo civil e também os agentes diplomáticos ou consulares portugueses com autoridade no local da residência dos nubentes.

Não refere o Código quais os requisitos que se exigem para a válida celebração do casamento, certamente por remeter para o pároco celebrante a verificação do cumprimento dos mesmos, que são essencialmente a capacidade matrimonial dos nubentes – constante do certificado – e o livre consentimento recíproco prestado no próprio acto do casamento.[155]

2. Do casamento civil tratam os artigos seguintes. O artº 153º/2, em consonância com o princípio da competência genérica das conservatórias previsto no artº 12º, frisa que "o conservador do registo civil é competente para a celebração do casamento, independentemente da freguesia e concelho onde aquele deva ser celebrado". Por seu turno, o nº 1 diz que o dia, hora e local da celebração do casamento devem ser acordados entre os nubentes e o conservador. Ou seja, nem este pode impor determinado dia, hora e local, nem os nubentes podem fazer essa exigência. Tem de se chegar a um consenso mútuo entre os nubentes e o conservador. Mas como a celebração pode ser feita por *qualquer um*, fácil será que os nubentes encontrem quem satisfaça a sua pretensão.

No acto da celebração do casamento, além do conservador, devem intervir os nubentes ou apenas um e o procurador do outro. Podem ainda participar duas a quatro testemunhas, mas é obrigatória a intervenção de duas se a identidade de qualquer dos nubentes ou a do procurador não for conhecida pessoalmente do conservador ou verificada através dos seus documentos de identificação que, se os nubentes forem estrangeiros, pode ser a autorização de residência, o passaporte "ou documento equivalente" (artº 154º/3).

3. O artº 155º, cuja epígrafe é "solenidade" regula pormenorizadamente a celebração do casamento, começando por afirmar que se trata de uma cerimónia *pública* e que tem início quando o conservador anuncia em voz

[155] Quanto aos requisitos de fundo *vide* de GUILHERME DE OLIVEIRA, cit. *Manual de Direito da Família*, pp.128 e ss.

alta que naquele local vai ter lugar a celebração do casamento. Depois disso, indica os elementos de identificação dos nubentes, tal como constam da declaração inicial, e declara que manifestaram o propósito de contrair casamento, após o que lê também o despacho final.

Se os nubentes forem menores e não constar se foi prestado o consentimento dos pais ou tutor, nem suprida essa autorização, "o conservador pergunta às pessoas que o devem prestar se o concedem, suspendendo a realização do acto se não for concedido".

Não ocorrendo esta circunstância, o conservador interpela as pessoas presentes para que declarem se conhecem algum impedimento que obste à realização do casamento. Não sendo declarado qualquer impedimento, segue-se que o conservador começa por referir os direitos e deveres dos cônjuges, previstos na lei civil e depois pergunta a cada um dos nubentes se aceita o outro por consorte. Então, um e o outro dos nubentes devem responder, "sucessiva e claramente" o seguinte: «É de minha livre vontade casar com F. [indicando o nome completo do outro nubente]».

Logo depois de prestado o consentimento, o conservador dirá em voz alta, de modo a ser ouvido por todos os presentes: «Em nome da lei e da República Portuguesa, declaro F. e F. [indicando os seus nomes completos] unidos pelo casamento». E assim fica concluído o acto do casamento.

A Lei nº 9/2010, de 31 de maio, veio permitir o casamento civil entre pessoas do mesmo sexo, mas em nada alterou as aludidas disposições do CRCiv relativas à celebração do casamento, pelo que devem ser seguidas exatamente as mesmas formalidades que se descreveram.

§ 3º Celebração do casamento civil urgente

Os únicos casos em que é permitido que o casamento civil seja celebrado com urgência – o que significa que o pode ser independentemente de haver processo preliminar – estão mencionados no artº 156º e correspondem às situações de fundado receio de morte próxima de algum dos nubentes, ou de iminência de parto.

1. As principais formalidades consistem na *proclamação* "oral ou escrita" de que vai celebrar-se o casamento, a qual deve ser feita pelo funcionário do registo civil – ou, na falta dele, *por alguma das pessoas presentes* – à porta da casa onde se encontrem os nubentes. Com esta *proclamação* tem-se em

vista conferir ao acto a publicidade indispensável para que o casamento se possa considerar *público.*

É condição necessária a manifestação *expressa* do consentimento por parte de cada um dos nubentes *perante quatro testemunhas,* das quais duas "não podem ser parentes sucessíveis dos nubentes". Uma vez celebrado o casamento urgente deve ser redigida uma ata sem formalidades especiais, mas que carece de ser assinada por todos os intervenientes que saibam e possam fazê-lo (al. c) do artº 156º).

É fundamental acentuar-se que, como dispõe o artº 1622º/1 do C.C., o que caracteriza o casamento civil urgente é o facto de poder ser celebrado perante as quatro testemunhas *sem precedência de processo preliminar* e até "sem a intervenção do funcionário do registo civil", embora para ficar *válido* careça de ser *homologado.*

2. A referida ata deve ser enviada à conservatória e aí vai servir de base para que o conservador organize oficiosa e adaptadamente, nos termos já referidos, o "processo preliminar de casamento" – que neste caso não pôde ser «preliminar», mas antes «posterior» –, embora com todas as formalidades anteriormente expostas, sendo, porém, dispensada a apresentação do documento de identificação.

Pode já ter sido organizado o processo preliminar, inclusivamente noutra conservatória, pelo que haverá lugar à comunicação eletrónica entre os serviços, de modo que o processo se conclua e o despacho final (homologatório ou não) seja proferido num prazo que não exceda 30 dias a contar da ata do casamento, como explica o art.'159º.

O casamento urgente que ficou registado provisoriamente, *fica sujeito à homologação do conservador,* que apreciará no despacho final a possibilidade de ser, ou não, reconhecido e confirmado (dando lugar ao assento «definitivo»). Em caso afirmativo de confirmação, o conservador tem de fixar "todos os elementos que devam constar do assento", de harmonia com o que ata mencione, bem como com o referido nos demais dados que, designadamente na instrução do processo preliminar, foram apurados.

Contudo, o casamento não pode ser homologado nas seguintes situações mencionadas no artº 160º:

a) Se não se verificarem os requisitos legais ou não tiverem sido observadas as formalidades prescritas no artigo 156º;

b) Se houver indícios sérios de serem supostos ou falsos esses requisitos ou essas formalidades;
c) Se o casamento tiver sido contraído com algum impedimento dirimente;
d) Se o casamento tiver sido considerado como católico pelas autoridades eclesiásticas e como tal já se encontrar transcrito.

Se não for homologado, o despacho de recusa é notificado aos interessados, pessoalmente ou por carta registada e o casamento ter-se-á de considerar inexistente, como expressamente refere o artº 1628º, b), do C.C. que julga juridicamente inexistente "o casamento urgente que não tenha sido homologado".

A recusa da homologação determina o cancelamento do registo provisório lavrado com base na ata.

§ 4º Casamento de portugueses no estrangeiro e de estrangeiros em Portugal

O casamento entre portugueses no estrangeiro está previsto nos artºs 161º e ss. do CRCiv, bem como nos artºs 50º e 51º do C.C. e o de e de estrangeiros em Portugal nos artºs 165º e 166º do CRCiv.

1. Quanto aos casamentos *celebrados em Portugal,* neste número não especificamos o casamento de *português com estrangeiro* – que segue as regras gerais (artº 164º) –, mas apenas do casamento *entre estrangeiros.* Sendo esta a eventualidade, a primeira regra é que "pode ser celebrado segundo a forma e nos termos previstos na lei nacional de algum dos nubentes, perante os respetivos agentes diplomáticos ou consulares, desde que, com base na regra da reciprocidade, igual competência seja reconhecida pela mesma lei aos agentes diplomáticos e consulares portugueses" (artº 165º).

A outra norma é: se o estrangeiro pretender casar em Portugal por *qualquer das formas previstas no CRCiv* é-lhe exigido o denominado *certificado de capacidade matrimonial,* que tem a finalidade de provar que, "de harmonia com a sua lei pessoal, nenhum impedimento obsta à celebração do casamento" (artº 166º/1). Este certificado deve ser passado há menos de seis meses, salvo se for outro o prazo de validade fixado pela entidade competente do respetivo país. Todavia, a lei ainda admite que, *não sendo possível* apresentar o certificado – designadamente por não haver representação diplomática ou consular do país respetivo –, essa falta documental possa ser suprida por uma *declaração* do nubente afirmando que, de harmonia com a sua lei pessoal, nenhum impedimento obsta à celebração do casamento. No caso do conservador ter dúvidas sobre a veracidade dessa declaração, deve procurar inteirar-se "ouvindo duas testemunhas".

2. No que respeita ao casamento de portugueses no estrangeiro, uma primeira observação é esta: quanto ao casamento católico não há diferença alguma, pois pode ser celebrado perante os ministros do culto católico, tal como é admitido pela legislação portuguesa.

Relativamente às demais formas: podem ser praticadas as estabelecidas no CRCiv, e pelos agentes diplomáticos ou consulares portugueses, bem como perante as autoridades locais, conforme a lei do lugar da celebração. Não é, porém, dispensado o processo preliminar de casamento – salvo se o nubente "dele estiver dispensado pela lei" (artº 162º) – que pode ser organizado em qualquer conservatória do registo civil ou pelos agentes diplomáticos ou consulares portugueses.

Ao processo preliminar segue-se a passagem do certificado no qual devem constar todos os elementos de identificação do interessado, bem como do outro nubente, e o prazo para a celebração do casamento (artº 163º/2). O nubente que pretenda casar perante as autoridades locais pode requerer a verificação da sua capacidade matrimonial em qualquer conservatória do registo civil ou perante os respetivos agentes diplomáticos e consulares (artº 163º/3).

§ 5º Assento de casamento civil

Após a celebração (em Portugal) do *supra* indicado casamento civil *não urgente* é imediatamente lavrado o *assento de casamento* que deve ser lido em voz alta pelo conservador[156] que nele apõe o seu nome.

Quanto ao casamento civil urgente, referi-lo-emos depois do não urgente.

1. O assento de casamento deve conter os já indicados requisitos gerais dos assentos e ainda os especiais referidos no artº 181º, que são os seguintes:

[156] A lei fala em "funcionário", abrangendo também os oficiais de registo. Contudo, essa intervenção é excecional, dado que, em princípio, o acto de casamento deve ser presidido pelo conservador.

a) Hora, data e lugar da celebração;
b) Nome completo, idade, naturalidade e residência habitual dos nubentes;
c) Nome completo dos pais ou do tutor dos nubentes, do intérprete e do procurador de algum deles, se os houver;
d) Referência ao consentimento dos pais ou representantes legais dos nubentes menores ou ao seu suprimento e, quando a autorização tenha sido prestada no acto da celebração, a menção desta circunstância;
e) Indicação de o casamento ter sido celebrado com ou sem convenção antenupcial e, no caso afirmativo, a indicação do regime de bens estipulado e a do auto ou escritura onde foi convencionado e, tratando-se de regime imperativo, a menção dessa circunstância;
f) Declaração, prestada pelos nubentes, de que realizam o casamento por sua livre vontade;
g) A indicação dos apelidos adotados por qualquer dos nubentes;
h) A menção relativa à forma como foi verificada a identidade dos nubentes ou o nome completo e residência das testemunhas.

2. No que toca ao assento do *casamento civil urgente,* é o conservador que, como se disse, no despacho homologatório do casamento tem de fixar os elementos que o assento deve conter. Este é lavrado, *por transcrição,* no prazo de dois dias a contar da data em que o despacho foi proferido, e "deve conter apenas, como menção especial, a referência à natureza urgente do casamento, omitindo-se as circunstâncias particulares da celebração" (artº 182º/2).

Contudo, se o casamento for reconhecido pelas autoridades eclesiásticas como católico e *estiver transcrito o assento paroquial,* o assento provisório do casamento civil urgente é cancelado.

§ 6º Assento de casamento católico

Imediatamente após a celebração do casamento católico, é necessário que seja lavrado o assento paroquial do casamento, *em duplicado,* no livro de registo da paróquia ou no respetivo suporte eletrónico,

Esse *duplicado* destina-se a ser remetido à conservatória, visto que o pároco da paróquia da celebração do casamento é obrigado a enviar, *no prazo de três dias,* a qualquer conservatória do registo civil, o duplicado do assento paroquial, a fim de ser transcrito (artº 169º). E se porventura o não fizer sem motivo grave e atendível, como adiante se dirá, incorre na pena aplicável ao crime de desobediência qualificada: artº 296º/1, c).

1. O assento paroquial deve conter os mesmos elementos que o assento de casamento civil, acrescendo os seguintes indicados nos artºs 167º/1 e 168º:

- o nome completo do pároco da freguesia e do sacerdote que tiver oficiado no casamento (alínea b));
- a apresentação do certificado exigido pelo artigo 146º, com indicação da data e conservatória em que foi passado (alínea i));
- o nome completo e residência habitual de duas testemunhas (alínea. j));
- as assinaturas dos cônjuges e de outros intervenientes (artº 168º)

2. O nº 2 do artº 167º contém uma indicação que não tem equivalência nos outros assentos de casamento lavrados por transcrição (v.g. lavrados no estrangeiro), mas que possui inegável utilidade. Diz essa disposição que "se os elementos de identificação dos cônjuges ou de seus pais, constantes dos documentos eclesiásticos, não coincidirem com os do certificado, devem indicar-se no assento também estes últimos, com a declaração de que o pároco verificou tratar-se de meras divergências formais".

No tocante à convenção antenupcial, visto que pode ser apresentada até ao acto do casamento, se for esse o caso e apresentado o respetivo documento, a sua menção é feita no assento, devendo neste referir-se a data da escritura ou do auto, indicando-se o cartório ou a conservatória em que o documento foi lavrado. Todavia, podem também os nubentes, no próprio acto do casamento, apresentar novo documento contrariando a referência à convenção antenupcial constante do certificado. Em tal hipótese, deve essa menção ser alterada, citando-se o novo documento: artº 167º/4.

3. Nos casos em que o casamento é celebrado com dispensa do processo preliminar, isto é, os casamentos considerados urgentes, *in articulo mortis*, na iminência de parto ou cuja celebração seja expressamente autorizada pelo ordinário próprio – deve consignar-se no assento esta autorização e a sua data: artº 167º/5.

Há ainda as situações em que *não há obrigação* de remessa do duplicado. São as previstas no artº 170º: e que respeitam:

- aos denominados "casamento de consciência"[157], cujo assento só pode ser transcrito perante certidão de cópia integral e mediante denúncia feita pelo ordinário;
- os havidos como urgentes quando não possam ser transcritos (dada a existência de facto que determinava a recusa da transcrição).

Outra situação é a dos casamentos em que, "logo após a celebração, se verifique a necessidade de *convalidar* o acto, mediante a renovação do consentimento dos cônjuges na forma canónica. Em tal caso tem de ser remetido à conservatória o duplicado do assento paroquial da nova celebração (al. b) do artº 170º).

4. A conservatória deve proceder à transcrição no prazo de um dia a partir do recebimento do duplicado (ou do despacho final de que falaremos) e de seguida comunicá-la ao pároco, em princípio por via eletrónica. Na hipótese de se verificar que faltou remeter o duplicado ou a certidão do assento pode então a transcrição "ser feita a todo o tempo, em face de qualquer desses documentos, a requerimento de algum interessado ou do Ministério Público" (artº 172º/3).

Se o casamento não tiver sido precedido do processo preliminar, a transcrição só se pode efetuar depois de organizado o processo preliminar, sendo a declaração dos nubentes substituída pelo duplicado ou pela certidão do assento e dispensando-se a apresentação dos documentos de identificação dos nubentes (uma vez que tal identificação já foi feita no acto do casamento).

Sendo necessário para a organização do processo que os cônjuges prestem esclarecimentos, o conservador pode notifica-los "pessoalmente ou por carta registada, para comparecerem na conservatória, sob pena de deso-

[157] Explica Guilherme de Oliveira que "diversos dos casamentos urgentes são os chamados casamentos secretos, designados no artº 170º C.RegCiv como "*casamentos de consciência*". Uma das hipóteses (...) é o de pessoas que viviam em união de facto mas que se supunha que eram casadas; permite-se o casamento secreto para evitar o escândalo que os interessados entendem que poderia resultar da celebração pública do acto" (*vide:* cit. *Manual de Direito da Família*, p, 136).

bediência" (artº 173º/3). Contudo, podem comparecer para ser ouvidos *em qualquer conservatória* por eles escolhida (artº 173º/4)[158].

Os últimos números deste artº 173º preveem a hipótese de já ter sido iniciado o processo preliminar – que, em obediência ao princípio da economia processual, deve ser «aproveitado» no que precedentemente contiver – e de os cônjuges deverem ser avisados para pagar os emolumentos que eventualmente sejam devidos.

5. Quando os cônjuges já estiverem casados por terem celebrado casamento civil e posteriormente *celebrarem também casamento católico*, o registo da celebração deste é feito *oficiosamente* por *averbamento* ao assento do casamento civil, com base no duplicado ou certidão do assento paroquial, enviada pelo pároco (se possível, por via eletrónica) "ou a requerimento dos interessados, independentemente do processo de casamento" (artº 179º).

6- Há circunstâncias em que a transcrição do casamento católico *deve ser recusada*. São as seguintes, constantes das sucessivas alíneas do artº 174º/1:

- quando o duplicado ou a certidão do assento paroquial não contiver as indicações exigidas no artigo 167º ou as assinaturas devidas;
- na hipótese do conservador ter fundadas dúvidas acerca da identidade dos nubentes;
- na eventualidade de no momento da celebração do casamento existir algum impedimento dirimente;
- se, tratando-se de casamento legalmente celebrado sem precedência do processo preliminar, existir no momento da celebração o impedimento de falta de idade nupcial, de acompanhamento, quando a sentença assim o determine, ou o impedimento de casamento civil anterior não dissolvido, *desde que*, em qualquer destas situações, *o impedimento ainda subsista.*

Nos dois primeiros casos *supra* referidos, o conservador deve reenviar ao pároco (preferivelmente por via eletrónica) o duplicado ou a certidão, para que ele complete ou esclareça as questões suscitadas e de modo que,

[158] É claro que há uma contradição entre os nºs 3 e 4, visto *ou têm* de comparecer na conservatória que fez a notificação, *ou podem* comparecer noutra qualquer. Parece, no entanto, que esta última hipótese é a que se ajusta à eliminação da competência territorial das conservatórias.

sempre que possível, a transcrição se efetue "dentro dos sete dias ulteriores à celebração do casamento"[159].

O nº 4 do artº 174º explica que a morte de um ou de ambos os cônjuges não obsta à transcrição e o nº 5 determina que a recusa da transcrição *deve ser notificada* aos nubentes, pessoalmente ou por carta registada.

7. Quando a transcrição foi reusada com o fundamento na existência de impedimento dirimente e se verifique que esse impedimento *cessou*, deve a transcrição ser efetuada oficiosamente, bem como por solicitação de qualquer interessado ou do Ministério Público.

Mas caso se conclua "durante a organização do processo de casamento" que algum dos nubentes já estava ligado por anterior casamento católico não transcrito, o conservador deve promover oficiosamente a transcrição desse anterior casamento e suspender o andamento do processo de casamento civil.

8. O artigo 177º trata do registo da sanação *in radice* e da convalidação do casamento católico.

A sanação *in radice* (*sanatio in radice*) *é* uma figura própria do Código de Direito Canónico que permite ao ordinário do lugar da celebração (o bispo dessa diocese) validar o casamento nulo. Apontam-se diversos exemplos: v,g. o caso do sacerdote que celebrou o casamento não ter poderes do ordinário para tanto, pelo que o casamento foi nulo, embora os nubentes desconhecessem essa situação. Posteriormente o ordinário do lugar pode validar esse casamento.

GUILHERME DE OLIVEIRA explica que "é uma forma extraordinária de convalidação e que implica verdadeiramente uma ratificação (*sanatio*) do casamento inválido. Distingue-se da convalidação simples porque, agora é dispensada a renovação do consentimento, aproveitando-se, portanto, o consentimento prestado para o casamento inválido"[160].

Estando o casamento transcrito, o registo da sanação *in radice* é feito, mediante a comunicação do pároco e por simples averbamento ao assento já lavrado (artº 177º/1).

[159] É claro que não pode haver lugar à transcrição se as dúvidas não forem esclarecidas ou se verificar a existência de impedimento dirimente (Cf. neste sentido, ÁLVARO SAMPAIO, *op. cit.* p. 330).

[160] Cf: cit. *Manual de Direito da Família,* p, 139.

Nos outros casos de convalidação em que se exige a renovação do consentimento o pároco deve lavrar novo assento e dele enviar no prazo de cinco dias (e sempre que possível por via eletrónica) o respetivo duplicado a qualquer conservatória do registo civil "para aí ser transcrito nos termos legais" (artº 177º/2). Uma vez feita a transcrição do novo assento, o assento anterior deve ser cancelado.

9. O artº 188º, como diz Álvaro Sampaio, "respeita a todas as modalidades de casamento celebrados e Portugal" e reproduz o conteúdo do artº 1670º do C.C. Nestas normas esclarece-se que, uma vez que o registo de casamento tenha sido efectuado, ainda que se extravie, "os efeitos civis do casamento retroagem à data da celebração". Porém "ficam ressalvados os direitos de terceiros que sejam compatíveis com os direitos e deveres de natureza pessoal dos cônjuges e dos filhos, a não ser que, tratando-se de registo por transcrição, esta tenha sido efetuada dentro dos sete dias subsequentes à celebração".

O citado Autor refere que a norma contém dois importantes princípios: o primeiro é o da *retroatividade* dos efeitos do registo. O segundo, com grande interesse para os casamentos celebrados no estrangeiro, é o da *ressalva* dos direitos adquiridos por terceiro antes do registo[161].

§ 7º Assento de casamento civil sob forma religiosa

O assento de casamento civil sob forma religiosa é lavrado em duplicado em termos idênticos aos do casamento católico, pelo que aqui não iremos repetir o que então se disse.

Recordamos apenas que deve conter a indicação da forma do casamento e as menções constantes do artigo 181º relativas ao assento de casamento civil, com exceção do modo como foi verificada a identidade dos nubentes ou o nome completo e residência das testemunhas

Tem ainda de indicar o nome completo do ministro do culto que tenha oficiado no casamento e a referência à sua respetiva credenciação. Este deve, no prazo de três dias, remeter a uma conservatória do registo civil, o duplicado do assento de casamento civil sob forma religiosa, a fim de ser transcrito.

[161] *Vide: op. cit.* p 349, onde cita o C.C. Anotado de Pires de Lima e Antunes Varela, 1992, Vol. IV, pp. 251/2.

À transcrição aplicam-se as regras já referidas a propósito do casamento católico.

§ 8º Assento de casamento católico de portugueses no estrangeiro

A transcrição do casamento católico celebrado no estrangeiro entre portugueses ou entre português e estrangeiro é feita com base no assento paroquial, sendo aplicáveis as disposições relativas ao casamento civil no estrangeiro (artºs 184º e ss), nomeadamente quando o registo é feito no consulado português do lugar da celebração.

A transcrição pode ser efetuada ou recusada nos mesmos termos em que tal é possível quando o casamento católico é celebrado em Portugal.

O nº 3 do artº 178º refere a hipótese de os cônjuges casados catolicamente terem também, por imperativo da lei local, celebrado o casamento por outra forma, além da católica. Nesta hipótese, deve a transcrição do assento paroquial mencionar essa circunstância, "em face de documento legal comprovativo".

Capítulo XVI
O Regime de Bens e as Convenções Antenupciais

O C.RegCiv depois de no Capítulo II (respeitante aos assentos, nele designados como *actos de registo em especial*) e na Secção IV ter regulamentado o *casamento*, passou a tratar na Secção seguinte – a V – o tema das «convenções antenupciais e alterações do regime de bens».

Indo ao encontro desta orientação do Código abrimos o presente capítulo, embora questionando-nos se não devíamos antes abordar a matéria das convenções antenupciais no capítulo referente aos *averbamentos ao assento de casamento*. É que as convenções antenupciais e as (excecionais) alterações ao regime de bens não são registadas por assento, mas sim por *averbamento* ao assento de casamento.

Recorde-se que, nos termos do disposto no nº 1 do artº 190º do C.RegCiv a convenção antenupcial "é registada mediante a sua menção no texto do assento de casamento, sempre que o auto seja lavrado ou a certidão da respectiva escritura seja apresentada até à celebração deste". Mas, nos termos do nº 2 se, apesar de celebrada antes da celebração do casamento, no entanto só for apresentada *depois*, é registada *por averbamento* ao assento de casamento.

1. O regime jurídico das convenções antenupciais está regulado nos artºs 1698º e ss. do C.C. Este primeiro artigo diz que "os esposos podem fixar livremente, em convenção antenupcial, o regime de bens do casamento, quer escolhendo um dos regimes previstos neste código, quer estipulando

o que a esse respeito lhes aprouver, dentro dos limites da lei", praticando, assim, o que Guilherme de Oliveira e o próprio C C. no artº 1699º denominam *"princípio da liberdade do regime de bens"*[162].

Contudo, apesar dessa liberdade ser o *princípio,* comporta a exceção dos regimes imperativos previstos no artº 1720º, segundo o qual se consideram "sempre contraídos sob o regime da separação de bens:

a) O casamento celebrado sem precedência do processo preliminar de casamento;
b) O casamento celebrado por quem tenha completado sessenta anos de idade".

Por outro lado, não podem ser objeto de convenção antenupcial todos os direitos e deveres constantes do artº 1699º, mas a lei permite que nela sejam feitas disposições por morte, como a instituição de herdeiro ou a nomeação de legatário em favor de qualquer dos esposados – ou em favor de terceiro – e efetuadas pelo outro esposado ou por terceiro (artº 1700º). No entanto, o artº 1701º estipula a "irrevogabilidade dos pactos sucessórios"[163].

Neste sentido, "a instituição contratual de herdeiro e a nomeação de legatário, feitas na convenção antenupcial em favor de qualquer dos esposados, quer pelo outro esposado, quer por terceiro, não podem ser unilateralmente revogadas depois da aceitação". Também não é lícito que o doador prejudique o donatário por quaisquer actos, como os gratuitos de disposição. Unicamente por mútuo acordo dos contraentes é que essas liberalidades, quando feitas por terceiro, podem ser revogadas a todo o tempo.

É possível que nas convenções antenupciais sejam convencionados tanto negócios patrimoniais como não patrimoniais, mas não é consentido que as estipulações que se façam violem normas imperativas, como a alteração dos direitos ou deveres, quer paternais, quer conjugais (al. b) do artº 1699º/1)

2. A convenção antenupcial é um negócio formal, visto que só tem validade se for celebrada por declaração prestada perante o funcionário do

[162] Cf: cit. *Manual de Direito da Família,* p, 238.

[163] Esta irrevogabilidade "reconduz-se ao princípio da imutabilidade das convenções antenupciais" e à necessidade de evitar o «ascendente» que um dos cônjuges possa adquirir sobre o outro (Cf. o comentário ao artº 1701ºº feito por Daniel Morais no citado *Código Civil Anotado, Livro IV,* coorden. de Clara Sottomayor, pp.344 e ss.).

registo civil ou por escritura pública (artº 1710ª). Também só produz efeitos em relação a terceiros *depois de registada* (artº 1711ª).

Até à celebração do casamento a convenção antenupcial é livremente revogável ou modificável, mas é necessário que na revogação ou modificação consintam todas as pessoas – ou os respetivos herdeiros – que nela outorgaram. Contudo, depois da celebração do casamento, como dispõe o artº 1714º, "não é permitido alterar nem as convenções antenupciais nem os regimes de bens legalmente fixados".

O C.C. contém uma pormenorizada regulamentação sobre as convenções antenupciais e os regimes matrimoniais de bens, que não iremos abordar quando se trate de regras de domínio exclusivamente substantivo porque excedem o âmbito registral deste estudo.

3. Quanto aos *efeitos em relação a terceiros* o nº 1 do artigo 191º do CRCiv. esclarece que a convenção antenupcial que tenha por objeto a fixação do regime de bens ou a sua alteração só se produz efeitos em relação a terceiros a partir da data do registo.

No entanto, o nº 2, relativamente ao casamento católico, dispõe que os efeitos do registo lavrado conjuntamente com a transcrição retroagem à data da celebração do casamento, desde que este tenha sido transcrito dentro dos sete dias imediatos[164].

Além dos nubentes e seus herdeiros, como explica Arnaldo A. Alves, são ainda interessados quaisquer terceiros que tenham intervindo na escritura (ou na declaração titulada na conservatória) como outorgantes e ainda os credores[165].

4. Num último apontamento queremos apenas recordar que a convenção antenupcial caduca se o casamento não for celebrado dentro de um ano, ou mesmo que tenha sido ou vier a ser declarado nulo ou anulado (artº 1716º). A disposição legal ressalva, no entanto, o disposto quanto ao casamento putativo.

[164] Álvaro Sampaio chama a atenção para o facto deste nº 2 ter de ser harmonizado com o nº 2 do artº 188º, pelo que "deve ser feita uma interpretação corretiva da norma" (cf: *op. cit,,* 5ª ed.. p. 355). Esta harmonização resulta da alteração que foi feita ao artº 188º/2, que passou a abranger *todos* os registos lavrados por transcrição e não só os referentes aos casamentos católicos.

[165] Cf: Alves, Arnaldo Augusto: *Código do Registo Civil, Anotado,* Coimbra: Coimbra Editora, 1979, p. 165.

Por outro lado, de harmonia com o princípio da liberdade de escolha do regime de bens (artº 1698º) os cônjuges podem nem sequer celebrar convenção antenupcial (é, aliás, o habitual). Neste caso, ou também na hipótese de caducidade, invalidade ou ineficácia da convenção, o artº 1717º estipula que o casamento se considera celebrado sob o regime da *comunhão de adquiridos*, que é, como se sabe, o regime supletivo.

Capítulo XVII
O Óbito

O outro (e último) assento previsto no Código é o de *óbito*.

Trata-se também de um registo fundamental e obrigatório: o falecimento de qualquer indivíduo (nacional ou estrangeiro) que ocorra em território português, *deve ser declarado*, no prazo de 48 horas (artigo 192º) pelas pessoas sucessivamente indicadas nas alíneas do nº 1 do artigo 193º.

Além disso, como dispõe o artº 9º/1 do Dec-Lei nº 411/98, de 30 de dezembro[166], "nenhum cadáver pode ser inumado, cremado, encerrado em caixão de zinco ou colocado em câmara frigorífica sem que tenha sido previamente lavrado o respetivo assento ou [excecionalmente] auto de declaração de óbito ou emitido boletim de óbito"[167]. O assento de óbito é, pois, *condição necessária* para poder haver um enterramento (ou cremação) lícito[168]. Aliás, o incumprimento faria incorrer o infrator nas sanções previstas no artº 25º e nas sanções acessórias a que alude o artº 26º, ambos do citado Dec-Lei nº 411/98,

[166] Este diploma, como consta do *sumário*, "estabelece o regime jurídico da remoção, transporte, inumação, exumação, trasladação e cremação de cadáveres, bem como de alguns desses actos relativos a ossadas, cinzas, fetos mortos e peças anatómicas, e ainda da mudança de localização de um cemitério".

[167] Antes destas normas terem passado a figurar em diploma avulso estavam nos anteriores CRCiv (v.g. artºs 249º e ss. do Código de 1978).

[168] Uma vez lavrado o assento é emitido o "boletim de óbito" que permite á entidade responsável pela administração do cemitério ou do centro funerário proceder ao enterramento ou à cremação, Posteriormente essa entidade deve proceder ao arquivamento do boletim de óbito (artº 9º/7 do citado Dec-Lei nº 411/98).

1. A declaração é verbal, mas em princípio terá de ser acompanhada do *certificado médico*, que é passado gratuitamente e que à luz da ciência médica também deve *confirmar* o óbito (artigo 192º, nº 1).

No caso de o declarante não ter podido apresentar o certificado é o funcionário da conservatória que o deve requisitar (nº 2) e só na "impossibilidade absoluta" de o médico verificar o óbito é que o certificado pode ser substituído pelo *auto* previsto no artigo 195º. Segundo este preceito, só "nessa impossibilidade absoluta" é que o certificado médico "pode ser substituído por um auto, lavrado pela competente autoridade administrativa com a intervenção de duas testemunhas, no qual o autuante declare ter verificado o óbito e a existência ou inexistência de sinais de morte violenta ou de qualquer suspeita de crime".

E quando nem sequer o auto de verificação tenha sido lavrado? Nesse caso, diz o artigo 199º, só pode ser lavrado registo de óbito mediante *decisão* proferida em processo de justificação administrativa.

Se do certificado médico constar que se ignora a causa da morte, ou que se tratou de "morte violenta" ou ainda que há "suspeitas de crime", a conservatória deve *imediatamente* participar tais situações ao Ministério Público (ou na impossibilidade de contactar o Ministério Público, à autoridade policial) e o assento *só pode* ser lavrado depois da autoridade respectiva comunicar que foi realizada ou dispensada a autópsia (artigo 197º).

2. Os requisitos especiais que, em principio, devem constar do assento de óbito vêm indicados nas sucessivas alíneas do nº 1 do artigo 201º.

a) Nome completo, sexo, idade, estado, naturalidade e última residência habitual do falecido;
b) Nome completo dos pais do falecido;
c) Nome completo do último cônjuge;
d) Hora, data e lugar do falecimento ou do aparecimento do cadáver;
e) Cemitério onde o falecido será sepultado.

Todavia, o nº 4 esclarece só são indispensáveis as que forem necessárias para a identificação do falecido[169]. As outras, que depois cheguem ao

[169] A lei não especifica quais são as menções "indispensáveis", mas dir-se-á que são as que permitem reconhecer *de quem se trata*. Com efeito, o urgente é que o assento seja lavrado e, portanto, o importante é *identificar* o falecido. Depois "haverá tempo" para completar as

conhecimento do conservador, são registadas (sem qualquer formalidade prévia) *por averbamento* ao assento.

Tratando-se de pessoa desconhecida, devem ser feitas as menções a que se refere o artigo 202º, isto é, *todas as circunstâncias* que possam concorrer para possibilitar a *futura identificação* do falecido: "o lugar, data e estado em que o cadáver haja sido encontrado, o sexo, cor e idade aparente do falecido, o vestuário, papéis ou objetos achados junto ao cadáver, bem como qualquer outra circunstância capaz de concorrer para a sua identificação".[170]. Além disso, se possível, o conservador tem de arquivar, as fotografias do cadáver eventualmente publicadas em jornais ou tiradas por qualquer autoridade (ou, embora a lei não o mencione, pelo próprio funcionário).

3. O aludido Dec-Lei nº 324/2007, de 28 de setembro, veio aditar os artigos 202º-A e 202º-B, respeitantes à menção – que deve ser feita por cota de referência ao assento de óbito – da *habilitação de herdeiros* ou do *processo de inventário* em que a mesma tenha ficado titulada.

O preâmbulo desse Dec-Lei nº 324/2007 é claro ao invocar que entre os objetivos do programa governativo da altura, figurou a aprovação de "um conjunto de medidas de simplificação e desformalização". Com esse fim "permitiu-se que os actos e formalidades relacionados com a sucessão hereditária se possam efetuar num único balcão de atendimento, nas conservatórias do registo civil. Assim, as conservatórias do registo civil passam a poder realizar todas as operações e actos relacionados com a sucessão hereditária, tais como a habilitação de herdeiros (...)".

A *supra* indicada menção é necessariamente posterior ao registo do óbito, visto que a habilitação só pode ser efetuada ou o inventário instaurado *com base* no assento de óbito e não antes dele.

Aliás, para que este processo possa ser instaurado (quando "obrigatório") ou a tutela instituída (quando for o caso) devem ser feitas ao Ministério Público as comunicações referidas no nº 1 do artigo 210º. Para tanto, o conservador tem de ouvir o declarante do óbito e reduzir a auto as suas

menções em falta. Todavia, se não for possível *identificar* quem é o falecido, então a situação cai no domínio do artigo 202º de que no texto a seguir se fala.

170 Há situações particularmente complicadas, como em grandes incêndios em que ficaram vários cadáveres juntos totalmente carbonizados, terramotos com muitos cadáveres soterrados, etc. Em qualquer dessas ocorrências o assento deve referir o local e todas as outras circunstâncias a que indiretamente alude o artº 202º.

declarações (nº 2). Têm igualmente de ser feitas outras comunicações conforme se indica no nº 3 deste artigo.

O artº 202º-B estipula que no prazo de cinco dias o tribunal, após o trânsito em julgado de decisão que declare a habilitação de herdeiros ou o notário que lavrou a escritura que titulou a habilitação de herdeiros ou que instaurou processo de inventário, devem comunicar o facto, sempre que possível por via eletrónica, a qualquer conservatória do registo civil.

4. Nos casos especiais dos óbitos que se verificaram em estabelecimentos hospitalares ou prisionais há que comunicar a ocorrência aos serviços (ou postos autorizados) do registo civil (artigo 203º). São ainda merecedores de acrescidas diligências os casos dos óbitos ocorridos em viagem (artigos 204º e 205º) e dos que resultem de acidente (incêndios, naufrágios, terramotos etc. e a que se refere o artigo 206º). Nestes, porém, se os cadáveres não forem encontrados ou as vítimas não puderem ser identificadas há lugar ao procedimento mais complexo da *justificação judicial* que deve ser promovido pelo Ministério Público por intermédio de qualquer conservatória (artigo 207º). O mesmo procedimento terá lugar em caso de naufrágio, (artigo 208º, nº 1), mas nessas situações é à autoridade marítima que incumbe fazer as averiguações e a participação (artigo 208, nº 2).

5. Ainda a respeito do óbito o Código contém a subsecção V respeitante à *morte fetal*, quando exista o tempo de gestação de 22 semanas ou superior (artigo 209º). Como é sabido, nesse caso não se trata ainda de *pessoa* (o artigo 66º do C.C. diz que a personalidade se adquire no momento do nascimento completo e com vida), pelo que não há lugar a um assento, mas apenas ao *depósito* do certificado médico acompanhado de um "auto" contendo as menções – especificadas no nº 3 do artigo 209º – que o requerente do depósito deve indicar. Este artigo veio, no entanto, dispensar a apresentação do certificado médico se a morte fetal ocorrer por "interrupção voluntária de gravidez".

A subsecção seguinte (a VI) é constituída apenas pelo artigo 210º que obriga a que sejam feitas determinadas comunicações (as "comunicações obrigatórias" de que falavam os códigos anteriores) ou que se disponibilizem as bases de dados para que o Ministério Público possa tomar conhecimento das situações sujeitas a tutela ou a inventário. Foi ainda introduzido o nº 3 obrigando a comunicações ao Instituto das Tecnologias de Informação na Justiça, I. P. (ITIJ).

6. Finalmente, deve dizer-se que, a partir de 2018, no âmbito do IRN foi criado o "Espaço Óbito" que é considerado «um balcão» onde se podem tratar diversos assuntos relacionados com a morte de um familiar e que adiante mencionaremos.

Capítulo XVIII
Procedimentos Simplificados

§ 1º De sucessão hereditária

1. Depois de tratar do assento de óbito e das diversas comunicações obrigatórias, o legislador introduziu uma nova subsecção – a VII – a que deu o título "Procedimentos simplificados de sucessão hereditária" e que no *sítio* da Internet do IRN vêm designados como "Balcão das heranças"[171].

Como se trata de matéria que não diz respeito ao registo de óbito (ainda que pressuponha a dissolução de um património) entendemos que era sistematicamente mais adequado abrir um parágrafo especialmente dedicado à sucessão hereditária. Note-se que o artº 272º-C, determina que à "partilha do património conjugal" sejam aplicáveis, com as necessárias adaptações, as disposições, a que ora nos referimos, referentes à sucessão hereditária.

Estes procedimentos constantes da subsecção VII têm em vista, na sequência do óbito, a titulação dos actos respeitantes à habilitação de herdeiros e à partilha – ou apenas a um desses actos, sendo certo que o primeiro (a habilitação) só é feito isoladamente quando os interessados não quiserem logo proceder à partilha (artº 210º-G/1) – e ainda à feitura dos consequentes registos e ao cumprimento das inerentes obrigações fiscais. Em suma: trata-se de uma das modalidades, processada nas conservatórias

[171] Aliás, a designação completa do *sítio* é "Balcão das heranças e Balcão do divórcio com partilha", já que no tocante ao processo de divórcio foram também introduzidos os artigos 272º-A a 272º-C , remetendo este último para as disposições referentes à sucessão hereditária.

do registo civil, daquilo que vem sendo designado como "balcão único"[172] e que, neste caso, tem a referida designação de "balcão das heranças"[173].

A possibilidade da titulação, registo e cumprimento tributário num só *atendimento*, que é da "competência do conservador" (nº 5 do artº 210ª-A), está condicionada à *legitimidade* do requerente (que pertence ao cabeça de casal – artº 210ª-B) e também, no tocante à partilha, ao facto de na herança existirem bens sujeitos a registo (artº 210º-A, nº 3).

É ainda necessário que, além da verificação "da qualidade de herdeiro", sejam também confirmadas a identidade e a capacidade dos interessados e, no caso de representação, a suficiência dos poderes respetivos. Tratando-se de partilha, deve ainda ser comprovada "a titularidade dos bens" e a inscrição matricial (artº 210º-E).

O "atendimento presencial único", sendo feito no mesmo dia, pode ser precedido de um "atendimento prévio" para se prepararem os actos necessários, os quais são sempre realizados por meios eletrónicos (artº 210º-D). A conservatória deve ainda elaborar os documentos necessários, bem como efetuar as devidas participações fiscais, promover a liquidação dos impostos, efetuar os registos, entregando no final a "certidão gratuita" a que alude a última alínea do nº1 do artigo 210º-F. Além das diligências subsequentes (comunicações fiscais e estatísticas – artº 210º-J), a pedido dos interessados, a conservatória pode requerer a isenção do IMI, alteração do domicílio fiscal e da situação matricial dos imóveis (artº 210º-I).

Estes "procedimentos simplificados de sucessão hereditária" poderão ser indeferidos no caso de ocorrer alguma das hipóteses previstas nas sucessivas alíneas do nº 1 do artigo 210º-L, das quais destacaremos o incumprimento da lei e a existência de vícios, omissões ou deficiências impeditivas da prática dos actos e a "verificação de factos" que possam afetar a formação e manifestação de vontade das partes. É claro que estas são

172 Este conceito é inspirado no norte-americano "one-stop shop" que é definido como "uma organização que fornece vários e diferentes serviços ou vende vários produtos em um só lugar".

173 A regulamentação destes "procedimentos simplificados de sucessão hereditária", bem como dos da "partilha do património conjugal" encontra-se na Portaria nº 1594/2007, de 17 de Dezembro, diploma que, de harmonia com o sumário, visa regulamentar "os termos da prestação do serviço no «Balcão das Heranças» e no balcão «Divórcio com Partilha», no âmbito dos procedimentos simplificados de sucessão hereditária, e de partilha do património conjugal".

questões essenciais que devem constituir um obstáculo[174] que impede a realização desses procedimentos.

Nas últimas disposições desta subsecção vemos que os artigos 210º-N e 210º-R referem evidências (porventura desnecessariamente explicitadas) dizendo o primeiro que se aplicam subsidiariamente as leis do registo e do notariado e o último que a partilha nesta espécie de procedimentos tem os mesmos efeitos do que a feita por outras vias. O artigo 210º-O, na sua essência, reproduz o conceito de habilitação contido no artigo 83º do Código do Notariado. Todavia, o seguinte admite a habilitação de legatários nos casos aí previstos. No artigo 210º-Q está contemplada a impugnação judicial da habilitação, que dará lugar ao "respetivo averbamento" e à comunicação fiscal que a conservatória deve efetuar.

§ 2º O Espaço Óbito

Em janeiro de 2018 foi aberto na Loja do Cidadão de Santo Tirso o primeiro "Espaço Óbito".

Esta funcionalidade permite que num único local e dispondo de um atendimento recatado e personalizado, o serviço consiga «dar resposta» às principais necessidades decorrentes do óbito de um cidadão.

O "Espaço Óbito" possibilita que, ocorrendo a morte de alguém – habitualmente um familiar –, possam ser cumpridas *num único local*, as diversas formalidades legais e pessoais, abrangendo entidades públicas e privadas, especialmente as dos Registos e Notariado, Autoridade Tributária, Segurança Social, ADSE, Caixa Geral de Aposentações e Banco de Portugal.

Neste «espaço», o interessado é acompanhado por funcionários especializados e, podendo tratar das várias questões decorrentes do óbito, elimina ou reduz o número de deslocações que usualmente teria de fazer.

O Espaço Óbito é definido como «um balcão» onde o cidadão, designadamente o que serve de cabeça de casal, pode, como se disse, tratar de todos os assuntos relacionados com a morte do *de cuius*, tais como

- declarar o óbito
- comunicar a morte à Autoridade Tributária

174 Parece-nos que estes são impedimentos decisivos, apesar do motivo da não liquidação dos impostos em princípio *nada ter a ver* com a *titulação* da *sucessão hereditária*. Apenas se compreende que constituam impedimento porque se entendeu que tais procedimentos *só têm lugar* quando exista a possibilidade do referido *atendimento único*.

- marcar a data da habilitação de herdeiros, o registo dos bens da herança e a partilha dos bens
- fazer a habilitação de herdeiros, a habilitação com partilha ou só a partilha dos bens
- pedir apoios à Segurança Social ou à Caixa Geral de Aposentações;
- comunicar a morte ao Instituto de Proteção de Assistência na Doença (ADSE) e
- entregar recibos de despesas para a ADSE reembolsar.

Complementando o serviço de atendimento, encontra-se disponível no Portal da Justiça, um guia com as informações básicas e adequadas à ajuda de resolução das indicadas questões relacionadas com o óbito. Além disso, está disponível um simulador de orientação, para dar a conhecer os passos e os documentos que, de acordo com a situação específica de cada caso, devem ser dados e apresentados.

TITULO VI
OS PROCESSOS

Capítulo XIX
Processos Privativos do Registo Civil
– Os Processos Comuns –

§ 1º Espécies de processos

Os processos privativos do registo civil são de duas espécies:

1. O *processo comum* de justificação, que pode revestir uma de duas subespécies:

a) a justificação administrativa;
b) a justificação judicial,

2. Os processos especiais.

Numa preliminar observação podemos dizer que nos *processos comuns* a expressão "justificação" nada tem a ver com a justificação de direitos prevista nos artigos 117º-A e seguintes do Código do Registo Predial e nos 89º e seguintes do Código do Notariado. Aqui, em Registo Civil, a expressão é utilizada numa aceção de *reparação* e sobretudo com o sentido de procedimento para *refazer* a realidade, ou seja, corrigir as deficiências de que enfermem os registos, suprir omissões de assentos, retificar erros e verificar invalidades, em suma, a sanar irregularidades de actos de registo, bem como a completar os que tenham faltado, tudo isto de modo a "restabelecer a exatidão" do sistema registral.

Quanto aos processos especiais são de muito diversa índole, pois vão desde a alteração de nome à dispensa de impedimentos matrimoniais, ao divórcio, em suma, são todos diferentes e cada um segue uma tramitação própria, como veremos no capítulo seguinte.

1. Porém, todos os processos privativos do registo civil obedecem a determinadas regras comuns que vamos sintetizar. Assim:

- São instaurados, instruídos e informados *na conservatória* e a sua decisão cabe, em princípio, ao conservador e só excecionalmente no processo de justificação judicial ou em instância de recurso, ao juiz de direito.
- É o conservador que preside à instrução dos processos e nomeia o oficial que neles serve de secretário. Nestes processos é dispensada a constituição de advogado, salvo em instância de recurso.
- Tanto podem ser instaurados pelos interessados, obedecendo ao princípio da instância, como oficiosamente pelo conservador ou pelo Ministério Público (artº 229º). Em caso de oficiosidade o conservador deve elaborar um "auto de notícia" (previsto nos artºs 234º/1 e 241º/3) e, na sua sequência, organizar o processo.
- Têm legitimidade para intervir aqueles a quem o registo diz respeito e os seus herdeiros, assim como os declarantes, o Ministério Público e todos os que tiverem interesse directo no pedido ou na sua oposição (artº 223º).
- O pedido, ou a oposição ao mesmo, pode *em geral*[175] ser formulado verbalmente – caso em que deve ser reduzido a auto – e sem ser articulado, nele se indicando os seus fundamentos, as providências requeridas, os documentos juntos e as testemunhas oferecidas[176]. Deve ainda ser escolhido o domicílio do requerente (ou oponente)

[175] Pela redação do artº 224º/2 parece que esta faculdade se aplica a todos os processos e essa é a opinião dos Autores que temos citado e que comentaram o Código. Não é, todavia, a nossa, atento o disposto no artº 271º que, relativamente ao processo de divórcio ou de separação de pessoas e bens, *exige* que o respetivo requerimento seja "assinado pelos cônjuges ou seus procuradores", o que é incompatível com o pedido verbal reduzido a auto.

[176] O artº 224º/1 diz que a assinatura do interessado deve ser "reconhecida nos termos legais". No entanto, o Dec-Lei nº 250/96, de 24 de dezembro, *aboliu* os reconhecimentos notariais de letra e assinatura, ou só de assinatura, feitos por semelhança e o Dec-Lei nº 135/99, de 22 de Abril, no artº 31º/2 considerou substituídos tais reconhecimentos "pela indicação, feita pelo signatário, do número, data e entidade emitente do respetivo bilhete de identidade ou documento equivalente".

na área da conservatória para efeito das notificações que se mostrem necessárias.

- As citações, notificações e outros atos não especialmente regulados são efetuados nos termos do Código de Processo Civil (aplicável, subsidiariamente: artº 231º).
- É admitida a prova testemunhal, que deve sempre ser reduzida a escrito (artº 226º) e o conservador pode também efetuar diversas diligências (artº 227º), tais como solicitar documentos e informações que entenda pertinentes para o apuramento dos factos.

§ 2º Processos comuns

Os processos comuns, como se disse, são designados em Registo Civil como "processos de justificação" e destinam-se a corrigir deficiências de que enfermem os registos, suprir omissões de assentos, a retificar erros e a verificar invalidades, em suma, a sanar irregularidades de atos de registo, bem como a completar o que tenha faltado, tudo isto de modo a "repor a verdade" do sistema registral, o que constitui um objetivo essencial, visto que, como temos acentuado (e não será demais reitera-lo) o Registo Civil é – e tem de ser – *um registo de certezas*. Por isso, em Registo Civil, o *princípio da verdade* (da verdade substantiva, entenda-se) deve sempre antepor-se como regra básica e diretriz que oriente o conservador para a que a "verdade tabular" lhe venha a corresponder.

1. Dentro destes processos, aquele que se diria "habitual" é o da *justificação administrativa* – cuja decisão cabe ao conservador –, visto que o Código vigente tornou o da justificação judicial (cuja decisão cabe ao juiz) verdadeiramente excecional[177], apenas aplicável às situações em que há dúvidas *acerca da identidade das pessoas* a que registo respeita (artº 94º) ou quando se trata de *certos óbitos* ocorridos em acidente ou em naufrágio (art.os 207º e 208º).

Por isso, trataremos em primeiro lugar da justificação administrativa, que é, presentemente, o processo usual. Não o foi nos códigos anteriores, mormente no que, na sequência do Código Civil, foi aprovado pelo Dec-

[177] FILOMENA MOCICA e MARIA DE LURDES SERRANO, no citado *Código do Registo Civil, Anotado*, a propósito deste processo observam justamente que "a alteração introduzida visou *reduzir ao mínimo* as situações de recurso a este tipo de processo" (*vide:* p.. 325, mas itálico nosso). Com efeito, tornou-se um «processo residual» que quase nunca é utilizado.

-Lei nº 47678 de 5 de maio de 1967 (alterado em 1974 pelo Dec-Lei 419/74 de 7 de setembro que deu nova redação às disposições sobre os processos de justificação) e no de 1978, aprovado pelo Dec-Lei nº 51/78, de 30 de março, que antecedeu o atual. À luz destes diplomas o «processo-base» era o de justificação *judicial,* aplicável designadamente em caso de omissão do registo ou da sua reconstituição e de declaração da sua inexistência jurídica ou nulidade[178].

À face do disposto no atual artº 241º/1, ao "suprimento da omissão de registo, bem como à declaração da sua inexistência jurídica ou da sua nulidade, é aplicável o processo de justificação administrativa". Ou seja: mesmo nestes casos mais graves – omissão de um registo ou declaração da sua inexistência – deixou de se aplicar o processo de justificação judicial.

§ 3º Processo de justificação administrativa

O processo de justificação administrativa ou é instaurado com base em auto de notícia lavrado pelo conservador ou em requerimento do interessado (artº241º/3). No primeiro caso só é feita a prova que o conservador entenda ser necessária (artº 242º/1) e no outro a instrução é feita com base nos documentos apresentados e nos demais elementos de prova oferecidos (artº 242º/2).

As pessoas a quem o registo respeita também só são ouvidas quando tal se mostre necessário (artº 242º/3) ou no caso se tratar de declaração de inexistência jurídica ou de nulidade do registo (artº 242º/4 e 235º/1).

Finda a instrução, o conservador emite um despacho – que deve fundamentar quanto à matéria de facto e de direito –, no qual conclui determinando ou recusando a pretensão e, sendo o caso, declarando a inexistência jurídica ou a nulidade do registo. No entanto, se concluir que há "impossibilidade legal de sanar, por via administrativa, a irregularidade, mas esta for de natureza a dever ser oficiosamente sanada, incumbe-lhe dar início ao competente processo de justificação judicial" (artº 244º),

[178] É elucidativo o disposto no artº 299º/1 do Código anterior que dizia"1 –" O suprimento da omissão do registo ou a sua reconstituição avulsa, bem como a declaração da sua inexistência jurídica ou nulidade, deve ser requerido mediante processo de justificação, instaurado na conservatória detentora desse registo ou competente para o lavrar e julgado a final pelo juiz de direito da comarca" .Por seu turno, o nº 2 confirmava que este processo de justificação "é igualmente aplicável à rectificação das inexactidões, deficiências ou irregularidades do registo insanáveis por via administrativa, mas que o não tornem juridicamente inexistente ou nulo".

Como, em geral, a instrução é muito simples e até pode ser dispensada a audição das pessoas, muitos dos processos de justificação administrativa apenas contêm, além do requerimento ou auto inicial, a decisão do conservador.

§ 4º Processo de justificação judicial

1. O processo de justificação judicial é um pouco mais complexo, mas sem formalismos inúteis. Ele é autuado, instruído e informado na conservatória e julgado no tribunal de 1ª instância da área a que pertence a conservatória.

Quando recebido o processo, se as pessoas a quem o registo diz respeito (ou seus herdeiros) não forem os requerentes, o conservador manda citá-los para, no prazo de 8 dias, deduzirem oposição.

Determina ainda que sejam afixados editais em que se identifiquem os requerentes, os requeridos e o objeto da petição e nos quais se convidam "os interessados incertos a deduzirem oposição no prazo de 15 dias a contar da data da afixação". São afixados pelo prazo de 15 dias à porta da conservatória onde corre o processo e também da conservatória da área da última residência das pessoas a quem o registo diz respeito.

No tocante à publicação dos anúncios atinentes à citação edital é da responsabilidade dos requerentes, mas são habitualmente considerados dispensáveis.

O processo é instruído com base na prova oferecida, incluindo a audição das testemunhas. Finda a instrução o conservador profere, no prazo de cinco dias, uma informação sobre a pretensão em que deve "mencionar a forma e os termos precisos em que entende dever ser lavrado o registo" (artº 232º/2) e determina que o processo seja remetido a juízo.

Uma vez recebido em juízo, o processo vai com vista ao Ministério Público, e depois ao juiz que, no prazo de 10 dias a contar da conclusão, deve proferir a sentença. Desta cabe recurso, com efeito suspensivo, para a Relação. Proferida a decisão final e transitada em julgado, o processo é devolvido à conservatória à qual incumbe cumprir a decisão. Do acórdão da Relação não cabe recurso para o Supremo Tribunal de Justiça, sem prejuízo dos casos em que o recurso é sempre admissível (artº 240º/3).

Capítulo XX
Processos Especiais

Os processos especiais que Código apresenta em primeiro lugar são o "Processo de impedimento do casamento" e o "Processo de dispensa de impedimentos". Como se vê estas duas designações são bastante semelhantes – ambas se referem a processos relativos a impedimentos do casamento – pelo que até podem inculcar a ideia que se trata de uma inútil duplicação. Mas não é assim.

Qual é então a diferença?

É esta: no primeiro caso, o *processo de impedimento do casamento* aplica-se quando ocorre uma *denúncia*. Ou seja: um declarante – que é «terceiro» em relação ao casamento – dirige-se à conservatória e «acusa» os nubentes de quererem casar, embora exista um impedimento ao casamento. Tal participação pode ser feita verbalmente e reduzida a auto e o denunciante é livre de oferecer testemunhas e de apresentar um ou mais documentos autênticos ou autenticados comprovativos da existência do alegado impedimento.

No caso do outro processo são os próprios nubentes que, *reconhecendo* que há um impedimento ao casamento, *voluntariamente instauram* um procedimento com vista a *obterem a dispensa* desse impedimento.

§ 1º Processo de impedimento do casamento

O *Processo de impedimento do casamento,* como resulta do que se disse, apresenta um cariz litigioso, em que o *participante* tem uma posição adversa à realização do casamento, pelo que, em primeiro lugar, impõe-se que os nubentes sejam ouvidos. Por isso, o artº 247º manda que, dentro de cinco dias a contar da data da declaração, sejam citados para, no prazo de 20 dias, impugnarem o impedimento declarado – entregando-se-lhes cópia da declaração ou do auto –, sob a cominação de se ter por confessado.

Mesmo antes de ser julgada improcedente ou sem efeito, a própria declaração do impedimento tem a consequência de obstar à celebração do casamento e à passagem do certificado: art. 245º/3. O nº 1 desta disposição legal, exige que a declaração conste de documento autêntico ou autenticado ou, se feita verbalmente na conservatória, como se referiu, tem de ser reduzida a auto. Por seu turno, o nº 2 determina que contenha a identificação do declarante, a natureza do impedimento, a espécie e o número dos documentos juntos e a identificação das testemunhas oferecidas. Se o declarante não apresentar logo a prova, tem o prazo de cinco dias para o fazer, "sob pena de a declaração ficar sem efeito" (artº 246º/1). Mas, no caso de ser declarado um o impedimento *dirimente*, o conservador tem de *oficiosamente* averiguar se a declaração é verídica (artº 246º/2).

Depois da citação (a que aludimos) os nubentes podem tomar uma de duas atitudes:

1) não impugnarem a declaração do impedimento, que tem o efeito cominatório de confessarem a existência do mesmo;
2) impugnarem a declaração, caso em que, no prazo de dois dias, o processo é remetido ao juiz da comarca para decisão. Nesta hipótese, se os autos contiverem prova bastante para haver logo a decisão, o juiz profere a sentença no prazo de dois dias.

Todavia, não havendo tal prova, o juiz manda que o processo baixe à conservatória a fim de "serem inquiridas as testemunhas e produzidas as restantes provas oferecidas pelas partes". Concluída a instrução – podendo os interessados apresentar alegações escritas até os autos serem conclusos para julgamento –, o processo é novamente remetido ao juiz para decisão final no mesmo prazo de dois dias. Da sentença proferida podem os interessados interpor recurso para o Tribunal da Relação.

O resultado não é inócuo nem para os nubentes, nem para o declarante. Se o impedimento for procedente o processo de casamento é arquivado. Contudo, se o declarante decair é condenado no pagamento da taxa de justiça e, além disso, se "dolosamente declarar impedimento sem fundamento responde pelos danos causados e fica sujeito à pena do crime de falsas declarações" (artº 252º/2).

§ 2º Processo de dispensa de impedimentos

Como se indicou, este processo só é adequadamente utilizado quando os nubentes reconhecem que existe um impedimento e solicitam, em qualquer conservatória do registo civil, a concessão da respetiva *dispensa*, pois pressupõem que existe *um fundamento bastante* para a justificar.

Assim, devem formular uma petição, dirigida ao conservador, na qual expõem os motivos que consideram pertinentes para o deferimento da sua pretensão.

Esses motivos devem ter um caracter quanto possível objetivo e alicerçado na lei. Figuremos um exemplo simples. Tio e sobrinha querem casar e pedem a dispensa do impedimento, justificando o pedido com a mera alegação de que gostam um do outro. É evidente que esta justificação não constitui uma razão e explicação suficiente para afastar aquele impedimento. Todavia, se alegarem que vivem em "união de facto" há anos e que até têm um filho seu, não haverá conservador algum que negue a dispensa. Aliás, se o fizesse, podiam os nubentes interpor recurso para o juiz da comarca (artº 254º/4).

O processo é instruído atenta a prova oferecida, finda a qual o conservador – cuja decisão é da sua exclusiva competência (artº 254º/3) -"profere decisão fundamentada, de facto e de direito, sobre a concessão ou denegação da dispensa". Trata-se, pois, de um processo com uma tramitação simples, em que o único aspeto delicado é a apreciação da suficiência dos motivos invocados pelos nubentes.

§ 3º Processo de suprimento de autorização para casamento de menores

O menor que pretenda casar e não tiver obtido o consentimento dos pais ou do tutor pode pedir o suprimento desse consentimento instaurando o processo previsto nos artºs 256º e s. Na petição invoca as suas razões e junta os documentos que considere pertinentes.

Autuada a petição e os documentos o conservador manda citar os pais ou o tutor para, se pronunciarem, no prazo de oito dias. Quando o pedido respeitar apenas a um dos pais, o que tiver dado o consentimento deve ser ouvido em auto sempre que possível (artº 256º).

Concluída a fase instrutória compete ao conservador proferir a decisão. A lei contém a indicação do critério que deve fundamentar a decisão favorável: se o conservador verificar que o menor tem suficiente maturidade física e psíquica[179] e que há razões ponderosas que justifiquem a celebração do casamento, deve suprir a autorização necessária. Na hipótese inversa, devê-la-á denegar.

§ 4º Processo de sanação da anulabilidade do casamento por falta de testemunhas

Estamos recordados que, em especial no caso do casamento civil urgente, a lei exige a "declaração expressa do consentimento de cada um dos nubentes *perante quatro testemunhas* (...)" (al. b) do artº 156º). Por seu turno, o C.C. no artº 1631º, c), considera anulável o casamento celebrado sem a presença das testemunhas, quando exigida por lei. Contudo, a ação de anulação por falta de testemunhas só pode ser proposta pelo Ministério Público (artº 1642º).

Todavia, como notam PIES DE LIMA e ANTUNES VARELA, a falta de alguma das quatro testemunhas "impede a homologação do casamento e a sanção correspondente à recusa da homologação é a inexistência jurídica do acto (artº1628º, al. b))" [180]..

De modo que o processo que intente sanar esse vício tem uma manifesta importância e a lei, mormente nos códigos anteriores, rodeava de especial cuidado a sanação da invalidade, nomeadamente exigindo que fosse "requerida, pelos interessados, em petição dirigida ao Ministro da Justiça, por intermédio da conservatória detentora do respetivo assento". É claro que a matéria da validade do casamento tem natureza eminentemente *privada*, pelo que a decisão ministerial (e a política governativa) não fazem, a este respeito, qualquer sentido. Mas foi só em 2007, pelo já citado Dec-Lei nº 324/2007, que essa decisão passou para o conservador.

1. "No processo de sanação – como bem observa ÁLVARO SAMPAIO[181] – o que está em causa é salvar o próprio casamento (o acto) prevenindo a

[179] A lei não o exige, mas essa maturidade pode ser confirmada por testemunhas, declaração médica ou de psicólogo, como é também a opinião de ÁLVARO SAMPAIO (Cf: *op. cit.* p. 462).

[180] Cf: cit. *Código Civil Anotado*, vol. IV, 1975, p. 142.

[181] Cf: *op. cit.* p. 392. O Autor também adverte para uma situação diversa. *Não terem faltado* as testemunhas, mas apenas, por lapso, não foram mencionadas no assento. Neste caso, apenas haverá que completar o assento.

acção de anulação que, *no prazo de um ano*, o Ministério Público tem legitimidade para requerer (art.s 1631º,c) e 1646º do C.C.).

O artº 258º/1 diz que a sanação "pode ser requerida pelos interessados em qualquer conservatória do registo civil". Esta expressão "interessados" inculca a ideia de que qualquer pessoa que tiver interesse, mesmo indireto, em suprir a anulabilidade teria legitimidade para intentar o processo. Não é a nossa opinião. O casamento é um acto pessoal (pessoalíssimo) que só aos cônjuges diz respeito e a sua validade é a eles – e ao Ministério Público *ex vi* do disposto no artº 1642º do C.C. – que diretamente importa. Por isso, são eles os "interessados" que aquele artº 258º/1 intenta referir.

2. Na petição os cônjuges requerentes devem justificar o que requerem e indicar as provas de que disponham.

O nª 3 do artº 258º impõe que seja é imediata e oficiosamente consultada a base de dados do registo civil e nela integrado "o documento que se mostre necessário" de forma a comprovar o assento de casamento dos interessados.

O conservador, pode ordenar quaisquer diligências que se mostrem necessárias à devida instrução do processo. Finda esta, profere a decisão, que é da sua exclusiva competência.

§ 5º Processo de suprimento da certidão de registo

É a partir do artº 266º que o Código regula este processo. Antes dele, estava previsto, desde o artº 261º ao 265º, o "processo de verificação de capacidade matrimonial de estrangeiros". Contudo, o já citado Dec-Lei nº 324/2007 revogou estas disposições. Não vemos que vantagem possa ter conduzido o legislador a essa revogação, uma vez que inexistindo documento idóneo comprovativo da capacidade matrimonial do estrangeiro, aquele processo permitia averiguá-la com bastante fidedignidade[182]. Parece-nos, pois, que aquela revogação constituiu um retrocesso.

1. O processo de suprimento da certidão de registo destina-se a obter um "certificado de notoriedade" para efeito de «substituir» a certidão do registo de nascimento quando o nubente não tem possibilidade de a obter

[182] A atual *mera declaração* feita pelo nubente de que à face da sua lei pessoal, não existem impedimentos, parece-me ser manifestamente insuficiente.

atempadamente. Isso pode acontecer por se encontrar pendente a reconstituição de um registo extraviado, por ter sido lavrado no estrangeiro e não ser viável consegui-la em tempo, em suma, por um motivo verosímil e atendível

Na petição o requerente, além de justificar a aludida impossibilidade e a premência, do casamento, deve especificar o dia e lugar do seu nascimento, a repartição em que foi lavrado o registo e os elementos constantes do assento (artº 267ª).

Depois de ter sido apresentada a petição e de concluídas as diligências necessárias à instrução do processo, o conservador profere a decisão, que é da sua única competência, no sentido de deferir ou negar a passagem do certificado de notoriedade.

§ 6º Processo de divórcio e de separação de pessoas e bens por mútuo consentimento

Foi o Código atual que atribuiu aos conservadores do registo civil a competência para decidir a temática relativa ao divórcio e à separação de pessoas e bens por mútuo consentimento. O competente processo, como explica o preâmbulo do Dec-Lei nº 131/95, de 6 de junho, que aprovou o Código, "passa a poder correr os seus termos na conservatória do registo civil, sendo decidido, a final, pelo respectivo conservador". Pouco depois o Dec-Lei nº 163/95, de 13 de julho, que alterou o Código Civil, reafirmou no preâmbulo que "se atribui ao conservador do registo civil competência para, paralelamente aos tribunais, decretar o divórcio e a separação de pessoas e bens por mútuo consentimento".

Como diz Álvaro Sampaio, "a inclusão deste processo nos processos privativos do registo civil, constitui, sem dúvida, a mais ousada das opções do novo código". E prossegue: "e ainda bem que foi tomada"[183]. De facto, acrescentamos, a opção foi vantajosa e a própria experiência tem demonstrado que os cônjuges se sentem bem mais à vontade nas conservatórias do que nos tribunais e também obtêm uma mais rápida decisão destes processos.

1. O processo, cuja decisão cabe ao conservador, inicia-se com o requerimento-petição, apresentado em qualquer conservatória do registo civil, e

[183] Cf: *op. cit. p.*469.

deve ser assinado pelos cônjuges ou pelos seus procuradores. Tem-se entendido – e parece que bem – que os cônjuges podem ser, ambos, representados *pelo mesmo* procurador, visto inexistir entre eles uma situação litigiosa que impeça essa representação conjunta.

O pedido tem de ser instruído com uma série de documentos que o artº 272º indica:

a) Relação especificada dos bens comuns, com indicação dos seus valores. No caso dos cônjuges optarem por proceder à partilha daqueles bens, o acordo sobre a mesma ou o pedido da sua elaboração;
b) Certidão da sentença judicial que tiver regulado o exercício das responsabilidades parentais ou acordo sobre o exercício destas se existam filhos menores e não tiver havido regulação judicial;
c) Acordo sobre a prestação de alimentos ao cônjuge que deles careça;
d) Se tiver sido celebrada escritura de convenção antenupcial, certidão da mesma;
e) Acordo sobre o destino da casa de morada da família.

O nº 4 deste artigo 272º contém um esclarecimento importante: "caso outra coisa não resulte dos documentos apresentados, entende-se que os acordos se destinam tanto ao período da pendência do processo como ao período posterior".

É também facilitado aos cônjuges que, fornecendo os elementos devidos, façam o pedido de o conservador ou os oficiais de registo elaborarem os documentos acima indicados nas alíneas a), b) segundo segmento, c) e e).

Logo que recebido o pedido, deve a conservatória consultar oficiosamente a base de dados do registo civil, sendo nela integrados os documentos necessários, designadamente o assento de casamento dos requerentes, bem como a convenção antenupcial que tenha sido celebrada perante o conservador, exceto se o regime de bens constar do assento de casamento.

O nº 5 do artº 272º manda aplicar os artigos 1420º a 1423º e 1424º do Código de Processo Civil, que no Código atual correspondem aos artigos 995º a 999º. Estes primeiros três respeitam à conferência a que se refere o artigo 1776º do Código Civil, o 998º à renovação da instância e o 999º à irrecorribilidade do convite à alteração dos acordos acima indicados.

Nos termos do disposto no artº 1776º do C,C, depois de recebido o requerimento-petição, o conservador deve convocar os cônjuges para *uma conferência* e verificar se estão cumpridos os pressupostos legais, apreciando os acordos supra referidos. Se entender que esses acordos não acautelam suficientemente os interesses de algum deles ou dos filhos, convida os cônjuges a alterá-los. Para esse efeito pode determinar para a prática de actos e a produção da prova que considere necessária. Verificando-se que novos acordos apresentados (ou os anteriores) acautelam suficientemente os interesses dos cônjuges e dos filhos, o conservador, em seguida, decreta o divórcio, procedendo-se ao correspondente registo.

No caso de os novos acordos (e os anteriores) não acautelarem os aludidos interesses, o requerimento de divórcio é remetido para tribunal e é nessa sede que se irá proceder à instrução e decisão do processo (artº 1778º-A do C.C.).

2. O Decreto-Lei nº 324/2007, de 28 de setembro aditou os artigos 272º-A, 272º-B e272º-C, referentes à "partilha do património conjugal", permitindo, assim, que na sequência do processo de separação de pessoas e bens ou de divórcio por mútuo consentimento, ou posteriormente a qualquer processo de divórcio, fosse feita na conservatória a indicada partilha do património conjugal.

No entanto, para que isso seja praticável, a lei impõe uma série de condições, designadamente:

- Que os requerentes instruam o pedido do "acordo de partilha" ou com a solicitação de que ele seja elaborado na conservatória;
- Tratando-se de imóveis, móveis ou participações sociais sujeitas a registo, que não existam dúvidas quanto à identidade dos mesmos;
- Que seja comprovada a titularidade dos bens.

3. A lei, entre outros, presta os seguintes esclarecimentos:

- Juntamente com a partilha pode ser celebrado um contrato de mútuo ou outros negócios jurídicos, especialmente de financiamento, com as respetivas garantias, outorgados por instituições de crédito.
- O acordo de partilha pode ser homologado pela decisão que decreta o divórcio.
- A recusa de titulação da partilha não obsta a que prossiga o processo de divórcio ou de separação de pessoas e bens por mútuo consentimento.

- No prosseguimento da partilha a conservatória efetua os seguintes actos:
  a) Elabora um documento que titula a partilha, procedendo à sua leitura e explicação do conteúdo, o que é possível ser dispensado a pedido dos interessados; Este documento pode ser substituído por um elaborado pelos próprios que é integrado em suporte informático.
  b) Promove a liquidação e o pagamento dos impostos devidos relativos à partilha, conforme declaração dos contribuintes;
  c) Cobra os emolumentos e demais encargos;
  d) Promove o registo obrigatório e imediato da transmissão dos bens imóveis, ou móveis ou participações sociais que tenham sido partilhados e estejam sujeitos a registo;
  e) Entrega ao requerente uma certidão gratuita do documento que titula a partilha, bem como dos registos efetuados e dos comprovativos dos pagamentos fiscais, dos emolumentos e dos demais encargos.

4. Como se disse a propósito dos procedimentos simplificados de sucessão hereditária, o artº 272º-C, determina que à "partilha do património conjugal" sejam aplicáveis, com as necessárias adaptações, as disposições respeitantes à sucessão hereditária.

Em qualquer dos casos, a situação e a solução são idênticas: é pela partilha que se põe termo à indivisão do património em causa.

§ 7º Processo de regulação das responsabilidades parentais por mútuo acordo

Foi a Lei nº 5/2017, de 2 de março que criou o processo destinado a estabelecer o regime de regulação das responsabilidades parentais por mútuo acordo junto das conservatórias do registo civil, pelo que também alterou o Código Civil e aditou ao Código do Registo Civil os artigos 274º-A, 274º-B e 274º-C.

Trata-se de mais um dos processos que anteriormente apenas podiam ser judicialmente decididos, mas que o legislador, tendo em conta que não consubstanciavam um verdadeiro litígio, considerou que as conservatórias deviam ser igualmente competentes para a sua apreciação.

Por isso, como bem se concluiu no Acórdão da Relação de Lisboa de 10 de outubro de 2019 (Cristina Neves) " A Lei 5/2017, alterando o artº 1909 do C.C., veio apenas introduzir a possibilidade dos progenitores não casados (....) de poderem requerer junto de qualquer conservatória de registo civil, a homologação do acordo de regulação de responsabilidades parentais (ou sua alteração), até então só possível para os progenitores casados e em processo de divórcio ou separação de pessoas e bens". Mas "tal não significa a exclusão de competência dos Tribunais Judiciais (...), sendo opção dos requerentes o recurso aos Tribunais ou às Conservatórias"[184]

1. O processo inicia-se pelo requerimento assinado pelos progenitores ou por seus procuradores, acompanhado do acordo sobre o exercício das responsabilidades parentais e sobre alimentos (artº. 274º-A/2).

Quando recebido o pedido, o conservador aprecia-o e, se verifica que o acordo não acautela os interesses dos filhos, convida os progenitores a alterá-lo. Para essa apreciação pode ordenar a produção da prova que considere necessária. Finda esta fase, o processo é enviado ao Ministério Público junto do competente tribunal judicial de 1ª instância na circunscrição da residência do menor, para que se pronuncie no prazo de 30 dias. Se não se opuser, emite parecer e reenvia o processo ao conservador para homologação.

No entanto, se entender que os menores não ficam devidamente protegidos, pode propor aos progenitores que alterem o acordo. Sendo apresentado novo acordo, é dada nova vista ao Ministério Público e, com o seu parecer o processo é remetido ao conservador para o mesmo fim.

O artº. 274º-A/6 explicita que "as decisões de homologação proferidas pelo conservador do registo civil produzem os mesmos efeitos das sentenças judiciais sobre idêntica matéria".

2. Caso os requerentes não concordem com as alterações propostas pelo Ministério Público e mantenham o acordo inicialmente apresentado, o processo é remetido a tribunal (artº 274º-C).

O Ministério Público deve ouvir o menor e reunir os dados que permitam assegurar "o superior interesse da criança, aplicando-se, com as

[184] Consultável diretamente em http://www.dgsi.pt/jtrl.nsf/33182fc732316039802565fa00497eec/e1814ec2f0abe2e280258497003e07f6?OpenDocument

necessárias adaptações, o disposto nos artigos 4º e 5º do Regime Geral do Processo Tutelar Cível".

Se os acordos não salvaguardarem suficientemente o bem do menor, o conservador deve recusar a homologação, sendo o processo remetido ao tribunal competente.

O juiz analisa os acordos apresentados e, se não acautelarem os interesses dos menores, convida os progenitores a alterá-los, podendo também ordenar a prática de atos e a produção da prova que considere necessária. "Os termos da regulação das responsabilidades parentais são decretados em seguida" (artº 274º-C/4).

§ 8º Processo de alteração do nome

Numa observação preliminar temos de recordar que o *direito ao nome* um direito da personalidade consagrado no artº 72º do Código Civil, cujo nº 1 diz que " toda a pessoa tem direito a usar o seu nome, completo ou abreviado, e a opor-se a que outrem o use ilicitamente para sua identificação ou outros fins". É ainda um dos *direitos fundamentais* compreendido na «identidade pessoal» reconhecida no artº 26º/1 da Constituição, como melhor veremos na Parte II.

Posto isto, temos de admitir que existem razões ponderosas que em determinados casos justificam as exceções legais que permitiam a mudança do nome constante do assento de nascimento, como vimos ao analisar o artº 104º do C.RegCiv. Esta disposição, além de no nº 2 especificar os casos concretos *que dispensam* qualquer consentimento, refere no nº 1 que "o nome fixado no assento de nascimento só pode ser modificado mediante autorização do Conservador dos Registos Centrais". Esta autorização só pode ser dada em processo que tem esse objetivo e que de seguida pormenorizaremos.

1. O processo de alteração do nome inicia-se com base num requerimento dirigido ao Conservador dos Registos Centrais, no qual o solicitante expõe a sua pretensão, indica *as razões* que a justificam e *as provas* que a confirmam. Este ponto é essencial, visto que não pode ser autorizada a mudança de nome – com todas as implicações que indubitavelmente provoca – por simples veleidade e arbítrio do requerente.

O requerimento e documentos que o acompanham, podem ser apresentados tanto na Conservatória dos Registos Centrais, como em qualquer conservatória do registo civil que, neste caso, serve de intermediária, pelo que os deve remeter de imediato à Conservatória dos Registos Centrais.

Uma vez apresentado o pedido, manda o artº 278º/3 que seja "oficiosamente consultada a base de dados do registo civil, sendo integrados na base de dados os documentos que se mostrem necessários, de forma a comprovar o assento de nascimento do interessado". E, se este for maior de 16 anos, deve também obter e juntar o seu certificado de registo criminal.

2. Após a apresentação do requerimento, segue-se a instrução e decisão sobre a pretensão do interessado. O Código não indica quaisquer critérios em que se deva basear a instrução e a decisão, referindo apenas que o Conservador dos Registos Centrais "pode ordenar as diligências que considere necessárias" (artº 279º). É claro que não há regras fixas, mas é necessário que o conservador pondere a razoabilidade dos argumentos invocados[185] com discernimento e sensatez.

O último artigo respeitante a este processo (artº 282º) indica que a decisão do Conservador dos Registos Centrais é suscetível de impugnação judicial.

Seguia-se o "processo de autorização para inscrição tardia de nascimento" que foi revogado pelo já citado Dec-Lei nº 324/2007.

[185] Um dos argumentos várias vezes invocados é o de o requerente e sua família serem conhecidos por determinado apelido *que usam* e figura em documentos, mas no assento de nascimento existe outro. Ora o requerente quer que o seu apelido coincida com aquele que usa.

TÍTULO VII
TEMAS ATINENTES À PRÁTICA REGISTRAL

Capítulo XXI
Os Meios de Prova

Ao tratar dos meios de prova dos factos registados e dos comprovativos do estado civil das pessoas, o Código, nos artºs 211º e ss. indica apenas dois modos para o poder fazer: o acesso à *base de dados* do registo civil e as *certidões*. Atento o disposto no artº 4º – " A prova dos factos sujeitos a registo só pode ser feita pelos meios previstos neste Código" – *em princípio* resulta que não é admissível fazer essa prova *diretamente* por qualquer outra forma, como por ex. por um certificado notarial, ainda que seja lícito fazê-la *indiretamente*, como por ex. através de uma fotocópia notarial autenticada de uma certidão originária do registo civil.

Dissemos em princípio porque, além dos mencionados documentos previstos no Código, há outros que foram criados por legislação avulsa e também fazem prova plena da identidade da pessoa, como o "bilhete de identidade" e, posteriormente, o "cartão de cidadão".

Capítulo XXII
Certidões

O meio comum de prova do conteúdo dos assento e dos averbamentos e, portanto, de *identificação* da pessoa e da sua situação jurídica, é o proporcionado pelas certidões.

1. As certidões podem ser de *cópia integral,* se reproduzem totalmente o texto, ou *de narrativa,* se o fazem apenas em parte[186]. Podem ser passadas por meios informáticos, por impressão ou por fotocópia que, se destinadas ao estrangeiro, só se forem de assentos dactilografados.

É possível que a informação constante das certidões seja providenciada em sítio da Internet, como admite o artº 211º/2, exceção feita ao caso de segredo de identidade no processo de adoção, e às limitações derivadas da confidencialidade em determinados assentos de nascimento, como no caso de mudança de sexo e outros que já foram referidos.

Igual motivo de reserva existe quanto aos assentos "que contenham menções discriminatórias de filiação", situação em que as certidões devem ser, seja qual for a espécie e o fim a que se destinem, emitidas quanto possível por meios informáticos, mas com *eliminação* das referidas menções, "excerto se o registado, quem o representar, ou um seu ascendente ou descendente requererem por escrito certidão por fotocópia do respetivo assento" (artº 212º/4).

186 A reprodução parcial não pode, todavia, induzir em erro ou confusão. Em tal hipótese, tem sempre de ser completada com os elementos que afastem essa possibilidade de equívoco.

No caso de registos considerados secretos as certidões são sempre de cópia integral e enviadas por via eletrónica. Esta mesma via deve ser utilizada nas destinadas ao estrangeiro.

2. A Portaria nº 145/2010 de 10 de março de 2010 criou a "certidão permanente de registo civil" e regulamentou as condições quanto ao respetivo pedido de acesso. Como diz o preâmbulo, "passará a estar acessível e disponível, através da Internet, a informação permanentemente actualizada do assento de nascimento, em www.civilonline.mj.pt, evitando-se a necessidade de obter essa certidão através da deslocação à conservatória competente(...)". Esta Portaria foi, contudo, *revogada* pela Portaria nº 181/2017, de 31 de maio, que criou a certidão *online* de registo civil e cujo artigo 1º explica que se designa por "certidão online de registo civil a disponibilização do acesso à informação, em suporte eletrónico, das menções e averbamentos constantes dos registos de nascimento, casamento, óbito, declaração de maternidade e perfilhação, acessível nos termos e nas condições legalmente aplicáveis".

3. A requisição de certidões é, em princípio, *livre*, o que quer dizer que qualquer pessoa tem legitimidade para as requerer e que não carece de indicar o motivo pelo qual as solicita (artº 214º/1). Dizemos, porém, «em princípio», porque casos há que em não existe essa facilidade[187]. São eles:

a) Dos assentos de nascimento de *filhos adotivos*, que só podem ser passadas de cópia integral, a pedido do próprio ou de parentes em linha reta, nos termos do disposto no artº 214º/2;
b) No caso de mudança de sexo também devem ser passadas de cópia integral e apenas a pedido do próprio ou dos seus herdeiros e das autoridades judiciais ou policiais para efeitos de investigação ou instrução criminal.
c) Na pendência do processo de adoção, desde que tenha sido "recebida na conservatória a comunicação relativa à confiança judicial ou administrativa do menor", as certidões do assento de nascimento

[187] Álvaro Sampaio refere vários pareceres do IRN e do Conselho Consultivo sobre certidões (entre outros, os dos Pºs CC 14/99, CC, 56/2014- SJC-CT; CC 38/2013, SJC-CT e 59/2016, SJC-CT) que se referem às circunstâncias em que podem ser emitidas. (cf: *op. cit.* pp. 429 e ss.)

deste devem respeitar o disposto no artigo 1985º do Código Civil quanto ao segredo que a disposição prevê.

d) No caso de perfilhação cujo assento seja considerado secreto "só pode ser passada certidão para efeito de instrução do processo preliminar de casamento ou de acção de alimentos, nas condições previstas na lei civil" (artº 214º/5).

Estas exceções não são aplicáveis às autoridades judiciais ou policiais e ao IRN, I. P., que, salvo no referido caso de mudança de sexo, podem irrestritamente requerer certidões de quaisquer registos ou documentos.

4. No tocante à requisição das certidões, é facultado que sejam pedidas verbalmente em qualquer conservatória do registo civil, bem como pelo correio ou eletronicamente e também são entregues por estas duas vias ou na própria conservatória.

A lei não fixou prazo para a emissão das certidões, dizendo apenas que "são emitidas imediatamente após a receção da requisição", o que tem de ser entendido em termos hábeis, visto que se a requisição da certidão chegou a hora tardia (eventualmente até mesmo na hora ou após a hora do fecho da conservatória) é evidente que só no dia seguinte poderá ser passada.

Uma boa alteração da legislação anterior consistiu na inclusão dos nºs 5 6 e 7 do artº 215º, tendo o nº 5 vindo dizer que "de cada assento deve ser imediatamente entregue certidão gratuita ao interessado no registo", o nº 6 dando idêntica facilidade (com ligeiras alterações) no caso de assentos lavrados pelos agentes diplomáticos e consulares portugueses e quanto ao nº 7 determinando que no caso do assento de óbito e do depósito do certificado de morte fetal são sempre emitidas certidões gratuitas, as quais *servem de guia de enterramento.*

5. As certidões devem ser passadas por fotocópia ou de harmonia com o modelo aprovado e, nelas, além de ser aposto o nome do conservador ou do oficial do registo civil – exceto se destinadas ao estrangeiro, que devem ser assinadas[188] –, tem também de ser colocado o selo branco ou outra forma de autenticação legalmente prevista.

[188] Álvaro Sampaio cita o Parecer do Conselho Técnico de 28/3/2008 no Pº C.C. 12/2008 SJC-CT, que, alude a convenções internacionais ratificadas por Portugal em que se exige a

Existem as restrições quanto a certidões que não podem ser passadas por fotocópia (por ex. a do artº 115º/3 quando a maternidade não está estabelecida ou do artº 214º/4 quando contenham menções discriminatórias da filiação), como na altura se referiu[189].

6. Quanto às certidões de documentos arquivados na conservatória, a regra é a de que podem ser passadas. Todavia, excetuam-se os seguintes casos:

a) Quando respeitem a assento que deva considerar-se secreto.
b) Se forem dos livros de extratos, caso em só podem ser passadas na hipótese de extravio ou destruição dos originais.
c) Tratando-se de certificado médico de óbito, só podem ser passadas a quem demonstre ter interesse legítimo e fundamentado.
d) Se respeitarem a um registo cancelado, apenas mediante autorização conservador em face de requerimento do interessado, escrito e fundamentado.
e) Referindo-se um a registo cancelado por mudança de sexo entende-se que "interessado" é "apenas o próprio, os seus herdeiros e as autoridades judiciais ou policiais para efeitos de investigação ou instrução criminal".

assinatura. Por isso, esta é aconselhável em todas as certidões destinadas ao estrangeiro" (Cf. op. cit. 5ª ed. p. 433).

[189] Também ÁLVARO SAMPAIO refere estes casos e alude ainda às de modelo internacional do CIEC (Comissão Internacional do Estado Civil) (*Vide:* op. cit. 5ª ed. p. 433).

Capítulo XXIII
As Bases de Dados

O artº 2º do Dec-Lei nº 324/2007, de 28 de setembro, aditou ao Código os artigos 220º-A, 220º-B, 220º-C, 220º-D, 220º-E, e 220º-F, que instituíram e regulam as bases de dados do registo civil.

1. As bases de dados, como diz o artº 220º-A/1, têm por fim "organizar e manter actualizada a informação respeitante à nacionalidade, ao estado civil e à capacidade dos cidadãos, nos termos e para os efeitos previstos na lei, não podendo ser utilizada para qualquer outra finalidade com aquela incompatível".

Os dados existentes nas bases do registo civil e da identificação civil estão interligados de modo que as alterações ocorridas numa delas ficam a constar direta e imediatamente da outra.

Os dados pessoais incluídos no conteúdo dos registos, processos, documentos e declarações são objeto de tratamento automatizado. A primordial responsabilidade por esse tratamento, bem como pela legalidade da sua comunicação pertence ao Presidente do IRN, incumbindo também aos conservadores zelar pela sua preservação, e controlar o acesso aos mesmos, designadamente pelos respetivos titulares.

As bases de dados devem ter as necessárias garantias de segurança, de modo a impossibilitar tanto a consulta, como a comunicação de dados por quem não estiver legalmente habilitado, como sobretudo qualquer espécie de alteração dos mesmos.

A Lei nº 67/98, de 26 de Outubro, que é a Lei da Proteção de Dados Pessoais, transpôs para a ordem jurídica portuguesa a Diretiva nº 95/46/CE, do Parlamento Europeu e do Conselho, de 24 de Outubro de 1995, relativa "à proteção das pessoas singulares no que diz respeito ao tratamento dos dados pessoais e à livre circulação desses dados". É ao Presidente do IRN incumbe dar cumprimento às medidas de segurança referidas no nº 1 do artigo 15º dessa Lei.

2. O direito à informação sobre os dados pessoais que forem recolhidos pertence a qualquer pessoa relativamente aos que lhe digam respeito. Essa pessoa tem também o direito de ser informada sobre a finalidade da recolha e ainda sobre a identidade e o endereço do responsável pela base de dados.

Para efeitos de controlo de admissibilidade da consulta, as pesquisas efetuadas pelas entidades que tenham acesso à base de dados são registadas informaticamente, pelo período mínimo de dois anos. E os responsáveis pelo tratamento dos dados pessoais e os que, no exercício das suas funções, tiverem conhecimento dos dados constantes da base "ficam obrigados a sigilo profissional, mesmo após o termo das suas funções" (artº 220º-F).

A correção de eventuais inexatidões ou omissões, bem como a atualização dos dados são realizados nos termos gerais a que já fizemos referência.

Capítulo XXIV
Os Meios de Identificação Civil

§ 1º Meios de identificação civil

Os meios de identificação civil de fácil uso e também portáteis pelo próprio sempre foram considerados necessários. Assim, logo no Código de 1911 ficou prevista a entrega aos próprios a quem o registo se refira, não apenas de certidões dos atos, como de *boletins* (artº 295º) e, além disso, o artº 310º impôs aos funcionários o dever de passar gratuitamente e "entregar aos interessados (...) boletins de registos de nascimentos, casamentos e óbitos, logo depois de realizados estes atos".

Posteriormente aos boletins, foi criada a *cédula pessoal* para ser entregue ao declarante imediatamente após ser lavrado o registo de nascimento, contendo os fundamentais elementos identificativos do registado, tais como o seu nome filiação, data e local do nascimento e identificação do registo.

§ 2º O Bilhete de Identidade

1. Pouco tempo depois da publicação do Código de 1911 foi ensaiado em Portugal[190] um primeiro "bilhete de identidade" (B.I.) e em Setembro de 1912 ocorreu a primeira tentativa de criação de um arquivo com os dados de identificação dos cidadãos. O então ministro do Fomento, Aurélio da Costa Ferreira, institui a *carteira de identidade* para todos os funcionários públicos dos ministérios.

[190] Falamos em Portugal, mas noutros países existiram, há mais de um século, diversos documentos de identificação. Em Espanha, por ex., desde 1800,"cartas de seguridad, cédulas de identidad y pasaportes interiores" (Cf.: https://www.dnielectronico.es/PDFs/Historia_de_los_documentos_de_identidad.pdf).

Todavia, só em 1914, foi emitido o primeiro B.I. para o Presidente Manuel de Arriaga e cinco anos depois, o Decreto-lei nº 5266, de 16 de Março de 1919 veio atualizar e tornar obrigatório o B.I. para os funcionários que fossem nomeados para determinados cargos públicos.

Ulteriormente o Decreto nº 12.202, de 21 de agosto de 1926, instituiu a obrigatoriedade do B.I. para – com raras exceções – se poder exercer qualquer função pública, que um ano depois passou a abranger todas as profissões, bem como a matrícula num liceu ou na universidade.

2. A evolução técnica e estética do B.I. foi acompanhando os «novos tempos». Assim, dito muito sumariamente, até 1957 tinha duas páginas, de pequenas dimensões, mas a partir de 1970 passou a ter apenas uma só página (em cartão) e a ser plastificado. Desde 1986 foi introduzida a obrigatoriedade de ter a fotografia do titular a cores.

Quanto aos suportes legais, o mais significativo dos tempos iniciais consistiu na publicação do Decreto nº 35.535, de 21 de fevereiro de 1944, que reformulou o Arquivo de Identificação – criado pelo Decreto nº 4.837, de 20 de setembro de 1018 – e organizou a Direção dos Serviços de Identificação, compreendendo os serviços de identificação civil e os serviços de identificação criminal. Posteriormente – referindo apenas os principais – foi publicado o Decreto-lei nº 41077, de 19 de abril de 1957 que reorganizou os serviços de identificação civil e do registo criminal e policial, "na dependência da Direcção-Geral dos Registos e do Notariado". De entre os diplomas mais importantes, destaca-se o Decreto-Lei nº 64/76, de 24 de janeiro, que aprovou o Regulamento do Centro de Identificação Civil e Criminal. No artº 1º/1 declara que "o bilhete de identidade constitui documento bastante para provar a identidade do seu titular perante quaisquer autoridades, repartições públicas ou entidades particulares".

Esta definição do B.I. mostra-se crucial para se entender a sua função como documento básico de identificação, necessário e suficiente para *comprovar a identidade* do seu titular perante qualquer pessoa ou entidade. Além disso, o artº 2º declara que "a posse do bilhete de identidade é obrigatória", especialmente para a identificação da própria pessoa, bem como para o exercício de praticamente todas as funções, obtenção de licenças, admissão em estabelecimentos escolares, declarações fiscais e outras, enfim, na realidade, para quase todas as atividades públicas.

O referido Dec-Lei nº 64/76 que, a meu ver, já regulamentava bem a função do B.I., foi revogado pela Lei nº 12/91, de 21 de maio, que também o foi pela posterior – e vigente – Lei nº 33/99, de 18 de Maio, cuja última versão ficou a constar da Lei nº 32/2017, de 1 de junho.

3. O sumário da Lei nº 33/99 (atualizada) indica que "regula a identificação civil e a emissão do bilhete de identidade de cidadão nacional".

O Capítulo I, que é dedicado à Identificação civil, diz no artº 1º/1 que "a identificação civil tem por objecto a recolha, tratamento e conservação dos dados pessoais individualizadores de cada cidadão com o fim de estabelecer a sua identidade civil".

A meu ver, e como melhor se verá na Parte II, esta definição está «invertida». Com efeito a identidade civil é primordial e *é com base nela – identidade*, cujos elementos principais constam do *registo de nascimento* –, que pode haver lugar à *identificação* e emitidos os «documentos de identificação», com as respetivas referências.

Já o nº 2 daquele artº 1º está mais claramente redigido, pois diz que "a identificação civil observa o princípio da legalidade e, bem assim, os princípios da autenticidade, veracidade, univocidade e segurança dos dados identificadores dos cidadãos".

Quanto aos artigos seguintes desta extensa Lei, por terem interesse para se compreender melhor a evolução futura, destacaremos:

- O artº 2º que no nº 1 indica que compete à Direcção-Geral dos Registos e do Notariado [atual IRN,I.P.] o tratamento dos dados de identificação civil e a emissão do bilhete de identidade de nacionais portugueses e no nº 2 refere que são serviços de identificação civil:
  a) A Direção de Serviços de Identificação Civil e as suas delegações;
  b) As conservatórias do registo civil.
- O artº 3º/1 prescreve que o bilhete de identidade é documento bastante para provar a identidade civil do seu titular perante quaisquer autoridades, entidades públicas ou privadas, sendo válido em todo o território nacional, sem prejuízo da eficácia reconhecida por normas comunitárias e por tratados e acordos internacionais.
- O artº 5º, quanto ao conteúdo do B.I. estabelece que deve ter o número (que se mantém o mesmo nas renovações), data da emissão, serviço emissor e prazo de validade, nome completo do titular,

filiação, naturalidade, data de nascimento, sexo, residência, fotografia e assinatura.

O artigo 21º inicia o Capítulo III que contem a relevante matéria da proteção e conservação dos dados pessoais. Contudo, tanto estes, como todos os demais artigos, apesar de serem importantes, tiveram várias alterações e, por isso, pensamos que é desnecessário referi-los, sobretudo porque o B.I. em 2007 foi substituído pelo "cartão de cidadão" e este, agora, é que mais importa conhecer.

Todavia, temos de admitir que o B.I. constituiu um fundamental documento de identificação de qualquer pessoa e esteve na base do ulteriormente denominado «cartão de cidadão».

§ 3º O cartão de cidadão

1. A partir dos finais do Século XX e sobretudo no início do Século XXI, surgiram e foram-se desenvolvendo transformações tecnológicas e eletrónicas que começaram a abrir novas opções para o tratamento de dados, proporcionando informações mais perfeitas, mais completas e mais céleres. Iniciou-se ainda um novo capítulo com a "Gestão Eletrónica de Documentos" que permite armazenar, classificar, e obter o acesso às informações existentes em documentos próprios e nos de outras organizações. Em suma: desenvolveu-se a abreviadamente chamada *informatização.*

As possibilidades que esta oferece estenderam-se aos Registos e, por ex., em Espanha desde o ano 2000 o Registo Imobiliário passou a estar informatizado. Entre nós isso ocorreu em 2007 no Registo Civil sobretudo com o Decreto-Lei nº 324/2007, de 28 de setembro e no tocante à *identificação civil* com a Lei nº 7/2007, de 5 de fevereiro.

2. Foi esta Lei nº 7/2007 que criou o *cartão de cidadão*, regulou o seu conteúdo e a sua utilização e instituiu a leitura ótica dos circuitos integrados que o cartão incorpora[191]. O artº 2º define-o como "documento autêntico

[191] Esta evolução do documento de identificação verificou-se um pouco por todo o lado, Em Espanha o Real Decreto nº 1553/2005, de 23 de dezembro (atualizado em 30 de maio de 2015), regulou o "documento nacional de identidade", permitindo "obrar la identificación electrónica de su titular, así como realizar la firma electrónica de documentos". Todavia, foi o «cartão de cidadão» francês – que é um cartão de identidade eletrónico (eID) que recebeu o prémio de melhor «Cartão de Identidade Nacional» da *Reconnaissance International* no

que contém os dados de cada cidadão relevantes para a sua identificação" e depois acrescenta que "inclui o número de identificação civil, o número de identificação fiscal, o número de utente dos serviços de saúde e o número de identificação da segurança social".

Parece-nos que devemos desfazer um equívoco a que se pode prestar a redação da lei. Com efeito, esta parece colocar em «pé de igualdade» o número de identificação civil com os demais números: fiscal, de saúde e da segurança social. Ora, *não é assim*. O "número de identificação civil" *é que é o número do cartão*, tal como era o do B.I. Os demais referidos números – que aliás constam do verso do cartão – pertencem e são geridos pelos respetivos serviços (fiscais, da saúde e da segurança social) e, quanto a eles, os serviços de identificação civil (a cargo do IRN) *não têm*, nem podem ter, qualquer ingerência. São mencionados no cartão de cidadão por mera questão de *facilitação* para o próprio titular, *dispensando-o* de ser portador de documentos relativos aos seus números fiscais, da saúde e da segurança social.

A aplicação informática que integra todos os factos, processos e serviços de Registo Civil e, portanto, onde são efetuados todos os assentos, averbamentos, processos e demais atos, consta presentemente do "Sistema Integrado do Registo e Identificação Civil (SIRIC)", que «pertence» e é gestionado pelo IRN, I.P. Mas, como se disse, o IRN não tem qualquer controlo no tocante aos outros números que, embora constem do cartão de cidadão, são os fornecidos pelos respetivos serviços e da *exclusiva* responsabilidade destes.

Em suma: o número de "identificação civil" – que é dado pelo IRN – é o único *número do cartão* e é o que deve ser mencionado quando se trata de indicar a identificação do seu titular.

3. O cartão de cidadão, que contém o seu número e elementos visíveis de identificação do titular – entre outros, o nome, filiação; nacionalidade; data de nascimento; sexo; altura; imagem facial, assinatura; número de identificação e no verso os outros referidos números – inclui também um *chip* destinado à leitura ótica, que engloba os citados elementos visíveis e outros, como o "certificado para autenticação segura" e assinatura eletró-

HSP Awards EMEA (Impressão de Alta Segurança para Europa – África – Oriente Médio). É consultável em: https://pplware.sapo.pt/high-tech/sabe-qual-o-pais-que-tem-o-melhor-cartao-de-identidade-do-mundo/..

nica qualificada. A pedido do titular, além desta assinatura pode também conter a sua certificação profissional e outros dados, como o seu número de telemóvel.

Enfim: o cartão de cidadão permite não só uma informação completa identificativa do titular, como o próprio *chip* que incorpora permite que qualquer entidade, através de um simples «leitor», obtenha diretamente a leitura ótica do seu conteúdo, dispensando-o de escrever os elementos pretendidos.

4. É ao IRN que compete dirigir e executar as tarefas respeitantes à emissão e renovação do cartão de cidadão, bem como ao seu cancelamento, de modo a assegurar que sejam executadas de harmonia com os requisitos técnicos e de segurança.

Cabe-lhe ainda indicar os serviços de receção dos pedidos de emissão, renovação e cancelamento do cartão de cidadão e da sua entrega e, mediante protocolo, designar para estes fins outros serviços da Administração Pública, nomeadamente as "lojas do cidadão" ou serviços equivalentes. Deve também definir os necessários procedimentos de controlo e segurança, bem como providenciar a habilitação de funcionários, de modo que sejam qualificados para, especialmente, assegurar a emissão dos certificados para autenticação da assinatura eletrónica qualificada.

Os pedidos relativos ao cartão de cidadão podem, além disso, ser apresentados por via eletrónica, designadamente no portal *ePortugal*. Sob outra perspetiva, ao IRN cumpre garantir o funcionamento de um serviço de receção e entrega no local onde se encontra o interessado, quando este tiver justificada dificuldade de deslocação a um serviço fixo de atendimento.

5. Tentando *desfazer equívocos*, sublinhamos que:

Integrados no Capítulo relativo às regras de competência encontram-se os artigos 21º, 22º e 23º. No artº 21º/1 é dito que o IRN "assegura o funcionamento de um serviço de apoio ao cidadão que, nomeadamente, disponibiliza e divulga informação relativa ao pedido e ao processo de emissão do cartão de cidadão e às condições da respetiva utilização, renovação e cancelamento" E o artº 22º estabelece que o IRN pode celebrar protocolos com outras entidades públicas envolvidas na emissão do cartão de cidadão (...) e regular os termos e as condições de cooperação.

Trata-se de duas disposições que não suscitam qualquer objeção. Confirmam que é ao IRN, que «pertencem» os serviços do cartão de cidadão (artº 20º), sendo, declaradamente, a sua *entidade gestora* e a quem incumbe assegurar *todo* o respetivo serviço e prestar quaisquer informações.

Contudo, a nosso ver, o mesmo não sucede com o artº 23º que, sob a epígrafe "supervisão", diz o seguinte:" Compete à AMA, I. P., assegurar a supervisão do desenvolvimento do cartão de cidadão e a promoção de serviços que lhe possam ser associados".

No entanto, cabe perguntar: supervisão de quê? O que quer dizer "do desenvolvimento do cartão de cidadão e a promoção de serviços"? Significa dar publicidade aos locais e serviços onde pode ser obtido o cartão? Supervisão da promoção e/ou propaganda do cartão? Supervisioar a qualidade do plástico e outros materiais do cartão?

Segundo se pode ler no *sítio* respetivo a "Agência para a Modernização Administrativa, I.P. (AMA), criada em 2007, é um instituto público "responsável pela promoção e desenvolvimento da modernização administrativa em Portugal. A sua atuação divide-se em três eixos: atendimento, transformação digital[192] e Inovação e Participação"[193]. Sendo a «modernização administrativa» absolutamente necessária, nada inculca, no entanto, que tenha – ou que deva ter – qualquer interferência no conteúdo, na regulamentação ou na disponibilização dos *meios probatórios do Registo Civil,* incluindo os da *identificação civil* das pessoas, como é o caso quando se trata do "cartão de cidadão".

Por isso, certamente pela parte dos utentes, não haverá sequer um que queira (ou consinta) que a AMA «mexa» no conteúdo identificativo e em qualquer dos dados constantes do seu cartão de cidadão.

[192] A denominada transformação digital – que sumariamente significa dever passar a usar-se a informatização e a tecnologia eletrónica – é indispensável nos tempos atuais. Todavia, o IRN (como a DGRN que o antecedeu) é entidade competente para tanto. Basta dizer que em 2007 o Registo Predial estava totalmente informatizado e as antigas descrições digitalizadas e que o Dec-Lei nº 76-A/2006, de 29 de Março, que previu a pratica de actos de registo *on-line,* também foi publicado *antes da criação da AMA.*

[193] Note-se que a *modernização administrativa* é bem necessária. Foi-me dito recentemente que um certo investidor que para instalar determinado empreendimento teve de obter 17 licenças. Como se sabe há vários organismos que «estudam» e se têm de pronunciar sobre as mesmas coisas. A AMA por certo que faria um bom trabalho se conseguisse eliminar essas duplicidades inúteis e também dinamizar a «emperrada máquina administrativa», para usar a expressão de um reputado economista.

6. O Cartão de Cidadão[194] é certamente o cartão mais utilizado, necessário para quase tudo e exigido (como era o antigo B.I.) sempre que a pessoa tem de se identificar. Por conseguinte, útil é que possa ser pedido ou renovado com facilidade e em diversos locais.

Nos termos do nº 2 do artº 20º, podem funcionar como serviços de receção dos diferentes pedidos relativos ao cartão de cidadão e à sua entrega:

- Os serviços responsáveis pela identificação civil;
- Os serviços de registo designados por despacho do Presidente do Conselho Diretivo do IRN
- Outros serviços da Administração, especialmente as lojas do cidadão ou serviços equivalentes, mediante protocolo celebrado com o IRN.
- Entre esses outros serviços equivalentes, podemos referir que uma grande parte das Câmaras Municipais tem o denominado "espaço cidadão" onde funcionam os atos relativos ao cartão de cidadão.

À proteção e aos procedimentos relativos à verificação dos elementos de identificação do titular dedica a Lei o Capítulo III e no artº 38º, uma vez mais, reforça a ideia de que o IRN, I.P. é a entidade responsável, nos termos legais, "pelo tratamento e proteção dos dados pessoais" constantes do cartão.

7. O IRN no sítio respetivo – https://irn.justica.gov.pt/ – disponibiliza uma pormenorizada informação sobre os diversos serviços, nomeadamente sobre o Cartão de Cidadão, elucidando, além de outras, as seguintes possibilidades:

- O pedido de um cartão de cidadão pela 1ª vez.
- A renovação do cartão de cidadão.
- A renovação automática do cartão de cidadão com entrega em casa.
- A renovação *online* do cartão de cidadão que pode ser feita por quem tenha pelo menos 25 anos e desde que cumpra as condições, exigidas.
- O levantamento do cartão de cidadão, no balcão indicado.
- O cancelamento do cidadão de cidadão.

[194] Ao que pudemos apurar, a utilização de letra maiúscula (Cartão de Cidadão) só deve ter lugar quando se pretende referir o cartão como «instituição» e não quando se trata de indicar, genérica e indiscriminadamente, um qualquer cartão de cidadão.

- O pedido da 2ª via da carta PIN.
- A alteração e confirmação da morada.
- A informação dos locais onde pode ser pedido e o custo de cada serviço.
- O agendamento por telefone para atendimento presencial.
- O agendamento para atendimento através do portal de agendamento "Siga" ou na app "Siga".

8. Enquanto o cartão de cidadão não tiver sido entregue aos respetivos titulares, os bilhetes de identidade (e cartões de contribuinte, dos serviços de saúde e da segurança social) que possuem continuam válidos e a produzir os seus efeitos.

No entanto, desde que foi criado, o cartão de cidadão substituiu o B.I., que deixou de ser produzido. Por isso, se for pedida a sua renovação não pode ser emitida, sendo obrigatório pedir o de cartão de cidadão. Outro tanto acontece quando se trata dos cartões de contribuinte, dos serviços de saúde ou da segurança social.

Todavia, o cartão de cidadão tem os mesmos números de identificação que já tinham sido atribuídos pelos serviços de identificação civil, identificação fiscal, de saúde ou da segurança social.

No primeiro pedido do cartão de cidadão devem ser feitas as correções mencionadas nos artigos 58º, 59º e 60º da Lei e havendo dúvidas sobre a nacionalidade o cartão de cidadão tem o prazo de validade de um ano e não contém qualquer referência à nacionalidade (artº 61º).

Quando existir manifesta urgência na obtenção do cartão de cidadão para a prática de quaisquer atos e evidente "impossibilidade de serem efetuadas, em tempo útil, as validações exigidas", bem como se ocorrer um caso fortuito ou de força maior, o artº 61º-A prevê a possibilidade de ser emitido um cartão provisório válido por período não superior a 90 dias e sem circuito integrado, mas com os dados de identificação do titular referidos nesse preceito, que também pormenoriza as demais condições e elementos desses cartões.

9. A Lei nº 61/2021, de 19 de Agosto veio simplificar "os procedimentos de emissão, entrega e utilização do cartão de cidadão" e tornar efetivo o direito ao cartão para pessoas em situação de sem-abrigo, Quanto aos termos de formalização dos pedidos remete para Portaria a publicar. Também

a inicial Lei nº 7/2007 havia remetido para Portaria a regulamentação da Lei do Cartão de Cidadão, especialmente no tocante a prazos, a pedidos de renovação eletrónica e às regras técnicas.

Foram, por isso, publicadas diversas portarias, cabendo, nomeadamente, referir as seguintes:

- As Portarias nºs 285/2017, 286/2017 e 287/2017, todas de 28 de setembro, que, entre outras regulamentações, o fazem quanto aos modelos, mecanismos e serviços associados ao cartão de cidadão, bem como relativamente aos processos técnicos de acesso e leitura dos dados constantes dos respetivos circuitos integrados.
- A Portaria nº 291/2017, de 28 de setembro, que define as taxas devidas pela prestação dos serviços associados ao cartão de cidadão.
- A Portaria nº 190-B/2019, de 21 de junho, que procedeu à alteração da regulamentação do cartão do cidadão.

Em conclusão:

Todos os aspetos relacionados com os elementos que o Cartão de Cidadão contém, e bem assim os que respeitam à sua emissão, regulamentação e disponibilização estão *claramente indicados* nas leis e portarias supra mencionadas.

§ 4º O passaporte

O passaporte é *um documento de identificação* emitido em nome do Governo de determinado Estado que, confirmando que o seu o detentor é nacional desse Estado, requisita permissão para que ele possa atravessar a fronteira de um ou mais países ou territórios estrangeiros nele indicados.

A origem do passaporte é antiga. Segundo alguns historiadores remonta à Antiguidade e para outros à Idade Média, pois referem-se à existência de documentos emitidos pelos senhores das regiões nos quais pediam que os seus detentores pudessem passar pelos portões (Em França, "passer les portes") das cidades. Fosse qual fosse a origem remota, o certo é que depois da Grande Guerra a Liga das Nações celebrou em 1920 uma conferência internacional sobre passaportes, formalidades alfandegárias e vistos. Mais tarde a ONU emitiu um guia para padronizar o formato e as características inerentes aos passaportes[195] que no essencial se mantém.

[195] Deviam começar por ter uma capa identificando o país que o emitiu seguindo-se uma página com a indicação desse país e do número do passaporte. Depois uma ou mais páginas com indicação

Além dos passaportes normais há os *oficiais* destinados a viagens com propósitos de interesse público e os *passaportes diplomáticos*, que devem conter na capa a palavra "diplomático".

Presentemente, existem os passaportes com banda ótica que são padronizados mundialmente pelo padrão OACI, bem como os passaportes biométricos com chips de informação que, em formato digital, contêm informações suplementares sobre o portador.

Em Portugal existe atualmente o " Passaporte Eletrónico Português (PEP)" que pode ser pedido nos serviços do IRN – conservatórias e lojas do cidadão – além de outros locais, como nos aeroportos de Lisboa e do Porto. Pode ainda ser solicitado, através dos serviços do IRN, o agendamento do seu pedido (que é gratuito), com marcação de dia e hora, a sua renovação e o seu levantamento. É também possível pedir o agendamento *online* no portal Siga e na aplicação SigaApp.

Em suma: como sumariamente se referiu, o passaporte é um documento de identificação que não oferece dúvidas e a sua obtenção está presentemente bastante facilitada, designadamente nos serviços do IRN.

dos elementos de identificação do portador, tais como o nome, sobrenome, data de nascimento, naturalidade etc., seguindo-se algumas páginas numeradas, mas em branco, destinadas sobretudo a vistos e a carimbos de entrada e saída.

TÍTULO VII
IMPUGNAÇÃO DAS DECISÕES

Capítulo XXV
Recursos do Conservador

1. O 1º Capítulo do TÍTULO IV do Código trata da matéria dos recursos do conservador, cuja admissibilidade é confirmada no artigo 286º.

Os recursos, como dissemos em anterior Manual[196], visam no domínio dos registos, tal como nos do processo civil e do processo administrativo, dar aos interessados na prática de um acto que não obteve a resolução pretendida, ou numa decisão com a qual não concordam, a possibilidade de que esse acto e/ou decisão sejam *reavaliados* a um nível superior, para que a pretensão possa ser alterada no sentido de obter a pretendida resolução.

Note-se que a decisão é impugnável mesmo que não seja escrita, traduzindo-se, por ex., numa recusa verbal.

Deve, pois, dizer-se que os recursos constituem um meio de salvaguardar os direitos do cidadão e representam também uma defesa da segurança jurídica. Entende-se ainda que, em termos gerais, o direito de recorrer tem garantia constitucional[197].

O nº 1 do artigo 286º confirma que "a decisão de recusa da prática de qualquer acto de registo nos termos requeridos pode ser impugnada

[196] Tratou-se do *Manual de Direito Registral Imobiliário*. Coimbra: Almedina, 2022.

[197] Além do princípio geral consagrado, quanto à Administração, no artº 268º/4 da Constituição, também se entende que o direito de recorrer está abrangido na disposição abrangente do artº 16º/1 (cf: CANOTILHO, José Joaquim Gomes (com VITAL MOREIRA) – *Constituição da República Portuguesa: Anotada*. 3ª ed. Coimbra: Coimbra Editora, 1993, pp. 116 e ss.)

mediante a interposição de recurso hierárquico para o presidente do IRN, I. P., ou mediante impugnação judicial para o tribunal da área da circunscrição a que pertence a conservatória".

2. Como se disse, a lei admite duas espécies de impugnação:

- O recurso hierárquico para o *Conselho Diretivo do IRN*; e
- O recurso contencioso para o *Tribunal Judicial* da área de circunscrição da conservatória onde foi proferida a decisão impugnada.

Quando o impugnante optar pelo recurso hierárquico, se nele não obtiver vencimento, pode ainda recorrer contenciosamente. Contudo, na situação inversa – isto é se inicialmente optou pelo recurso contencioso – não pode depois interpor recurso hierárquico. A situação bem se compreende, visto que a decisão judicial transitada em julgado "prevalece" (artº 205º/2 da Constituição) não podendo ulteriormente ser alterada – define o direito –, pelo que, depois de proferida, o recurso hierárquico mostra-se impraticável.

Todavia, mormente em face da revogação do nº 3 do artigo 286º (segundo o qual a impugnação judicial impedia a ulterior contenciosa) Álvaro Sampaio sustenta – e afigura-se-nos que com razão – que o impugnante pode interpor *simultaneamente* os dois recursos. Mas se a decisão do judicial for proferida primeiro, terá de desistir do recurso hierárquico e, se o não fizer, é a judicial que prevalece (artº 205º/2 da Constituição). Se, pelo contrário, a decisão do recurso hierárquico anteceder a do judicial e lhe for favorável, deverá desistir do recurso contencioso.

Quanto às decisões proferidas pelo conservador nos termos dos artigos 254º, (processo de dispensa de impedimentos) 257º (processo de suprimento de autorização para casamento de menores) e 268º (processo de suprimento da certidão de registo) podem ser impugnadas, mas *apenas judicialmente.*

3. Sempre que o interessado manifeste, verbalmente ou por escrito, a intenção de recorrer, o conservador dever-lhe-á entregar, no prazo de dois dias, uma nota em que refira especificadamente dos motivos de recusa.

Uma vez recebida esta nota, o impugnante tem o prazo de quinze dias para interpor o recurso (hierárquico ou contencioso). Na petição de recurso cumpre-lhe indicar – embora a lei não o diga – os motivos da sua discordância e juntar os documentos que pretenda oferecer.

A petição e os documentos devem ser autuados e, no prazo de cinco dias, o conservador recorrido proferir um despacho fundamentado – que é notificado ao recorrente – sustentando ou a reparando a sua decisão.

Sendo reparada a decisão o recurso é dado por findo, mas se a sustentar pode completar a instrução do processo juntando os documentos que considere necessários e ordenar, no prazo de cinco dias, a remessa de todo o processo ao Presidente do IRN (e não ao Diretor-geral dos Registos e do Notariado, como por lapso consta do artº 286º/4) o qual, no prazo de 90 dias[198], proferirá a decisão.

Se a decisão for desfavorável, pode o impugnante, no prazo de 10 dias a contar da notificação da decisão, interpor recurso contencioso. Neste caso, o processo é remetido a tribunal no prazo de cinco dias, sendo instruído com o recurso hierárquico. Contudo, antes de o enviar a tribunal, o conservador tem a possibilidade, como no recurso hierárquico, de completar a instrução, juntando os documentos que considere necessários (artº 289º).

Uma vez recebido em juízo, o processo, independentemente de despacho, vai com vista ao Ministério Público para emitir parecer e, seguidamente é concluso ao juiz que, no prazo de oito dias, deve proferir a sentença.

Considerando-se o impugnante prejudicado pela decisão, assim como o conservador recorrido ou o Ministério Público, podem interpor recurso da sentença, com efeito suspensivo, para o Tribunal da Relação, mas deste não há recurso para o Supremo Tribunal de Justiça, salvo nos casos em que o recurso é sempre admissível.

Também da decisão de recusa na celebração ou no registo de casamento, bem como na de atribuição de valor probatório ao documento emitido em país estrangeiro, cabe recurso contencioso a interpor dentro do prazo de oito dias a contar da notificação do despacho recorrido, nos mesmos termos que referimos quanto ao recurso contencioso das demais decisões.

O último artigo deste Capítulo (artº 293º) refere que "o funcionário recorrido é isento do pagamento de custas, ainda que em caso de recusa esta tenha sido julgada improcedente, salvo se houver agido com dolo ou se o acto tiver sido recusado contra disposição expressa na lei". Afigura-

198 Este prazo mais alargado deve-se, ao que julgo, ao facto de poder ser ouvido o Conselho Consultivo, que também tem o seu prazo.

-se-nos que esta disposição é manifestamente incongruente. O funcionário não age como parte e, por conseguinte, é descabido prever que deva proceder ao "pagamento de custas". Se a atuação é censurável há lugar a procedimento disciplinar e não a custas.

4. A matéria respeitante à cobrança de emolumentos[199] ou à recusa de emissão de certidões é também passível de recurso, mas num foro diferente. Trata-se de atos que implicam decisões *de natureza administrativa*, pelo que, sendo igualmente impugnáveis, tê-lo-ão de ser através de recurso administrativo, ou seja, hierarquicamente até à decisão ministerial e, depois, contenciosamente, para o S.T.A. É a única hipótese em que isso acontece[200].

Quanto aos *actos de registo*, sendo de natureza parajudicial ou jurisdicional *não são* suscetíveis de impugnação administrativa. Trata-se da decisão sobre o ingresso de *situações jurídicas* no sistema registral, que se posicionam no âmbito do Direito Privado e, consequentemente, são impugnáveis para os *tribunais cíveis comuns* – e por idêntica razão também não lhes é aplicável o Código de Procedimento Administrativo[201] – pelo que se aplica o Código de Processo Civil.

[199] A questão emolumentar deixou de estar regulada no Código para ficar no Dec-Lei nº 201/2015, de 17 de setembro, que aprovou o modelo de contabilidade dos serviços de registo.
[200] Tal como se expôs e se concluiu no Proc. nº 58/93-R.P.4 (Mouteira Guerreiro) publicado na revista "Regesta", ano XV, 1994, 2º trimestre, p.75 e ss.
[201] Vide: Acórdão do Tribunal Constitucional nº 284/2003 (Maria Helena Brito), publicado no Diário da República nº 164/2003, Série II de 18 de julho de 2003. Também Isabel Quelhas explica pormenorizadamente este tema: cf: GERALDES. Isabel Ferreira Quelhas, *Impugnação das Decisões do Conservador nos Registos*, Coimbra: Almedina, 2002, pp. 57 e ss.

TÍTULO VIII
RESPONSABILIDADES ESTATÍSTICA E DISPOSIÇÕES TRANSITÓRIAS

Capítulo XXVI
Responsabilidade Civil, Penal e Disciplinar

1. O Código prevê que todos os intervenientes em atos de registo civil possam incorrer em responsabilidade civil, penal e disciplinar por ações ou omissões que pratiquem ou que, sendo obrigados a praticá-las, o não façam ou ainda que a sua atuação possa causar algum dano.

O artigo 294º alude apenas a esta última parte, pois referindo-se aos funcionários do registo civil, párocos e agentes diplomáticos ou consulares que não cumprirem os deveres impostos neste Código, esclarece que respondem pelos danos a que derem causa.

Todavia, o artigo seguinte já alude às pessoas singulares e coletivas que, sendo obrigadas a declarar perante oficial de registos o nascimento ou o óbito de qualquer indivíduo e o não fizerem dentro do prazo legal, são punidas, as primeiras com a coima mínima de (euro) 50 e a máxima de (euro) 150 e as pessoas coletivas com a coima mínima de (euro) 150 e a máxima de (euro) 400.

A decisão destes procedimentos contra-ordenacionais compete a qualquer conservador do registo civil, bem como o IRN, I. P. e o produto das coimas reverte para o IRN, I. P. Todavia, se a declaração em falta for voluntariamente prestada *antes de instaurado* o aludido procedimento, não há lugar à aplicação da coima.

2. O artigo 296º respeita às infrações *cometidas pelos párocos* e estatui que incorre na pena aplicável ao crime de desobediência qualificada o ministro da Igreja[202] que pratique algum dos seguintes factos:

- Oficiar o casamento sem lhe ser presente o certificado emitido pelo conservador no qual se declara que os nubentes podem contrair casamento, como refere o artº 151º/1, ou que lhe tenha sido comunicado que não o pode celebrar, como prevê o artº 148º, salvo, em qualquer caso, tratando-se de casamento *in articulo mortis*, na iminência de parto ou cuja celebração imediata tenha sido expressamente autorizada pelo ordinário próprio;
- Celebrar o casamento *in articulo mortis* sem motivo para tal, mas apenas com o propósito de não atender a algum impedimento previsto na lei.
- Deixar de enviar, sem motivo grave e atendível, o duplicado do assento de casamento ou enviá-lo fora do prazo legal, salvo tratando-se de casamentos secretos, previstos no direito canónico como "casamentos de consciência", enquanto não forem denunciados oficiosamente pela autoridade eclesiástica, ou a requerimento dos interessados.

3. O último artigo a que se refere este Capítulo – artigo 297º – menciona as sanções aplicáveis aos funcionários e começa por dizer que incorre na mesma sanção prevista no artigo anterior – isto é, na pena aplicável ao crime de desobediência qualificada – o funcionário do registo civil que pratique algum dos seguintes factos:

- Der causa a que o casamento não se celebre ou a que o casamento católico[203] não seja transcrito dentro do prazo legal, quando para tal não exista motivo justificado.
- Celebrar o casamento ou passar o certificado para a celebração do casamento católico[204] sem prévia organização do processo preliminar de casamento.

[202] Parece que tem de se interpretar a disposição como sendo igualmente aplicável ao " ministro do culto que tiver oficiado o casamento" na expressão do artº 187º-B, porque se trata de um *qualquer culto* e de uma *qualquer igreja* e não apenas da católica.

[203] Repetimos o que foi referido na nota anterior: "Católico" ou de qualquer outro culto.

[204] Também aqui se repete: "Católico" ou de qualquer outro culto.

- Celebrar o casamento ou passar o certificado para a celebração do casamento católico[205] depois de haver sido denunciado algum impedimento, enquanto a declaração não for considerada sem efeito, ou o impedimento não for julgado improcedente.
- Realizar o casamento quando algum dos nubentes se encontre manifestamente[206] em estado de não poder evidenciar, livre e esclarecidamente a sua vontade de casar.

[205] Reafirma-se que pode tratar-se de casamento sob qualquer forma religiosa.

[206] A lei usa a expressão "reconhecidamente". Porém, não é necessário que haja um «reconhecimento», inclusive judicial. Basta *que pela exteriorização do comportamento do nubente se mostre evidente* que ele não tem condições para poder expressar, livre e esclarecidamente a sua vontade de casar.

Capítulo XXVII
Elementos Estatísticos Disponibilizados pelas Conservatórias e Disposições Transitórias

§ 1º Estatísticas

As Estatísticas do Registro Civil visam oferecer dados informativos sobre os factos essenciais sujeitos a registo, designadamente os relativos à totalidade dos nascimentos, casamentos e óbitos que se verificaram anualmente no País.

É desnecessário enfatizar a importância que estes elementos demográficos e outros – como os relativos à nacionalidade, referida na Parte III –, respeitantes a toda a população, têm para quaisquer efeitos, mormente os relacionados com o planeamento.

O tratamento destes dados está a cargo do Instituto Nacional de Estatística, mas o envio atempado dos mesmos a este Instituto é tarefa que cabe às conservatórias garantir.

O artigo 298º/1 confirma que é aos funcionários do registo que compete assegurar o envio dos dados relativos à atividade das conservatórias e à definição das características dos actos por estas praticados, designadamente relativos aos assentos de nascimento, casamento, óbito, depósito de morte fetal, bem como os relativos aos processos de divórcio e separação de pessoas e bens por mútuo consentimento que tenham sido decididos nas conservatórias.

O nº 2 do artigo diz que o registo e o envio dos dados são efetuados eletrónica e automaticamente, observando-se as instruções dadas pelos serviços estatísticos.

§ 2º Disposições transitórias

1. Os actos de registo lavrados por agentes diplomáticos e consulares portugueses, no estrangeiro, até ao dia 1 de Janeiro de 1968, devem ser transcritos na livros da Conservatória dos Registos Centrais., devendo conter as menções especiais dos assentos lavrados por transcrição previstas no artigo 56º.

2. Não estão sujeitas a registo obrigatório:

- As convenções antenupciais relativas aos casamentos celebrados antes de 1 de Janeiro de 1959;
- As decisões judiciais anteriores a 1 de abril de 1978 respeitantes à homologação, regulação, suspensão, alteração, cessação e inibição do exercício do poder paternal ou ao estabelecimento de providências limitativas desse poder.

3. Os assentos de registo civil ou paroquial, lavrados em Macau durante a administração portuguesa e constantes de microfilme arquivado na Conservatória dos Registos Centrais ou de suporte informático, têm a força probatória dos actos de registo civil, deles podendo ser extraídas certidões com o valor probatório dos originais.

PARTE II
IDENTIDADE CIVIL E DIREITOS FUNDAMENTAIS

TÍTULO I
NOÇÕES GERAIS

Capítulo I
Distinção entre os Conceitos de Identidade Civil e de Identificação Civil

1. A *identidade civil* prefigura um tema sobremaneira importante, desde logo por se tratar de um *direito fundamental* que, em breve e simples aproximação, se pode dizer que está especialmente incluído nos artigos 16º, 24/1, 25/1 e 26º/1 da Constituição da República Portuguesa (doravante referida como "Constituição")

O primeiro – artº 16º – elucida no nº 1 que "os direitos fundamentais consagrados na Constituição não excluem quaisquer outros constantes das leis e das regras aplicáveis de direito internacional." e no nº 2 que "os preceitos constitucionais e legais relativos aos direitos fundamentais devem ser interpretados e integrados de harmonia com a Declaração Universal dos Direitos do Homem" (DUDH). Esclarece Jorge Miranda que "a interpretação da Constituição conforme com a Declaração torna-se tanto mais fácil quanto é certo que ela foi uma das suas fontes, como se reconhece confrontado o teor de uma e de outra[207].

[207] *Vide:* ; Miranda, Jorge e Medeiros, Rui: *Constituição Portuguesa, Anotada.* Coimbra: Almedina, 2ª ed. rev. 2017, p. 219. Antes, o mesmo Autor havia referido que " A ratio do nº 2 vem a ser tríplice. Através dele pretende-se clarificar e alargar o catálogo de direitos, reforçar a sua tutela e abrir para horizontes de universalismo. Os direitos fundamentais ficam situados num contexto mais vasto e mais sólido que o da Constituição em sentido instrumental e ficam impregnados dos princípios e valores da Declaração, como parte essencial da ideia de Direito à luz da qual todas as normas constitucionais – e, por conseguinte, toda a ordem

Ora o artº 6º da "Declaração Universal dos Direitos do Homem", adotada pela ONU em 10 de dezembro 1948, proclamava: "Todo ser humano tem o direito de ser, em todos os lugares, reconhecido como pessoa perante a lei" e, na sua formulação atualizada, "todos os indivíduos têm direito ao reconhecimento em todos os lugares da sua personalidade jurídica", que é um pressuposto da dignidade humana[208].

Alguém ser "reconhecido como pessoa" corresponde, à face da lei, à noção básica da *identidade* desse indivíduo. Os outros citados artigos da Constituição (24/1, 25/1 e 26º/1) completam a ideia quando declaram que "a vida humana é inviolável", que "a integridade moral e física das pessoas é inviolável" e que "a todos são reconhecidos os direitos à identidade pessoal, ao desenvolvimento da personalidade, à capacidade civil, à cidadania, ao bom nome e reputação, à imagem, à palavra, à reserva da intimidade da vida privada e familiar e à proteção legal contra quaisquer formas de discriminação".

Tentando aproximar o sentido e o conteúdo do conceito de *identidade civil*, diremos que corresponde ao conjunto das características elementares e estruturais de uma pessoa, compreendendo em primeiro lugar a sua a *personalidade jurídica*, mas também a capacidade civil, a cidadania, o direito ao nome e à palavra, à intimidade da vida privada e familiar e à proteção legal contra qualquer discriminação.

Deste complexo de direitos, ressalta a ideia-chave de que a identidade civil está ligada à própria *dignidade da pessoa humana*. JORGE REIS NOVAIS aprofundou o tema e, depois de recordar o disposto no início da Constituição – "Portugal é uma República soberana, baseada na dignidade da pessoa humana", conclui que "até pela própria inserção sistemática formal – a dignidade da pessoa humana vem consagrada no primeiro artigo da Constituição –, o princípio da dignidade da pessoa humana é elevado

jurídica portuguesa – têm de ser pesadas e postas em prática. Não se trata de mero alcance externo. Trata-se de um sentido normativo imediato, com incidência no conteúdo dos direitos formalmente constitucionais" (*idem*, p.219).

[208] ERNESTO BENDA no capítulo que trata da "dignidade humana e direitos de personalidade", diz. "Quem quiser definir o que é a dignidade não pode ficar aquém ["por menos" no original] de se referir àquilo que distingue a natureza específica da pessoa". E, adiante, diz: "O menosprezo para com a dignidade humana caracteriza o Estado não conforme com o Direito" (Cf: BENDA, ERNESTO, no Capítulo IV "Dignidad humana y derechos de personalidad" do *Manual de Derecho Constitucional* 2ª ed. de BENDA, MAIHOFER, VOGEL, HESSE,. HEYDE:. Madrid: Marcial Pons, Ediciones Jurídicas y Sociales, 2001, p.124)

à categoria de base ou alicerce em que assenta todo o edifício constitucional e, portanto, é de algum modo implicitamente reconhecido como *princípio dos princípios*"[209].

Diversamente, a *identificação civil* – que não se pode confundir com a *identidade civil* – não é um *princípio,* nem tão-pouco constitucional, mas *um simples meio de prova,* que visa dar a conhecer, identificar socialmente a pessoa, compreendendo as suas principais características particulares, especialmente extraídas do assento de nascimento –, tais como o seu nome, filiação, a data de nascimento, a nacionalidade – e eventualmente complementadas com simples dados que tenham utilidade, designadamente por serem exigidos para certas obrigações declarativas da pessoa.

Numa palavra breve, podemos dizer que a *identidade* representa o aspeto estrutural e constituinte – tanto jurídica como socialmente – da pessoa, enquanto a *identificação* é um mero «derivado», ou seja, uma aplicação informativa *extraída* do conteúdo da *identidade* e que, sendo dela proveniente, apenas se destina a comprová-la.

Ao dizê-lo, não se pretende, contudo, sustentar que a «identificação» esteja sujeita aos princípios do direito probatório – como o da oportunidade da prova, do contraditório, de necessidade e os demais – visto que é independente das regras processuais. A identificação tem a sua própria valia e pode ser utilizada pelo sujeito identificado *ad libitum.* O que queremos dizer é que se situa *num plano menor,* dependente da identidade civil, visto que *é a ela que vai buscar os dados que publicita* e, além disso, estruturalmente é diferente desta, que não é um meio probatório, mas sim um direito de personalidade e um básico direito fundamental.

[209] Cf: Novais ,Jorge Reis: *A Dignidade da Pessoa Humana* Vol. I – Dignidade e Direitos Fundamentais. Coimbra, Almedina, 2018, 2ª ed. pp. 17 e 20

Capítulo II
O Relevo Global da Identidade Civil

A identidade da pessoa concretiza-se na sua *personalidade jurídica*. De facto, no estado atual da civilização, cada pessoa é detentora de personalidade jurídica, o que "é hoje uma aquisição incontestada, considerada normal e natural entre praticamente todos os povos"[210]. E "a personalidade adquire-se no momento do nascimento completo e com vida" (artº 66º/1 do C.C.). Resulta, assim, que "a personalidade jurídica é uma simples consequência do facto de se ser pessoa"[211].

Comentando a referida norma, A. Menezes Cordeiro explica: "a *aquisição da personalidade* opera automaticamente, com o *nascimento*. *Ex lege*, o recém-nascido recebe a plenitude da tutela conferida pelo Direito, passando a desfrutar da «dignidade humana», isto é de todo o acervo de direitos e prerrogativas que a lei confere"[212].

Além da pessoa passar a desfrutar, desde o nascimento com vida, "de todo o acervo de direitos e prerrogativas que a lei confere", tem igualmente

[210] A frase é de Hörster, Ewald Heinrich in – *A Parte Geral do Código Civil Português: Teoria Geral do Direito Civil.* (com Eva Sónia Moreira da Silva) 2ª ed. Coimbra: Almedina, 2019, p. 182.

[211] A frase é de Dray, Guilherme Machado em *Direitos de Personalidade.* Coimbra: Almedina, 2006, p.18. Antes, o Autor lembrava qua a "técnica da relação jurídica e a sistematização adoptada no Código Civil não devem, todavia, fazer esquecer o essencial – o Direito, enquanto obra humana, existe para as pessoas" (p.16).

[212] Cf: Cordeiro,, António Menezes, (coord.) . *Código Civil, Comentado,* I- Parte Geral, Coimbra: Almedina, 2020, p. 245.

"o direito ao livre desenvolvimento da personalidade"[213]. O direito de personalidade – e os direitos de personalidade – respondem juridicamente à própria «ideia de se ser pessoa»[214]

A identidade da pessoa humana é a sua mais proeminente característica e no domínio do Direito corresponde e expressa-se socialmente na «identidade civil» que mais não é que a própria *identidade – e dignidade – pessoal* que qualquer Estado civilizado tem de respeitar como *um valor absoluto*.

Esta «qualidade» da identidade civil – que se adquire com o nascimento com vida – é, em si, *irrenunciável*, ainda que se discuta a renunciabilidade de direitos, ou de alguns direitos, fundamentais[215].

Pode, assim, concluir-se que a *identidade civil* tem um relevo pessoal e social globalmente *impar*, sobretudo porque efetivamente inultrapassável por qualquer outra espécie de direitos individuais.

Esta *essencialidade* da noção de identidade civil permite-nos, como já se disse, confirmar que se trata de um conceito estruturalmente diferente do da *identificação civil*, ou seja, da faculdade da «pessoa», com a sua identidade própria, poder usar uma *prova* para ser reconhecido, isto é, para se

[213] A citação é de MIRANDA, FELIPE ARADY no artigo "O direito fundamental ao livre desenvolvimento da personalidade", publicado na "*Revista do Instituto do Direito Brasileiro* (*RIDB*)", Ano 2 (2013), nº 10, pp. 11175 e ss.. Adiante,(p. 11178) o Autor precisa: "Assim se garante a autonomia de constituir uma personalidade livre, sem qualquer imposição de outrem, preconizando um direito à individualidade". Em nota cita "PAULO MOTA PINTO: *O Direito ao Livre Desenvolvimento da Personalidade, in* "Boletim da Faculdade de Direito de Coimbra, Portugal-Brasil" ano 2000, Coimbra Editora, 1999, pág. 160, quando diz que "a noção de desenvolvimento da personalidade – e a própria concepção de personalidade em causa – comporta já uma componente de liberdade". O artigo de FELIPE ARADY MIRANDA é também consultável em; https://www.cidp.pt/revistas/ridb/2013/10/2013_10_11175_11211.pdf

[214] O tema é desenvolvido na excelente monografia *Direito de Personalidade* de PEDRO PAIS DE VASCONCELOS que a certa altura trata o tema "o direito de personalidade e os direitos de personalidade", notando que "a Lei e a Doutrina referem-se a um direito subjetivo geral de personalidade e a vários direitos sujetivos especiais de personalidade" (Cf: VASCONCELOS, PEDRO PAIS de: *Direito de Personalidade*. Coimbra, Almedina, 2021, p.61).

[215] Cf: NOVAIS ,JORGE REIS: "Renuncia a Direitos Fundamentais", artigo publicado *in Perspectivas Constitucionais – Nos 20 anos da Constituição de 1976*, Vol. I, Coletânea org. de JORGE MIRANDA: Coimbra, Coimbra Editora.1996, pp. 263 e ss. Esquematicamente, o Autor entende que certo tipo de direitos fundamentais de carácter pessoal são renunciáveis. O tipo de argumentos em sentido contrário "não pode fazer esquecer que o indivíduo é sempre, em Estado de Direito – e também em Estado social e democrático de Direito – o fim primeiro e o centro compreensivo da consagração constitucional de um sistema de direitos fundamentais" (esta passagem é de pp.294/5).

"identificar". É que a identificação da pessoa, como resulta do que se referiu, é apenas um *resultado* suplementar e dependente que tem origem na identidade que, consequentemente, *dimana* desta ou, o mesmo é dizer, da própria personalidade.

É, porém, ao Registo Civil que incumbe inscrever tanto a *identidade* da pessoa – no seu assento de nascimento –, como também proporcionar a sua *identificação*, através dos meios probatórios legalmente previstos e a que aludimos na Parte I.

Capítulo III
A Primazia dos Direito Fundamentais e da Identidade Civil como Direito Fundamental

É vasta a bibliografia sobre os Direitos Fundamentais [216] à luz da Constituição e vastos são os problemas que decorrem da sua caracterização – ainda que seja pertinente sustentar que "garantem não apenas direitos subjetivos, mas também princípios objetivos básicos para a ordem constitucional democrática do Estado de direito"[217] – e até da sua possível hierarquização[218]. Não é nosso propósito desenvolver aqui estes relevantes temas[219], mas apenas abordá-los para os relacionar com a identidade civil.

[216] Segundo Cristina Queiroz, "a expressão «direitos fundamentais» tem origem na Constituição alemã aprovada na Igreja de S. Paulo em Francoforte em 1848. Aí (...) procedeu-se ao estabelecimento de um catálogo dos " direitos fundamentais do Povo alemão" (Cf: Queiroz, Cristina *in Direito Constitucional*. Coimbra: Coimbra Editora, 2009, pp. 364/5).

[217] A frase é Cristina Queiroz *in op. cit. p.*.306.

[218] Sobre o tema pode ver-se, por ex., Gouveia, Jorge Bacelar, "Os Direitos Fundamentais na Constituição Portuguesa de 1976", *in* Revista Direito UFMS – Edição Especial, 2015. Com o mesmo título, em 6ª edição, o livro de Andrade, José Carlos Vieira de: Coimbra: Almedina, 2019.

[219] Para dar um simples apontamento, poderemos voltar a citar Jorge Bacelar Gouveia que na obra referida na nota anterior a pp. 59 e ss, diz: " Os direitos fundamentais típicos e enumerados incluídos no título II da Parte I da CRP são os mais numerosos e desdobram-se nos seguintes tipos: o direito à vida62; o direito à integridade pessoal63; o direito à identidade pessoal64; o direito ao desenvolvimento da personalidade65; o direito à capacidade civil66; o direito à cidadania67; o direito ao bom nome e reputação68; o direito à imagem69; o direito à

Numa síntese que se afigura feliz, a propósito do "contexto histórico", explicou-se que "os direitos fundamentais podem ser considerados o eixo central da relação entre o Estado e o indivíduo (...). Na consagração dos direitos fundamentais como limites ao poder estatal encontra-se a base

palavra70; o direito à reserva da vida privada e familiar71; o direito à liberdade e à segurança72; a garantia da proibição da retroactividade da lei penal incriminadora73; a garantia da proibição da retroactividade das penas criminais74; a garantia da aplicação retroactiva das leis penais mais favoráveis75; a garantia do *ne bis in idem*76; o direito dos injustamente condenados à revisão de sentença e à indemnização pelos danos sofridos77; a garantia da não perpetuidade ou indeterminabilidade temporal das penas e medidas de segurança78; a garantia da não transmissibilidade das penas79; a garantia da não perda de direitos civis, profissionais e políticos como consequência da aplicação de penas criminais80; a garantia da providência do *habeas corpus*81; a garantia da presunção de inocência do arguido82; o direito do arguido à escolha e assistência de defensor83; a garantia da instrução a cargo de um juiz84; a garantia da estrutura acusatória do processo criminal e da aplicação do princípio do contraditório85; a garantia da nulidade das provas obtidas com violação de direitos fundamentais86; a garantia do juiz legal87; os direitos de audiência e de defesa nos processos de contra-ordenação88; a garantia da proibição da expulsão de cidadãos portugueses do território nacional89; a garantia da proibição de extradição por motivos políticos90; a garantia da proibição de extradição por crimes a que corresponde pena capital91; a garantia de a extradição ser decidida por autoridade judicial92; a garantia de a expulsão ser decidida por autoridade judicial para quem permaneça ou entre regularmente no território português93; o direito de asilo94; a garantia da inviolabilidade do domicílio e do sigilo da correspondência e das telecomunicações95; o direito ao controlo dos dados pessoais informatizados96; a garantia da proibição de tratamento informatizado de dados pessoalíssimos97; a garantia da proibição de atribuição de um número nacional único98; o direito à constituição de família e ao casamento99; a garantia da igualdade de direitos e deveres dos cônjuges quanto à capacidade civil e política e à manutenção e educação dos filhos100; o direito dos pais à educação e manutenção dos filhos101; a liberdade de expressão102; a liberdade de informação103; a liberdade de imprensa104; o direito de antena105; o direito de resposta e réplica política106; a liberdade de consciência e o direito à objecção de consciência107; a liberdade de religião e de culto108; a liberdade de criação cultural109; a liberdade de aprender e ensinar110; a liberdade de deslocação111; a liberdade de circulação112; a liberdade de reunião e de manifestação113; a liberdade de associação114; a liberdade profissional115; o direito de acesso à função pública116; o direito à participação na vida política117; o direito à informação sobre os assuntos da governação118; o direito de sufrágio119; o direito de acesso a cargos públicos120; a liberdade de criação de associações e partidos políticos121; o direito de petição122; o direito de acção popular123; a garantia da segurança no emprego124; o direito à criação de comissões de trabalhadores e os respectivos direitos125; a liberdade sindical126; os direitos das associações sindicais127; o direito à greve128; a garantia da proibição do lock out129" Seguem-se "os direitos fundamentais típicos e enumerados do título III "e "os direitos fundamentais típicos não enumerados"

modificadora da passagem do homem, que era considerado súbdito, ao indivíduo sujeito de direitos e deveres"[220].

1. Como escreveu JORGE REIS NOVAIS, "os direitos fundamentais são direitos de todos, garantidos constitucionalmente a todos que se encontrem na situação tipificada na previsão da norma de direito fundamental e, nesse sentido, enquanto garantias constitucionais, podem ser invocados pelos cidadãos *contra* os poderes públicos, incluindo os poderes sustentados no apoio democraticamente expresso pela maioria da população"[221].

Esta ideia dos direitos *que se impõem ao Estado* e assumem um carater público, na opinião de CRISTINA QUEIROZ – e na de outros Autores[222] – começou em Inglaterra e ficou consignada primeiro na *Petição dos Direitos* de 1689 e "num conjunto de actos do Parlamento entre os quais se conta o célebre *Habeas Corpus Act* de 1679". E a Autora refere depois que a tradição americana seguida da francesa "iria qualificar de «constitucionais» esses direitos e liberdades jusfundamentais reconhecidos a cada cidadão numa determinada ordem jurídica individual e concreta". Lembra ainda "a célebre Declaração dos Direitos do Homem e do Cidadão francesa, de 26 de Agosto de 1789", bem como, mais tarde, no século XX, "à proliferação de numerosas convenções de carácter universal ou regional", que vão obrigar à "aplicação directa de disposições supranacionais pelas jurisdições dos Estados membros"[223].

Num conceito habitualmente designado como *positivista* (ou melhor, constitucional) direitos fundamentais são os como tal qualificados (inscritos) na Constituição. É, designadamente a posição de JORGE MIRANDA, que considera serem direitos fundamentais "os direitos ou as posições jurídicas subjectivas das pessoas enquanto tais, individual ou institucio-

[220] A frase é de Graciele Neto Cardoso Lins Dutra (Cf. DUTRA, Graciele Neto Cardoso Lins, no artigo "Os direitos fundamentais no âmbito do neoconstitucionalismo" na coletânea *Direitos Humanos-Perspectivas Contemporâneas dos Direitos Fundamentais.* Porto: Juruá Editorial, 2021, p. 22

[221] Cf: NOVAIS, Jorge Reis: *Direitos Fundamentais e Justiça Constitucional*: Lisboa: Editora AAFDL, 2019 (reimpressão), p.22.

[222] É o caso de VIEIRA DE ANDRADE. Cf: ANDRADE, José Carlos Vieira de: *Os Direitos Fundamentais na Constituição Portuguesa de 1976*, 6ª ed, reimp. Coimbra: Almedina, 2022, p.19 e ss. O Autor faz uma mais pormenorizada menção dos indicados direitos.

[223] Cf: QUEIROZ, CRISTINA *in* citado *Direito Constitucional*...pp.361-363.

nalmente consideradas, assentes na Constituição"[224]. E esse "carácter constitucional dos direitos acabou sempre por gerar a necessidade de garantia jurídica efectiva deles perante todos os poderes públicos incluindo o poder legislativo"[225].

Na lição de VIEIRA DE ANDRADE há ainda a considerar a "perspectiva universalista ou internacionalista"[226], não apenas a conhecida DUDH mas várias outras, como a Carta dos Direitos Fundamentais da União Europeia e os múltiplos tratados que, designadamente no pós-guerra foram subscritos pelos Estados com vista à salvaguarda internacional dos direitos fundamentais e da sua prevalência sobre as normas dos (diversos) direitos privados.

CANARIS, no seu conhecido estudo *Direitos fundamentais e Direito Privado* invoca ainda a "*ideia de hierarquia normativa*", recordando que "o direito privado é apenas direito «ordinário», e está, enquanto tal, na estrutura hierárquica da ordem jurídica, num plano *sob* a constituição, constitui, pois, um imperativo da lógica normativa que a legislação no campo do direito privado esteja vinculada aos direitos fundamentais, segundo o princípio da primazia da *lex superior*"[227].

Esta ideia da primazia[228] dos *direitos fundamentais* sobre quaisquer normas do direito comum, defendida pela doutrina e pela jurisprudência constitucional[229] é, a nosso ver, essencial para a compreensão da *crucial importância desses direitos.* Por conseguinte, também reflexamente para o Registo Civil onde quase todos eles, são inscritos, fundamentalmente no assento de nascimento, com respeito a cada "pessoa".

2. Para tentar simplificar a questão de saber se a identidade civil é um direito fundamental, parece que podemos aceitar a tese positivista que considera merecer essa qualificação se, como tal, estiver inserido no texto da

[224] MIRANDA, JORGE *Direitos Fundamentais: Introdução Geral.* Lisboa, 1999, p 11

[225] A frase é de VIEIRA DE ANDRADE: *cit. Os Direitos Fundamentais na Constituição Portuguesa de 1976*,p. 22.

[226] Cf. *op. cit.* pp.24 e ss.

[227] Cf CANARIS, Claus-Wilhelm - *Direitos fundamentais e Direito Privado.* Coimbra: Almedina, 2006, pp. 27/28.

[228] Primazia que, obviamente, não quer dizer *exclusão,* como resulta do disposto no artº 16º/1 da Constituição.

[229] Está fora do âmbito deste breve estudo a menção da jurisprudência constitucional, aliás indicada e estudada pelos Constitucionalistas (v.g. MIRANDA, JORGE e MEDEIROS, RUI: citada *Constituição Portuguesa* p. 214 e s) para os quais remetemos.

Constituição. Isto é, os direitos fundamentais são os constitucionalmente havidos como tais, ou dito de outro modo, direitos fundamentais são os direitos essenciais que respeitam ao individuo, ou seja, à sua pessoa, *e que estão previstos e inscritos na Constituição* .

Mostra-se evidente que o *direito à vida* e os que com ele se acham diretamente correlacionados, como o direito à integridade pessoal e os demais direitos pessoais, expressamente contemplados nos artºs 24º, 25º e 26º da Constituição, são manifestamente *direitos fundamentais.*

A respeito deste artº 26º, Gomes Canotilho e Vital Moreira dizem: "Ao reunir num único artigo nada menos do que *sete* direitos distintos, a Constituição sublinha aquilo que, para além da diversidade, lhes confere carácter comum, e que consiste em todos eles estarem diretamente ao serviço da esfera nuclear das pessoas e da sua vida, abarcando aquilo a que a literatura juscivilista designa por *direitos de personalidade*"[230].

Por outro lado, como decidiu o Tribunal Constitucional no Acórdão nº 401/2011 (Cura Mariano): "Pode concluir-se que a natureza dos direitos fundamentais à identidade pessoal e a constituir família reclama a sua vigência plena em todo o ciclo de vida do titular, harmonizando-se mal com soluções limitativas, inibidoras da sua plena realização por critérios de restrição temporal"[231]. Dizendo isto, o Tribunal Constitucional confirma[232] que a *identidade pessoal* (além da constituição de família) é um direito fundamental que não pode sofrer restrições que o limitem no tempo.

Consequentemente, é pertinente afirmar que, tendo nascido com vida (artº 66º/1 do C.C.), a pessoa adquire o direito fundamental à sua *identidade pessoal* que subiste, apesar de todas as vicissitudes, incluindo eventuais transformações físicas, que possam ocorrer até à sua morte (artº 68º/1 do C.C.).

230 *Vide:* Canotilho, José Joaquim Gomes e Moreira, Vital: *Constituição da República Portuguesa: Anotada.* 3ª ed. Coimbra: Coimbra Editora, 1993, p. 179.

231 Consultável diretamente em: https://www.tribunalconstitucional.pt/tc/acordaos/20110401.html.

232 O Tribunal Constitucional confirmou esta doutrina no posterior Acórdão de 7 de maio de 2014,. Procº nº 239/14, (Cura Mariano), dizendo que "a questão de constitucionalidade objeto do presente recurso já foi decidida pelo Tribunal Constitucional, em Plenário, no Acórdão nº 401/2011.(...)". Assim, faz "ao abrigo do disposto no artigo 78º-A, nº 1, da LTC (...) remissão para os fundamentos do Acórdão nº 401/2011". Consultável diretamente em: https://www.pgdlisboa.pt/jurel/cst_main.php?ficha=26&pagina=1&nid=11891

Também RUI MEDEIROS/ANTÓNIO CORTÊS dizem que "a *identidade pessoal* é aquilo que caracteriza cada pessoa enquanto unidade individualizada que se diferencia de todas as outras pessoas por uma determinada vivência pessoal. Num sentido muito amplo, o direito à identidade pessoal abrange o direito de cada pessoa a viver em concordância consigo própria sendo, em última análise, expressão da liberdade de consciência projetada exteriormente em determinadas opções de vida. O direito à identidade pessoal postula um princípio de *verdade pessoal*. Ninguém deve ser obrigado a viver em discordância com aquilo que pessoal e identitariamente é. O direito à identidade pessoal liga-se, ainda, à proibição da discriminação do artigo 13º, n. º2, da Constituição, pois as características aí identificadas são, na sua generalidade, constitutivas da identificação pessoal[233].

Em síntese: o direito à identidade pessoal é um direito de personalidade[234], constitucionalmente reconhecido como *direito fundamental* e que, além disso, tem um carácter absoluto, já que, apesar de eventuais alterações que atinjam a pessoa, trata-se sempre de um direito que não pode sofrer

[233] Cf; MIRANDA, JORGE e MEDEIROS, RUI: *Constituição Portuguesa, Anotada*. Coimbra: Almedina, 2ª ed. rev. 2017, pp. 444 e ss. A anotação deste artº 26º é subscrita por RUI MEDEIROS e ANTÓNIO CORTÊS Estes Autores indicam, designadamente, que "a *identidade genética* própria é uma das componentes essenciais do direito à identidade pessoal": Por outro lado, "a identidade pessoal inclui os vínculos de filiação. Existe um *direito fundamental ao conhecimento e reconhecimento da paternidade e da* maternidade". E anotam ainda que "questão diversa do direito ao reconhecimento da paternidade e da maternidade, mas que se pode incluir ainda no direito mais global à identidade pessoal, é o direito ao conhecimento das origens genéticas. A questão tem especial relevo a respeito da procriação medicamente assistida de cariz heterólogo, isto é, com doação de gâmetas de terceiros" (*Idem*, p.445).

[234] Numa síntese que nos parece feliz, no capítulo "O direito à identidade pessoal como direito da personalidade", diz GUSTAVO TEPEDINO: "Os direitos da personalidade são aqueles em que o bem tutelado não é externo à pessoa, mas intrínseco a ela, referindo-se aos seus atributos essenciais e às exigências de caráter existencial ligadas à pessoa humana enquanto tal. Esses são direitos dotados de generalidade, isto é, são naturalmente concedidos a todos, pelo simples fato de estar vivo, ou pelo único fato de ser; extrapatrimoniais, uma vez que são insuscetíveis de avaliação econômica, embora sua lesão possa causar efeitos patrimoniais; absolutos, porque se impõe à coletividade o dever de respeitá-los; indisponíveis, pois seu titular não pode deles dispor, sendo, portanto, também irrenunciáveis e impenhoráveis; imprescritíveis uma vez que uma lesão a um direito da personalidade não enseja perecimento da pretensão ressarcitória ou reparadora; por fim, são também intransmissíveis, extinguindo-se com a morte do seu titular, uma vez que têm caráter personalíssimo". Cf: TEPEDINO, Gustavo (org.),. *Temas de Direito Civil*, 2.ed., Rio de Janeiro: Editora Renovar, 2003. Consultável em: https://www.maxwell.vrac.puc-rio.br/11175/11175_4.PDF.

quaisquer limitações ou restrições. Por isso, no nosso estádio civilizacional e também face à DUDH, é inatacável e intangível, mesmo pelo legislador.

Todavia, não só deve ser apenas intangível, como também defendido, especificado e *arrolado*, ou seja, neste sentido, «registado» – tarefa que indubitavelmente cabe ao Registo Civil.

Capítulo IV
A Identidade Civil – Nota dos seus Aspetos Jurídico, Filosófico, Coletivo e Histórico

A persistência da mesma identidade da pessoa – e de todas as pessoas – ao longo do tempo levanta problemas que não são apenas os de natureza jurídica. São também de âmbito filosófico, coletivo e histórico.

A respeito do tópico *jurídico*, já abordamos – e abordaremos nos capítulos seguintes – alguns dos aspetos respetivos que consideramos mais relevantes. Por isso, daremos em seguida um breve apontamento quanto à questão filosófica, coletiva e histórica.

§ 1º O tema filosófico da identidade civil

Quando A tinha 1 ano, um corpo doente e obviamente ainda não tinha consciência de si, pode dizer-se que é o mesmo A que aos 40 anos é um atleta saudável e inteligente, que até escreveu um tratado, ou antes tem de se dizer que esse já não é o mesmo A, mas sim um B, que hoje é uma pessoa diferente daquele A?

Aliás, qualquer um de nós, ao longo da sua existência, vai mudando continuamente, física e mentalmente, bem como em ideias, gostos, sentimentos... E pode dizer-se que conserva a sua *identidade*?

1. O problema, que também interessou a filósofos da Antiguidade (como Platão), foi na Idade Moderna desenvolvido por John Locke, principalmente na sua obra mais conhecida *An Essay councerning Human Understanding*

(Ensaio sobre o Entendimento Humano) publicada em 1690. A certo passo, LOCKE diz [algo confusamente] que a consciência é o que distingue o eu: "... nisto somente consiste a Identidade pessoal, ou seja, a mesma do Ser racional: e na medida em que essa consciência pode ser estendida para trás a qualquer ação ou pensamento passado, e tanto alcança a Identidade dessa Pessoa; é o mesmo *eu* agora que era então; e é pelo mesmo eu com este presente que agora reflete sobre ele, que aquela ação foi feita".

Como pertinentemente escreveu CARLOS SACRAMENTO[235], "em última instância dizer *eu sou* é dizer que sou uma pessoa particular e que me distingo dos outros seres ou pessoas não só pelas minhas qualidades corporais mas também pelas diferentes experiências físicas e subjectivas que cada um de nós vive e que são pertença única e exclusiva de cada ser. A identidade pessoal é, sem dúvida, um tema para ser abordado filosoficamente pois envolve a questão da consciência e as respostas oferecidas estritamente a nível científico não são conclusivas e muito menos satisfatórias, mas tal deve-se, em grande parte, à subjectividade inerente ao próprio tema".

Este Autor frisa a importância da distinção entre «ser humano» e «ser pessoa» e diz que "para LOCKE, «ser humano» não é mais do que a nossa condição biológica e nesta medida não somos muito diferentes de um carvalho ou de um cavalo, i.e., em relação ao critério corporal ou da matéria, da uniformidade de substância física. Mas dizer isto é claro que não chega porque para além do homem ser um «ser humano» é também uma «pessoa». Pessoa é, segundo a aceção lockeana, "um ser inteligente pensante, que possui raciocínio e reflexão, e que se pode pensar a si próprio como o mesmo ser pensante em diferentes tempos e espaços; é-lhe possível fazer isto devido apenas a essa consciência que é inseparável do pensamento".

Este é um tópico da época subsequente à Idade Moderna. Foi "mais concretamente no século XVII, que o tema da identidade pessoal ganhou a sua devida notoriedade", o que se deve sobretudo ao filósofo inglês JOHN LOCKE. E o Autor que vimos citando frisa a importância que tem para LOCKE (na temática da identidade pessoa) a distinção entre «ser humano» – que "não é mais do que a nossa condição biológica" – e «ser pessoa», que

[235] Cf: SACRAMENTO, CARLOS: *John Locke e a problemática da identidade pessoal. Do impacto na Modernidade até à sua actualidade na Contemporaneidade.* Consultável em: file:///G:/john_locke_e_a_problematica_da_identidade_pessoal.pdf

é "um ser inteligente pensante, que possui raciocínio e reflexão, e que se pode pensar a si próprio como *o mesmo* ser pensante em diferentes tempos e espaços; é-lhe possível fazer isto devido apenas a essa consciência que é inseparável do pensamento".

Assim, sintetiza CARLOS SACRAMENTO: "podemos simplesmente dizer que a identidade pessoal reside na consciência de si próprio". "A identidade pessoal tal como foi definida por LOCKE está dependente da consciência pois é necessário que uma pessoa se identifique com o seu corpo e com os seus estados mentais de modo a reconhecer que são seus (...). Mas a consciência de si próprio está intrinsecamente dependente do elemento da memória. Ora, a memória destaca-se porque só ela pode permitir o reconhecimento contínuo de uma pessoa que se identifica com acções passadas e que pode ser considerada responsável pelas acções que praticou".

O Autor, em *reflexões finais* considera que "a pertinência de LOCKE na época moderna foi mostrar que o problema da identidade pessoal não (...é) um problema de substâncias como o "eu penso" do *cogito* cartesiano, que é alvo de críticas, mas sim um problema relacionado com a consciência, de cariz psicológico e epistemológico e não tanto metafísico (...) Cada vez mais se verifica uma acentuada deslocação do problema para o campo da neurobiologia na qual se destaca ANTÓNIO DAMÁSIO e as suas investigações com pacientes na obra *O Sentimento de Si*.[236]

2. A consciência [o Sentimento] de si foi uma temática debatida no meio filosófico e explanada, por exemplo, por LOUIS LAVELLE, MERLEAU-PONTY (e o estudo da perceção) GILLES DELEUZE (a criação de conceitos) MARTIN HEIDEGGER (a experiência de ser, peculiar no homem) e outros. Não cabe neste brevissimo apontamento expor as conceções filosóficas relacionadas com a «identidade civil», mas apenas lembrar que, sobre esta questão, várias e pertinentes reflexões têm sido feitas por filósofos conhecidos.

Para LOUIS LAVELLE, que foi objeto de uma tese de JANUÁRIO TORGAL FERREIRA, o «eu» é o centro e a consciência é a experiência do eu e do ser. Mas é uma experiência dinâmica. "A consciência não é apenas a unidade de todos os factos que nela nascem num momento determinado,

[236] Cf: DAMÁSIO, ANTÓNIO: *O Sentimento de Si*. Lisboa: Temas e Debates, 2013.

pois pode ser a unidade de todos os estados que se sucederam nela. Ela é tudo no presente; mas a cada momento que ela retoma a vida inteira, ela é capaz de revivê-la". A primeira experiência que temos de nossa existência é uma experiência de que pertencemos ao Mundo.

Enfim: distintos filósofos justificam a *identidade pessoal* com argumentos essencialmente baseados na peculiar experiência que cada ser humano tem de *si mesmo*. E concluem que – apesar da dificuldade em explicá-lo – ao longo da sua existência a «pessoa» permanece a *mesma* e conserva a sua própria *identidade*.

§ 2º A Identidade civil é um tema coletivo e universal

Ao falar da identidade civil não podemos pensar que essa «identidade» se refere apenas a determinada pessoa ou grupo de pessoas que podem exigir dos demais a aceitação da sua identidade.

É necessariamente a *todos* que o conceito se aplica. Tem um âmbito universal.

Por isso, quando a DUDH ou a Constituição – portuguesa ou de outro país – contemplam a identidade civil como um direito de personalidade e como um direito fundamental consideram que se trata de um direito que respeita *a qualquer ser humano, em qualquer parte que se encontre*.

Como se deduz de tudo o que temos dito, a identidade civil constitui um dos direitos que pertencem à humanidade e que, por conseguinte se aplicam a todos os seres humanos, sem exceção nem distinção.

Trata-se, no atual mundo civilizado, de uma ilação *notória* que, portanto, não carece de demonstração nem de mais considerações.

§ 3º A "Identidade civil" tem uma carga histórica

Temo-nos referido à identidade civil como *direito fundamental* e que deve ser interpretada à luz da Declaração Universal dos Direitos do Homem e da nossa Constituição.

Todavia não podemos esquecer que tanto a DUDH como a Constituição são do nosso tempo e que foi só na pós-Revolução Francesa que foram surgindo os movimentos que defenderam e conseguiram a abolição da escravatura, essa «vergonha da humanidade», que antes foi uma situação aceite em todas as civilizações.

De facto, desde a alta Antiguidade, os escravos eram despojados de todo o direito e legalmente definidos como «uma mercadoria» que tinha o seu preço, variável conforme as suas condições físicas, a procedência, as habilidades, idade, etc. E ao longo da evolução histórica, em praticamente todos os locais, os escravos não eram considerados seres humanos, mas sim «objetos», bens transacionáveis. Além disso, o seu número em várias nações ultrapassava o dos «homens livres».

Consequentemente, devemos concluir – sem necessidade de desenvolvimentos – que o conceito de "identidade civil" *é datado*, isto é, só dele se pode falar com precisão *na época contemporânea*, especialmente depois da abolição da escravatura e quando se passou a entender que "todos os seres humanos nascem livres e iguais em dignidade e em direitos" (primeira parte do artº 1º da DUDH).

Isto não significa que a conceção dos *direitos fundamentais* só tivesse surgido quando foi aprovada a DUDH. Podemos citar VIEIRA DE ANDRADE que diz: "os direitos fundamentais triunfaram politicamente nos fins do século XVIII com as revoluções liberais, Aparecem, por isso, fundamentalmente como liberdades, esferas de autonomia dos indivíduos em face do poder do Estado, a quem se exige que se abstenha, quanto possível de se intrometer tanto na vida económica e social, como ma vida pessoal"[237].

Estamos de acordo que o conceito de «identidade civil» como direito fundamental do ser humano é (embora sem um razoável motivo filosófico) *recente*, pois só se revela aquando das primeiras Constituições.

[237] Cf; ANDRADE, JOSÉ CARLOS VIEIRA DE: citados *Os Direitos Fundamentais na Constituição Portuguesa de 1976*, 6ª ed, reimp. Coimbra: Almedina, 2022, p.49.

Capítulo V
A Identidade Civil e Outros Direitos Fundamentais

Vimos já que a *identidade civil* é hoje, reconhecidamente, um direito fundamental intrinsecamente ligado aos direitos de personalidade, ao direito à vida e à dignidade da pessoa humana.

O artº 26º da Constituição, tendo a epígrafe "outros direitos pessoais", concretiza-a estipulando que "a todos são reconhecidos os direitos" ... e logo indica: "à identidade pessoal" e também – continua, particularizando – "ao desenvolvimento da personalidade, à capacidade civil, à cidadania, ao bom nome e reputação, à imagem, à palavra, à reserva da intimidade da vida privada e familiar e à protecção legal contra quaisquer formas de discriminação".

Tanto na doutrina como na jurisprudência são inúmeras as referências[238] que têm sido feitas a este artigo. Mas, como dizem os Autores que acabamos de citar, numa interpretação que nos parece convincente, estes direitos estão "implicados no princípio geral do respeito pela dignidade e personalidade humanas. Esta disposição apresenta-se, concretamente, como a *sede fundamental do direito geral de personalidade*". E depois confirmam: "O artigo 26º constitui expressão direta do postulado básico da dignidade humana que a Constituição consagra logo no artº 1º como valor básico (...)"[239].

[238] Cf; Medeiros, Rui e Cortês António, "Artigo 26º" *in* "Direitos, Liberdades e Garantias" *Constituição Portuguesa, Anotada*. Coimbra: Almedina, 2ª ed. rev. 2017, p. 442.
[239] *Vide:* Medeiros, Rui e Cortês António, comentário ao artº 26º *in* citada *Constituição....*, de Jorge Miranda/ Rui Medeiros, Vol. I, p. 442.

Deste modo, parece-nos aceitável e fundamentado considerar que a *identidade pessoal*, é o direito *geral e básico da personalidade* e da dignidade da pessoa humana, *englobando* os demais direitos, com especial relevo para a capacidade civil, cidadania, bom nome e reputação (e simplesmente ao nome), à imagem e à palavra. Além disso, como no Capítulo III (e nota 8) referimos, citando JORGE BACELAR GOUVEIA, "os direitos fundamentais típicos e enumerados incluídos no título II da Parte I da CRP são os mais numerosos", abrangendo vários outros além dos indicados no artº 26º, desde logo o próprio direito à vida (artº 24º da CRP). Ou seja: a «identidade pessoal» *incorpora em si outros direitos fundamentais*.

Em termos de registo, como temos sublinhado, *é no assento de nascimento* que ficam consignados os elementos correspondentes à natividade – ao "nascimento com vida" –, pelo que não só "constitui o assento fundamental na orgânica do nosso registo civil"[240], como também menciona esses outros direitos fundamentais que se incluem na identidade pessoal. Tal é, especialmente, o caso do nome, da data do nascimento, da naturalidade, da filiação e da avoenga[241].

Em síntese: a identidade civil, sendo um direito fundamental básico, acolhe e *abarca* outros direitos fundamentais, tais como, entre vários, o direito ao nome, à capacidade civil e à cidadania que, principalmente para o efeito acessório da *identificação*, se acham referenciados no assento de nascimento da pessoa.

Contudo, como este tema tem autonomia e carece de algum desenvolvimento, foi tratado na Parte I.

[240] A frase é de POMBO, J. ROBALO, *in Código do Registo Civil, anotado e comentado*: Coimbra, Almedina, 1991, comentário ao artº 86º. Frase citada por Álvaro Sampaio, *op. cit.* p. 109.

[241] Estes são elementos que respeitam também à "historicidade pessoal" da pessoa.

TÍTULO II
A IDENTIDADE CIVIL E DETERMINADOS DIREITOS FUNDAMENTAIS CONSTITUCIONALMENTE RECONHECIDOS

Capítulo VI
Direito à Vida e à Integridade Pessoal

O primeiro e principal direito que a Constituição contempla no artigo 24º/1 – que inicia o Capítulo I (do Titulo II) com a epígrafe "Direitos, liberdades e garantias pessoais" –, é o *direito à vida*. É *o primeiro dos direitos fundamentais* e também um direito intangível, como expressamente refere o preceito: "A vida humana é inviolável". E o nº 2 complementa a ideia referindo que "em caso algum haverá pena de morte". Este número 2, ao enfatizar que, mesmo face a situações de guerra ou de crimes de enorme gravidade, em *caso algum* pode haver pena de morte, coloca Portugal entre os países que, mesmo à luz das respetivas Constituições, maior respeito demonstra ter pelo direito à vida.

Como dizem Gomes Canotilho/Vital Moreira: "o direito à vida (...) é, logicamente, um direito prioritário, pois é condição de todos os outros direitos das pessoas". O valor do direito à vida e a natureza absoluta da proteção constitucional traduz-se no próprio facto de se impor mesmo perante a suspensão constitucional dos direitos fundamentais, em caso de estado de sítio ou de estado de emergência (artº 19º) e na proibição de extradição de estrangeiros em risco de serem condenados a pena de morte (artº 33º/3)"[242]. E, acrescentaríamos, não só da pena de morte, como de outras que atentem contra a integridade da «pessoa humana», como a amputação, a tortura e quejandas formas de desprezo pela vida do ser humano.

[242] Cf: Gomes Canotilho/Vital Moreira *cit. Constituição...*, p. 174

O preceito constitucional liga – e bem – a *integridade* da pessoa ao próprio direito à vida, visto que sendo este direito intangível, não se compatibilizaria nunca com a sua incompleta ou deficiente observância. O conceito de integridade da pessoa está contido no efetivo respeito pelo direito à vida.

Como Jorge Miranda e António Cortês sublinham: "A dignidade da pessoa é dignidade da pessoa *concreta,* na sua vida real e quotidiana, não é a de um ser ideal e abstrato" e adiante recordam: "Conforme se sublinha no Ac. 539/97 [do Trib. Constitucional] "o direito à vida apresenta-se como o primeiro dos direitos fundamentais constitucionalmente enunciados (...)"[243]

Por seu turno Castanheira Neves realça que "a dimensão pessoal postula o valor da pessoa humana e exige o respeito incondicional da sua dignidade. Dignidade da pessoa a considerar em si e por si, que o mesmo é dizer a respeitar para além e independentemente dos contextos integrantes e das situações sociais em que ela concretamente se insira. Assim, se o homem é sempre membro de uma comunidade, de um grupo, de uma classe, o que ele é em dignidade e valor se reduz a esses modos de existência comunitária ou social. Será por isso inválido, inadmissível, o sacrifício desse seu valor e dignidade pessoal a benefício simplesmente da comunidade, do grupo, da classe. Por outras palavras, o sujeito portador do valor absoluto não é a comunidade ou a classe, mas o homem pessoal, embora existencial e socialmente em comunidade e na classe"[244].

Todavia, o respeito pela vida e pela dignidade da pessoa não foi reconhecido, como se referiu, nas sociedades primitivas, pois "o homem só ia ser definitivamente transformado em pessoa pelo humanismo cristão. Aliás, o primeiro apelo dirigido aos outros foi o «não matarás» e «amarás o próximo como a ti mesmo"[245]. Contudo, contemporaneamente e em termos gerais, depois da publicação da DUDH, pode afirmar-se que se tornou indiscutível.

Apesar do artº 66º/1 do C.C. considerar que a personalidade só se adquire no momento do nascimento completo e com vida, tem-se entendido que a vida pré-natal também carece de proteção[246]. É certo que se

[243] Cf. citada *Constituição Portuguesa Anotada*, p.397.

[244] Neves, Castanheira *A Revolução e o Direito, in* ROA Lisboa, 1976, p..207

[245] Cf: Carvalho, Hamilton Sarto Serra de, *et alt. A personalidade jurídica em questão – Estudos sobre Direito(s) de Personalidade.* Edições Vieira da Silva, 2018, pp. 60/61

[246] Neste sentido a ROA publicou em 2008 (vol. I) dois interessantes artigos: 1) de Ascensão, José Oliveira "A dignidade da pessoa e o fundamento dos direitos humanos". 2) de Frada

trata de matéria bastante complexa, que aqui não cabe tratar, assim como da do eventual direito – ou não direito – ao suicídio medicamente assistido, bem como das inúmeras questões concretas e éticas relacionadas com a vida e que pertencem ao domínio da "Bioética".

Quanto ao direito à vida, "impõe-se contra todos, perante o Estado e perante os outros indivíduos". No tocante aos poderes públicos e ao Estado, decorrem como consequências:

"a) não poder dispor da vida dos cidadãos, a qualquer título que seja;
b) obrigação de proteger a vida dos cidadãos (...);
c) dever de abster-se de acções ou da utilização de meios que criem perigo desnecessário ou desproporcionado para a vida dos cidadãos (...)".

"No que respeita aos outros indivíduos, o direito à vida, além de proibir qualquer atentado contra a vida de outrem, pode em certas circunstâncias legitimar um dever de socorro ou de auxílio a quem se encontrar em perigo de vida"[247]. Aliás, o crime de "omissão de auxílio" está atualmente previsto no artº 200º do Código Penal.

Citando agora Rui Medeiros e Jorge Pereira da Silva: "A Constituição portuguesa não se limita, ao contrário de outros textos fundamentais e da própria DUDH, a dizer que "todos os homens têm direito à vida", afirmando antes, numa *fórmula normativa muito* mais forte e expressiva, que *"a vida humana é inviolável"*. O artigo 24º desempenha, entre os direitos fundamentais, um papel absolutamente ímpar. Membro do *clube restrito* dos direitos insuscetíveis de suspensão (nº 6 do artigo 19º), o direito à vida surge consagrado no nº 1 do artigo 24º não apenas na sua dimensão puramente subjetiva, como o primeiro dos direitos fundamentais – mais do que um direito, liberdade e garantia, ele constitui o *pressuposto* de todos os demais direitos fundamentais –, mas como valor objetivo e como princípio estruturante de um Estado de Direito alicerçado na dignidade da pessoa humana (artigo 1º)"[248].

Esta impecável e completa síntese, a nosso ver, dispensa desenvolvimentos.

Manuel Carneiro – A própria vida como dano?. Em ambos se defende a existência de direitos do embrião, ou seja, da vida antes do nascimento.

[247] *Vide:* Canotilho, Gomes / Moreira, Vital *cit. Constituição...*, p. 174.

[248] Cf: Miranda, Jorge e Medeiros, Rui: *cit, Constituição...* p. 365.

Capítulo VII
Direito à Identidade Pessoal e ao Desenvolvimento da Personalidade

O artº 26º da Constituição ao tratar dos outros direitos fundamentais começa por afirmar que "a todos são reconhecidos os direitos à identidade pessoal, ao desenvolvimento da personalidade (...)".

O preceito constitucional consagra, assim, a garantia de que todos têm direito a ver reconhecida *a sua identidade*, ou seja, o conjunto de caracteres essenciais que o identificam e o distinguem enquanto pessoa única.

Gomes Canotilho/Vital Moreira referem que "a delimitação do conteúdo do direito à *identidade pessoal* levanta algumas dificuldades. Sendo seu sentido o de garantir aquilo que identifica cada pessoa como indivíduo, singular e irredutível, ele abrange seguramente, além do direito ao nome, um direito à *«historicidade pessoal»*"[249] Acrescentaríamos que não só engloba esses dados elementares, mas, em síntese, abrange todos os elementos que devem necessariamente constar do *assento de nascimento*, que é justamente o registo que se destina a consignar a *identidade* da pessoa e que permite elucidar a *«historicidade pessoal»*.

Note-se, porém, que a identidade não se cinge a um qualquer desses elementos, porque resulta de todos eles. Quer dizer: não é, em si, apenas

[249] Cf: Canotilho, Gomes / Moreira, Vital *cit. Constituição...*, p. 179. Referimos já que o direito à «historicidade pessoal» é o direito que cada um tem a conhecer a sua genealogia, quem são os seus progenitores.

o nome, o sexo, a data de nascimento ou outro elemento que determina a identidade pessoal, visto que qualquer deles pode mudar ou ser retificado e, no entanto, a identidade da pessoa mantém-se.

Ao tentar definir este conceito de «identidade» pessoal, constitucionalmente garantido e ligado à personalidade, queremos também voltar a sublinhar a diferença substancial que o distingue da noção de «identificação», que é um simples *meio*, destinado a demonstrar e certificar a «identidade».

Na concisa expressão de RUI MEDEIROS/ANTÓNIO CORTÊS "a *identidade pessoal* é aquilo que caracteriza cada pessoa enquanto unidade individualizada que se diferencia de todas as outras pessoas por uma determinada vivência pessoal"[250]. E, na expressão de PEDRO PAIS DE VASCONCELOS, "toda a pessoa tem direito à sua individuação, como pessoa única com uma dignidade própria, não suscetível de ser amalgamada na massa nem hipostasiada numa transpessoa". De seguida o Autor lembra que "a identidade pessoal inclui a identidade genética e o património genético"[251].

O indicado artº 26º/1 inclui a par da identidade pessoal, "o desenvolvimento da personalidade", como direito igualmente fundamental. Tem sido objeto de múltiplos estudos, sendo deveras representativo o de PAULO MOTA PINTO que considera ser um direito com "uma dupla dimensão: a tutela da personalidade enquanto substracto da individualidade e nos seus múltiplos aspectos, e a tutela da liberdade geral de acção pessoal humana"[252].

Sob outro ângulo, podemos dizer com GISELE AMARAL, que "como os direitos fundamentais de personalidade possuem um caráter meramente exemplificativo, todo e qualquer direito que visar a *proteção da personalidade* será reconhecido. Dentre esses novos direitos, pode-se citar o direito ao esquecimento (...que) visa impedir a "rememoração de dados, notícias ou informações aptas a causar relevante constrangimento ao indivíduo"[253].

[250] Cf: MIRANDA, JORGE e MEDEIROS, RUI: *cit, Constituição...* p. 444.

[251] *Vide:* VASCONCELOS, Pedro Pais de: *Direito de Personalidade* Coimbra: Almedina, 2021, p. 73

[252] Cf: PINTO, Paulo Mota: *O Direito ao Livre Desenvolvimento da Personalidade,* Coimbra Coimbra Editora:" Boletim da Faculdade de Direito", 1999, pp. 149-246.Também citado por Pedro Pais de Vasconcelos, *op.* e *loc. cit.* na nota anterior.

[253] *Vide:* AMARAL, GISELE : Dissertação de mestrado: *Defesa da personalidade e o direito ao esquecimento.* Faculdade de Direito da Universidade de Lisboa, 2019, pp. 32/33. Consultável em: https://repositorio.ul.pt/bitstream/10451/40322/1/ulfd140174_tese.pdf

É vastíssima a literatura sobre a personalidade e o direito de personalidade. A título exemplificativo, é pertinente citar a obra coletiva em homenagem a DIOGO LEITE DE CAMPOS, "A personalidade jurídica em questão:- estudo sobre direitos de personalidade"[254], bem como as coletâneas coordenadas por este Professor, *Pessoa Humana e Direito*[255] e *Estudos sobre o Direito das Pessoas*[256] e as próprias obras deste Autor, merecendo destacar-se a intitulada *Nós – Estudos sobre o Direito das Pessoas*, em que critica o individualismo, "a omnipotência da vontade" e a negação de valores, quando se cuida apenas de si mesmo e não também do outro, "do «tu» e, portanto, do «nós»" e do ultra-individualismo em que a única proibição é a de proibir: "é proibido proibir ", como também já tinha dito noutro estudo[257].

Contudo, é claro que na tutela dos direitos de personalidade não se inclui como objetivo o acolhimento do egoísmo, embora corresponda à defesa jurídica da *integridade* da própria pessoa. Inclui-se, sim, como bem diz FRANCK MODERNE, "a dignidade do ser humano enquanto tal". E o Autor explica que este "é o significado mais imediato e menos discutido do princípio da dignidade. Ele condena imediatamente toda a forma de tratamento que degradaria ou visava degradar fisicamente, moralmente ou mentalmente o indivíduo de que seria objeto"[258].

RUI MEDEIROS/ANTÓNIO CORTÊS, falando das diferenças entre o artº 26º/1 e o correspondente preceito da Constituição alemã, referem que outras desigualdades "decorrem de uma leitura aberta e juridicamente adequada da ideia de dignidade humana, como valor de referência do texto constitucional, que compreenderá, em si mesma, o respeito por uma esfera de autonomia pessoal".

[254] *Vide:* HAMILTON SARTO SERRA DE CARVALHO, JOÃO CÉSAR SOUSA DE CARVALHO e VIRGÍLIO SERRA DE CARVALHO Coletânea em homenagem a DIOGO LEITE DE CAMPOS. Lisboa, Edições Vieira da Silva, 2017.

[255] *Pessoa Humana e Direito:* Coimbra: Almedina, 2009.

[256] *Estudos sobre o Direito das Pessoas,* Coimbra: Almedina, 2007.

[257] Referimo-nos a "O Direito e os Direitos de Personalidade", publicado na ROA, 1993, II, pp. 201-224.

[258] Cf. na Coletânea organizada por JORGE MIRANDA – *Perspectivas Constitucionais – Nos 20 Anos da Constituição de 1976,* o artigo de MODERNE, Franck: "La Dignité de la Personne Comme Principe Constitutionnel dans les Constitutions Portugaise et Française, pp 198 e ss. A parte transcrita (na alínea intitulada *La dignité de l'être humain en tant que tel,* é de p. 212)

Em particular, na perspetiva aqui adotada, pode afirmar-se que o direito fundamental ao livre desenvolvimento da personalidade apresenta também no Direito Constitucional português uma dupla dimensão: uma tutela da personalidade, enquanto substrato da individualidade nos seus diversos aspetos e uma tutela da liberdade. A omissão do adjetivo "livre" (o texto da Constituição portuguesa, ao contrário do alemão, refere-se apenas a "desenvolvimento da personalidade") não constitui, neste aspeto específico, qualquer obstáculo ao paralelismo com o Direito germânico (...), visto que a noção de desenvolvimento da personalidade e a própria concepção de personalidade (...) comporta já uma componente de liberdade"[259].

Aliás, como dizem, os citados Autores, o apelo a uma ideia de liberdade que o artº 26º/1 convoca "tem, desde logo, o sentido da acentuação de um princípio basilar enformador da nossa ordem constitucional"[260].

A propósito, cite-se PAULO MOTA PINTO, quando diz: "afigura-se legítimo sustentar que o direito referido no artº 26º, nº 1, da Constituição constitui, na realidade, um *direito de liberdade* (um *Freiheitrecht)* – justamente o direito ao *livre* desenvolvimento da personalidade"[261].

RUI MEDEIROS/ANTÓNIO CORTÊS também assinalam que "concretamente, o artigo 26º, articulado com a exigência axial do respeito pela dignidade humana e com a referência genérica ao *direito ao desenvolvimento da personalidade*, implica uma *tutela abrangente da personalidade*, incluindo a própria *formação da personalidade*. Naturalmente, como já foi assinalado, a Constituição especifica autonomamente diversos aspetos da personalidade protegidos ao nível jusfundamental". E uma tutela abrangente da personalidade permite abarcar quaisquer outras dimensões fundamentais em que se jogue o desenvolvimento da personalidade de uma pessoa humana. Daí a importância que o direito ao desenvolvimento da personalidade tem sempre que estejam em causa crianças ou jovens ainda em fase de formação da sua personalidade, abrangendo, entre outros, o direito ao desenvolvimento de todas as potencialidades e capacidades no domínio educativo.

Além disso, o respeito pela dignidade humana, pelo pluralismo democrático, pela identidade pessoal e pelo desenvolvimento da personalidade

[259] Cf. *op. cit.* p. 447.

[260] *Idem*, p. 447

[261] *Vide:* PINTO, Paulo Mota: *O direito ao livre desenvolvimento da personalidade in Portugal-Brasil, Ano 2000* -Tema Direito, Coimbra,1999, pp. 160 e 163.

de cada um implica o reconhecimento de um espaço legítimo de liberdade e realização pessoal liberto de constrangimentos jurídicos.[262]

Jorge Reis Novais, recorda que a importância atribuída ao direito ao desenvolvimento da personalidade "pode ser enorme"[263]. E a Constituição portuguesa atribui a este direito um destaque comprovado, como a doutrina manifestamente reconhece.

Note-se, por último que a personalidade no sentido da *dignidade da pessoa* mereceu, nos próprios termos da Constituição, um relevo basilar, mesmo porque logo no artº 1º *define* Portugal como "uma República soberana, baseada na dignidade da pessoa humana e na vontade popular".

[262] Cf: *op. cit.* p. 448.

[263] Cf: Novais, Jorge Reis: "As restrições aos direitos fundamentais não expressamente autorizadas pela Constituição", Coimbra, 2003, pág.591.

Capítulo VIII
Direito à Capacidade Civil

O artº 26º/1 da Constituição, na sequência da identidade pessoal, depois de mencionar o direito ao desenvolvimento da personalidade, refere a *capacidade civil* como outro direito fundamental.

A capacidade civil corresponde à aptidão para se ser titular de direitos e sujeito a obrigações: a tradicionalmente designada como *capacidade de gozo*. O Código Civil, no artº 67º refere que " As pessoas podem ser sujeitos de quaisquer relações jurídicas, salvo disposição legal em contrário: nisto consiste a sua capacidade jurídica". Dizendo de outro modo, "capacidade é a medida de direitos e obrigações de que uma pessoa é susceptível"[264] e que, afinal, também a tornam apta para agir.

O artº 26º/1 consagra o direito à capacidade civil, e o nº4, determina que "a privação da cidadania e as restrições à capacidade civil só podem efectuar-se nos casos e termos previstos na lei, não podendo ter como fundamento motivos políticos".

Rui Medeiros/António Cortês, confirmam que "as restrições à capacidade civil estão sujeitas a reserva de lei e não podem ter fundamento político ou ser, por qualquer outro motivo, à luz no artigo 13º e do artigo 18º, nº 2, arbitrárias ou excessivas, devendo ter um motivo suficientemente justificativo (*v.g.*, idade, anomalia psíquica, deficiência audiovisual, pro-

[264] Esta é a definição de Castro Mendes. Cf: Mendes, João Castro: Teoria Geral do Direito Civil. Lisboa: Edição da AAFDL, 1978, p.84

digalidade, falência) e respeitar os princípios da igualdade e da proporcionalidade (assim, por exemplo, seria ilegítima, por ofensa do princípio da igualdade, a reposição do regime legal de administração dos bens da mulher casada pelo marido, em vigor antes da reforma do Código Civil em 1977).

Em contrapartida, em diversos arestos, o Tribunal Constitucional concluiu pela inconstitucionalidade de uma norma do Código da Insolvência e da Recuperação de Empresas, na medida em que impunha que o juiz, na sentença que qualificava a insolvência como culposa, decretasse a inabilitação do administrador da sociedade comercial declarada insolvente"[265].

Nos termos do artº 67º do Código Civil "as pessoas podem ser sujeitos de quaisquer relações jurídicas, salvo disposição legal em contrário: nisto consiste a sua capacidade jurídica", que dominantemente se considera ser a capacidade de gozo. Como diz MENEZES CORDEIRO, "a tónica da capacidade de gozo não reside no facto de poderem ser sujeitos de "relações jurídicas": isso adviria já da personalidade: ela deriva de poderem encabeçar *quaisquer* situações de modo indiferenciado"[266].

O caráter *absoluto* da capacidade jurídica determina a sua *irrenunciabilidade,* como estabelece o Código Civil no artº 69º:" Ninguém pode renunciar, no todo ou em parte, à sua capacidade jurídica".

HEINRICH HÖRSTER/EVA SÓNIA M. SILVA lembram que a aquisição da personalidade (artº 66º/1 do C.C.) "dá origem à capacidade jurídica". E adiante referem que "a capacidade jurídica corresponde à susceptibilidade de uma pessoa ser titular de todos os direitos subjectivos que a ordem jurídica privada conhece, bem como das respectivas obrigações. A capacidade jurídica é, deste modo, uma qualidade estática, ou seja, precisamente a idoneidade de se ser titular de direitos e obrigações. A capacidade jurídica é inerente à personalidade (..., e) a personalidade é insusceptível de quaisquer limitações ou ressalvas"[267].

A capacidade civil ou jurídica ou ainda, como também se denomina, a capacidade de gozo, tem, como se disse, um carácter pleno e incontes-

[265] *Vide: op. cit.* p.456 e ss.

[266] Cf: CORDEIRO, ANTÓNIO MENEZES : *Código Civil, Comentado,* I- Parte Geral, Coimbra: Almedina, 2020, p. 252.

[267] Cf: de HÖRSTER, EWALD HEINRICH , *cit.* – *A Parte Geral do Código Civil Português: Teoria Geral* de *Teoria Geral do Direito Civil.* (com EVA SÓNIA MOREIRA DA SILVA) 2ª ed. Coimbra: Almedina, 2019, pp. 334/5

tável e a ela se contrapõe a *capacidade de exercício*, correspondente a uma certa medida de direitos e obrigações que a pessoa está apta a, concretamente, poder exercer. Não é, porém, a capacidade de exercício que está em causa quando aqui tratamos dos direitos fundamentais constitucionalmente garantidos.

Relativamente à capacidade civil pensamos ter dito o suficiente para se constatar que *é vedada* "a privação ou restrição originária da capacidade civil" e ainda que "as garantias do direito à capacidade civil são tanto mais importantes, quanto é certo que o exercício dos direitos fundamentais que implique efeitos jurídicos civis pressupõe evidentemente aquela capacidade"[268]

[268] Cf: Canotilho, Gomes / Moreira, Vital *cit. Constituição...*, p. 180

Capítulo IX
Direito à Cidadania

Prosseguindo a análise dos direitos fundamentais mencionados no artº 26º/1 da Constituição, vemos que depois de aludir à capacidade civil o preceito refere o Direito à cidadania.

A cidadania – em termos gerais – respeita, por um lado, ao elo jurídico que se traduz na ligação de uma pessoa ao Estado e, pelo outro, aos direitos civis, sociais, económicos e políticos de que gozam os cidadãos desse Estado.

No entanto, a Constituição no artº 4º refere-se apenas à "cidadania portuguesa", dizendo que "são cidadãos portugueses todos aqueles que como tal sejam considerados pela lei ou por convenção internacional". Deste modo, Gomes Canotilho/Vital Moreira, a respeito dos direitos fundamentais previstos no artº 26º/1, aludem aos cidadãos *portugueses* considerando que "o direito à cidadania (...) significa o direito à Pátria, direito à qualidade de membro da República portuguesa"[269].

Rui Medeiros/António Cortês, acentuam que o artº 26º/1 "consagra o *direito fundamental à cidadania*, explicitando que a privação da cidadania só pode efectuar-se nos casos e termos previstos na lei". Aliás, o nº 4 do mesmo artigo confirma isso, pois estabelece que "a privação da cidadania e as restrições à capacidade civil só podem efectuar-se nos casos e termos previstos na lei, não podendo ter como fundamento motivos políticos". Estes Autores entendem que "a Constituição não se limita a remeter para a lei ou convenção internacional o regime de aquisição e perda da

[269] Cf: *op. cit.* p. 180.

cidadania portuguesa (artigo 4º), reconhecendo à cidadania, no artigo 26º, a *dimensão de direito fundamental pessoal*". E observam que "a consagração do direito fundamental à cidadania – ou, mais rigorosamente, do direito fundamental à cidadania portuguesa – apresenta, como demonstra desenvolvidamente JORGE PEREIRA da SILVA (Direitos de cidadania, págs.79 e segs.), duas dimensões substancialmente distintas. A leitura do direito à cidadania portuguesa em conformidade com o artigo 15º da DUDH, leitura imposta pelo artigo 16º, nº2, da Constituição, revela, na verdade, que não só "ninguém pode ser arbitrariamente privado da sua nacionalidade" (nº2), mas também que "todo o indivíduo tem direito a ter uma nacionalidade" (nº1) e a "mudar nacionalidade" (nº2). Trata-se, em qualquer caso, de direitos [os de cidadania e de nacionalidade] com estruturas substancialmente diferentes"[270].

No entanto, em vários textos de constitucionalistas e de civilistas é normal verificar que equiparam os conceitos de cidadania e de nacionalidade, posição esta com que não concordamos e, por isso, vamos procurar distinguir essas noções.

Com efeito, o conceito de nacionalidade respeita à situação jurídica que vincula a pessoa à «Nação» (ou Estado), do qual é «nacional», nos termos previstos na lei e que referiremos na Parte III, enquanto cidadania *é a qualidade de se ser cidadão*, nos termos que foram *supra* expostos, e que tem uma natureza essencialmente ligada à pessoa como «ser humano» e não como «súbdito», necessariamente *dependente* de uma nação[271], mas sim como comparte que integra o seu «povo».

Também CONSTANÇA URBANO DE SOUSA considera que as aludidas noções "não são coincidentes"[272]. O que igualmente (entre outros) entende MOURA RAMOS para quem nacionalidade "é o vínculo jurídico-político que, traduzindo a pertinência de um indivíduo a um Estado, o constitui

[270] Cf: *op. cit.* pp. 457/458. Como seguidamente se dirá, concordamos que se trata de direitos com estruturas substancialmente diferentes.

[271] Parece que não será contraditório nem ilógico referirmo-nos a um estrangeiro, por ex:, nesta frase: trata-se de um *cidadão estrangeiro*. Ou nesta outra: é um *cidadão estrangeiro* que reside em Portugal. A expressão *cidadão* é, pois, próxima da de «ser humano».

[272] Cf: SOUSA, CONSTANÇA URBANO de: "Introdução ao estudo do direito dos estrangeiros", p. 54 consultável em: https://repositorio.ual.pt/bitstream/11144/1348/1/CUS_MA_1146.pdf. A Autora também cita Rui Manuel MOURA RAMOS, *Do Direito Português da Nacionalidade*, Coimbra Editora, 1992, p. 3, nota de rodapé nº 1

perante este num particular conjunto de direitos e obrigações". Num outro estudo, acrescenta que "a este último propósito é corrente falar igualmente de *cidadania*, uma vez que este específico aspeto, o dos direitos e deveres que decorrem do vínculo em questão ganhou sobretudo consistência em relação à *civitas* (cidade) ao expressar a participação do *cives* (cidadão) na definição do destino desta"[273].

Constança Urbano de Sousa entende que "mais do que a mera ligação de um indivíduo a uma entidade sociológica, como a Nação (...), a cidadania exprime assim um vínculo de carácter jurídico entre um indivíduo e uma entidade política: o Estado"[274].

Voltando a citar Rui Medeiros/António Cortês, vemos que justamente notam que "no que respeita àqueles que são portugueses, o direito fundamental traduz-se, nos termos do artigo 26º, n. º4, no direito a não ser privado da cidadania portuguesa ou, com maior rigor, no direito a não ser dela privado através de medidas arbitrárias ou desproporcionadas (...).O artigo 26º, n. º4, exige apenas que a privação da cidadania se faça nos casos e nos termos previstos na lei, não podendo ter como fundamento motivos políticos.

A privação da cidadania deve, por isso, visar a salvaguarda de outros direitos ou interesses constitucionalmente protegidos (nº 2 do artigo 18º), fundar-se numa lei geral e abstrata, que não disponha retroativamente, *nem atinja o conteúdo essencial do direito à cidadania* (nº 3 artigo 18º). Para além disso, nos termos do nº 4 do artigo 30º, a perda da cidadania não pode constituir um efeito necessário da aplicação de uma pena criminal[275].

Em síntese, poder-se-á afirmar que o direito à cidadania, que a generalidade dos aurores considera distinto do direito da nacionalidade, é indubitavelmente um direito fundamental com a «força jurídica» consagrada no artº 18º da Constituição, pelo que o cidadão, salvo em rara situação expressamente prevista na lei, não pode ser privado do seu «direito de cidadania».

[273] Cf: Ramos, Rui Manuel Moura, *Estudos de Direito Português da Nacionalidade*. 2ª ed. Coimbra: Gestlegal, 2019, p.348.

[274] *Vide:* estudo citado na penúltima nota . A Autora refere que cidadania "é a qualidade de cidadão, de membro do Povo que, como lembra JELLINEK na sua Teoria Geral do Estado, participa activamente na formação da vontade comum. Neste sentido, o termo cidadania designa sobretudo o estatuto próprio do cidadão (...) Cf: 55.

[275] Cf: *op. cit.* pp. 458/459.

Capítulo X
Direito ao Nome e ao Bom Nome

Um outro direito fundamental que o Registo Civil é chamado a defender e preservar é o direito ao nome, direito que também o Código Civil contempla no artº 72º, dispondo que toda a pessoa tem direito a usar o seu nome, completo ou abreviado, e a opor-se a que outrem o use ilicitamente para sua identificação ou outros fins.

O conceito de direito ao *nome* não é igual ao do direito *ao bom nome,* sendo este o que está contemplado no artº 26º da Constituição com a expressão completa direito ao "bom nome e reputação", ou seja, "o direito a não ser ofendido na sua honra, dignidade ou consideração social[276]. Todavia, isso não significa que o direito ao «nome» *tout court* não seja igualmente um «direito fundamental», visto que faz parte da *identidade pessoal* de que já falámos, como a "representação linguística de um ser humano"[277].

§ 1º O direito ao nome

Sendo fundamentais tanto o «nome» como o «bom nome», abordaremos em primeiro lugar o «nome» e só depois o «bom nome».

No que respeita ao nome, Vilhena de Carvalho propõe este conceito: "O nome é o sinal ou rubrica através do qual e predominantemente se individualizam as pessoas, quer consideradas isoladamente, quer em

[276] As expressões são de: Canotilho, Gomes / Moreira, Vital *cit. Constituição...*, p. 180.
[277] Cf: Cordeiro, António Menezes : citado *Código Civil, Comentado,* I- Parte Geral, p. 297.

referência à família a que pertencem"[278]. E, informando sobre os dados históricos alusivos à composição do nome, refere o seguinte: "Nas sociedades primitivas, o nome por que se designavam as pessoas era constituído por um único elemento.

Um tal sistema de denominação das pessoas ia-se tornando inadequado à medida que se verificava o crescimento populacional, que determinava, naturalmente, o aparecimento de casos de homonímia. E, para os evitar, acrescenta-se à designação individual ou uma menção familiar (de filiação), ou uma indicação de lugar (nascimento ou residência) ou ainda da gens em que a pessoa se achasse integrada, surgindo deste modo nomes compostos, mais aptos a cumprir a função individualizadora do nome"[279]

Como já vimos na Parte I ao tratar da composição do nome, à luz do CRCiv, presentemente ele é composto pelo nome próprio e apelidos, como aqui lembramos, mas não para repetir o que então ficou dito.

1. Quanto à natureza do *direito ao nome,* várias teorias têm sido apresentadas. VILHENA DE CARVALHO dá-nos conta das seguintes:

"a)Teoria do direito de propriedade.

Segundo os seus adeptos (sobretudo autores franceses: SALVETON, PROUDHON, etc.), o direito ao nome seria um direito de propriedade, reclamando-se a bondade desta concepção da circunstância de o nome ser oponível *erga omnes*, ninguém podendo, nem mesmo o Estado, privar qualquer pessoa do nome que legalmente tomou ou herdou. Entre nós, mostraram-se defensores desta teoria CUNHA GONÇALVES e PEDRO CHAVES.(...).

b) Teoria do nome [como] obrigação e instituição de polícia. (...)

«É a forma obrigatória de designação das pessoas»: tais são as palavras de PLANIOL.

c) Teoria do nome como um direito de personalidade.

A teoria que considera o nome como um direito de personalidade colhe desde logo o mérito de assinalar que o aspeto jurídico do nome tem mais pronunciadamente o carácter de direito que o de obrigação. E porquê um direito de personalidade?

[278] Vide: CARVALHO, MANUEL VILHENA de: *Do Direito ao Nome.* Coimbra: Almedina, 1972, p. 13.

[279] Cf: *op. cit,* p. 15.

Vilhena de Carvalho responde:

"Não há ordenamento legal que não reconheça, se não explícita, pelo menos implicitamente, como primeiro direito de toda a pessoa humana, o de exigir a sua distinção das demais, como facilmente se atinge...." E, mais adiante acrescenta: "Adquirida a personalidade no momento do nascimento logo surge para toda a pessoa jurídica a necessidade da sua distinção.

E por que formas ou circunstâncias há-de essa distinção operar-se? Uma delas, por certo a não menos importante, será o nome que, dada a sua natureza, *emana* da própria personalidade, como outros direitos da mesma natureza: direito à imagem, à reserva sobre a intimidade da vida privada, à integridade física e moral da pessoa.

Podemos, assim, dizer que o direito ao *nome,* se haverá de bem qualificar como um direito da personalidade"[280].

2. Também nos parece que esta é a verdadeira natureza do direito ao nome. Igual é a opinião da generalidade dos autores[281]. PEDRO PAIS DE VASCONCELOS, ao enumerar os tipos legais de direitos da personalidade, refere: "No artigo 26º da Constituição da República está previsto, como direito fundamental, o direito à identidade pessoal (...). Nos artigos 72º, 73º e 74º, o Código Civil prevê o direito a ter nome, a usá-lo completo ou abreviado e a protege-lo contra o uso ilícito que dele seja feito (...). Neste tema se concentram duas áreas problemáticas com elevadíssimo interesse dogmático (...[em]) Direito de Personalidade: por um lado, o direito à identidade, à individuação, a ter um nome e a defendê-lo (...)"[282]

Por seu turno, VILHENA DE CARVALHO diz que "a bondade da tese segundo a qual o nome é um direito de personalidade, teve pleno acolhimento e consagração no nosso ordenamento. Deduz-se, assim, da *sedes materiae*: o direito ao nome vem afirmando no art. 72º, o qual se integra na Secção II (Direito de personalidade), do Capítulo I (Pessoas singulares), do Subtítulo I (Das pessoas), do Título II (Das relações jurídicas), do Código Civil (...). Convirá, em todo o caso, não perder de vista a estreita

280 *Vide: op. cit,* pp 35 a 37.

281 Além dos Constitucionalistas que temos citado, por ex. MENEZES CORDEIRO dá como exemplos o direito à vida, à integridade física ou ao nome. Quanto a este, "submete-se ao regime dos direitos de personalidade, particularmente no tocante à defesa" (Cf. cit. Código Civil, Comentado, I- Parte Geral, p. 304.

282 Cf: VASCONCELOS, PEDRO PAIS DE: Citado *Direito de Personalidade...* pp.73/74.

vinculação que o nome possui com o *status* familiar, na medida em que os apelidos (em geral, função da filiação) integram o nome completo"[283].

Por nossa parte, também a doutrina que conhecemos considera que fazem parte dos direitos da personalidade todos os direitos relativos à pessoa, como a sua imagem, o seu nome, e demais características da sua identidade.

3. O Autor que acabamos de citar considera que são várias as *características gerais* com que o direito ao nome se nos apresenta, sendo de apontar, como principais, as seguintes:

a) *Oponibilidade* – é oponível *erga omnes*, como direito de personalidade que é.
b) *Inestimabilidade* – é inestimável em dinheiro, ainda que as lesões do direito ao nome possam dar lugar a indemnizações.
c) *Vinculação a uma relação familiar* – Uma parte do nome completo, os apelidos expressam uma relação familiar.
d) *Obrigatoriedade* – a atribuição do nome a uma pessoa é obrigatória, como é obrigatório, outrossim, o seu uso e conservação.
e) *Imutabilidade* – do referido conceito de obrigatoriedade, decorre o da imutabilidade do nome. Uma vez adquirido, somente nos casos e mediante os processos legalmente estabelecidos poderá alterar-se.
f) *Imprescritibilidade* – tanto no aspeto aquisitivo como extintivo, o direito ao nome é imprescritível: nem o uso leva à sua aquisição, nem o não uso à sua perda.
g) *Indisponibilidade* – o direito ao nome não pode ser alheado ou cedido, seja a título oneroso ou gratuito (...) A indisponibilidade do nome é, afinal, a lógica consequência da sua obrigatoriedade e imutabilidade"[284].

Podem apontar-se estas características ou outras, se baseadas em distinto critério. MENEZES CORDEIRO refere que o direito ao nome tem um conteúdo que se pode analisar nos seguintes poderes ou pretensões:

- o poder de usar o nome completo;
- o poder de abreviar o nome;

[283] *Vide: op. cit*, p. 38.
[284] Cf: *op. cit*, pp. 39-42.

- o poder de usar o nome abreviado;
- o poder de opor-se a que outrem o use ilicitamente, para sua identificação ou outros fins;
- o poder de, perante nomes total ou parcialmente idênticos, requerer ao tribunal providências conciliatórias.[285].

Embora possamos concordar que o direito ao nome engloba todos estes atributos pensamos, todavia, que se mostra desnecessário analisar cada um, visto que são «desdobramentos» da característica essencial do nome, quer como direito de personalidade, quer como essencial elemento da *identidade* da pessoa.

4. Na sequência da monografia de VILHENA DE CARVALHO que temos referido, sobre um outro ponto convirá que, embora sumaríssimamente, algo se diga. Trata-se da proteção legal do nome, quer no aspeto civil, quer no penal. Quanto a sanções penais, não se acham diretamente previstas para o uso indevido do nome, mas se porventura um nome alheio for usado, por ex., para praticar uma burla, é evidente que tal conduta é criminosa, pelo que sujeita o infrator à pena correspondente. Mas então – dizemos nós – esse ou outro crime tem a sua punição própria e não a do uso abusivo do nome.

A respeito da proteção ao nome, vários estudos têm sido feitos. VILHENA DE CARVALHO diz que se "distinguem, comummente, na doutrina, duas ações fundamentais, ambas de condenação: uma, chamada de reclamação, visando o reconhecimento do direito do demandante ao nome por si usado e outra, chamada de usurpação, quando dirigida a impugnar a utilização indevida, por outrem, de todo ou parte do nome do demandante"[286]. E adiante acrescenta. "Entre nós, encontra-se esta matéria disciplinada no artigo 72º, nº 2, do Cód. Civil, impedindo-se que o titular do nome o use, especialmente no exercício de uma atividade profissional, de modo a prejudicar os interesses de quem tiver nome total ou parcialmente idêntico (...)""[287].

[285] Cf: *op. cit*, p. 51

[286] Cf: *op. cit*, p.45

[287] *Idem*, p. 51,

5. O regime da defesa do direito ao nome acha-se basicamente referido no artº 72º, nºs 1 e 2., sendo certo que a sua tutela, como direito de personalidade, também se encontra indicada no artº 70º nºs 1 e 2. Diz a disposição do artº 72º no nº 1: "Toda a pessoa tem direito a usar o seu nome (...) e a opor-se a que outrem o use ilicitamente para sua identificação ou outros fins". E o nº 2: "O titular do nome não pode, todavia (...) usá-lo de modo a prejudicar os interesses de quem tiver nome total ou parcialmente idêntico; nestes casos, o tribunal decretará as providências que, segundo juízos de equidade, melhor conciliem os interesses em conflito".

À luz destas disposições, verifica-se que o legislador se orientou sobretudo num sentido *preventivo*, por forma a impedir que se verifique, por parte de outrem, um uso ilícito do nome da pessoa. Contudo, o artº 70º/1 prevê a possibilidade de medidas *repressivas*, pois estabelece no nº 1 que "a lei protege os indivíduos contra qualquer ofensa ilícita ou ameaça de ofensa à sua personalidade física ou moral" e no nº 2 começa por estabelecer que "independentemente da responsabilidade civil a que haja lugar a pessoa ameaçada ou ofendida pode requerer as providências adequadas às circunstâncias do caso („,)". No entanto, estas disposições do Código Civil apenas aludem a eventuais sanções de natureza indemnizatória cível e não penal.

Também atualmente, o Código Penal não contém qualquer disposição que estabeleça uma penalidade para o uso indevido do nome de outra pessoa, o que, como se referiu, não quer dizer que determinada atuação configure um crime praticado com base no uso do nome de outrem.

6. O Código Civil no artigo 74º dispõe que "o pseudónimo, quando tenha notoriedade, goza da protecção conferida ao próprio nome".

Entendeu o legislador conferir ao pseudónimo uma tutela idêntica ao nome. Segundo Menezes Cordeiro, "tem as características seguintes: (a) é próprio de uma pessoa; (b) adotado livremente por esta; (c) com notoriedade". E depois acrescenta: "A equiparação ao nome, determinada por lei, é justa e clara: o pseudónimo adere à pessoa, como qualquer direito de personalidade".[288].

Embora compreendamos as considerações do douto Professor, no entanto, para o Registo Civil, o pseudónimo não é – nem pode ser – equi-

[288] Cf: Cf: Cordeiro, António Menezes : citado *Código Civil, Comentado*, I- Parte Geral, p.305. A propósito cita o Acórdão da Relação de Lisboa de 9/3/2000 (Moreira Camilo) *in* C.J. XXV (2000).2, p. 87-89.

parável ao nome, visto que, como dissemos, este é um essencial elemento da identidade da pessoa que a acompanha desde o nascimento e, como tal, *é mencionado no seu registo de nascimento,* ao contrário do pseudónimo que, nem como menção especial, é – ou pode ser – aí referido.

Contudo, dizendo isto, não podemos negar que a lei confere ao pseudónimo a mesma proteção jurídica que é devida ao nome, e por isso, quem violar a imunidade que lhe é conferida sujeita-se às mesmas sanções que, a propósito do nome, referimos no número anterior.

§ 2º O bom nome e reputação

Quanto ao "bom nome" e reputação trata-se de proteger a respeitabilidade que é devida a cada pessoa.

Referindo-nos de novo a Rui Medeiros/António Cortês, verificamos que também são de opinião que se trata da "proteção da consideração social que é devida a todas as pessoas. É um direito à honra, à honorabilidade, ao crédito pessoal, que, uma vez atingido afeta de forma direta a dignidade das pessoas"[289].

1. O caso de ofensa à dignidade das pessoas pode ter enquadramento criminal, como é a hipótese, entre outras, dos crimes de injúria, difamação ou abuso de liberdade de imprensa. No tocante a este último, tem de ser ponderado até onde é admissível que vá essa liberdade, dado que não pode resvalar para a difamação.

O Tribunal Constitucional assim o entende (os indicados Autores citam o Acórdão nº 292/08). Neste Acórdão (Ana Guerra Martins) diz-se, a dado passo "(...) estando em causa o direito à informação, basta a verificação de culpa inconsciente ou abaixo da mediania do jornalista, como pressuposto do dever de indemnizar por ofensa ao bom nome civil extracontratual, no caso de ter havido ofensa ao direito ao bom nome (...). E cita-se a decisão do STJ em causa onde se conclui que: «Especialmente prevista no artigo 484° do Código Civil está a ilicitude *lato sensu* decorrente da ofensa do crédito ou do bom nome, segundo o qual, quem afirmar ou difundir um facto capaz de prejudicar o crédito ou o bom nome de qualquer pessoa, singular ou colectiva, responde pelos danos causados. Estamos, assim, perante uma previsão de ilicitude da divulgação de factos que, pela sua

[289] Cf: *op. cit.* pp 449/450.

natureza, sejam susceptíveis de ofender o crédito ou o bom-nome das referidas pessoas, físicas ou meramente jurídicas”[290].

2. Outro aspeto, por vezes bastante na «ordem do dia» é o da controvérsia política. Deve, é claro, como dizem os Autores distinguir-se o que é o debate político, propriamente dito, e a ofensa pessoal desnecessária ou inadequada à controvérsia em questão.

A proteção que e lei confere à honra e dignidade das pessoas, incluindo as pessoas coletivas, tem cobertura jurisprudencial, ainda que as expressões atentatórias do bom nome não sejam apenas orais ou escritas, mas também efetuadas por gestos, imagens ou quaisquer outros meios.

Por outro lado, é igualmente atentatório do bom nome quando as insinuações ofensivas sejam formuladas como mera «suspeita» ou reproduzindo as feitas por qualquer outra pessoa.

[290] Acórdão do T. C. nº 292/08 (Ana Guerra Martins) Pº 459/07 consultável em: https://www.tribunalconstitucional.pt/tc/acordaos/20080292.html

Capítulo XI
Direito à Imagem e à Palavra

O artº 26º da Constituição depois de se referir ao direito ao bom nome, menciona "a imagem". Esta ampla expressão engloba necessariamente os sinais físicos ou a fotografia da pessoa.

1. É claro que a *imagem*, ainda que constante de documento de identificação da pessoa, não pode ser usurpada ou usada sem o seu consentimento. Como bem decidiu o Acórdão da Relação de Guimarães de 8/10/2102 (João Lee Ferreira) "A conduta de quem preenche um impresso destinado a renovação de bilhete de identidade de outra pessoa, dele fazendo constar um nome, freguesia e concelho da naturalidade e data de nascimento diferentes dos seus e, com o impresso assim preenchido, entrega nos serviços de identificação a sua própria fotografia, bem como uma cópia do assento de nascimento e apõe as suas impressões digitais, tudo isto com o propósito de se fazer passar por pessoa com o nome diferente, é susceptível de preencher os elementos objectivos do tipo de crime de falsificação previsto na alínea b) do nº. 1 e no nº 3 do artigo 256º do Código Penal, na redacção do Decreto-Lei nº 48/95, de 15 de Março e, posteriormente nas alíneas d), e) e f) do mesmo nº 1 e no nº 3 do artigo 256º na redacção da Lei nº 59/2007, de 4 de Setembro, hoje vigente"[291].

[291] Consultável diretamente em: http://www.gde.mj.pt/jtrg.nsf/86c25a698e4e7cb7802579ec004d3832/bb3130cb39a1030d80257a9b004916e8?OpenDocument

De resto, a jurisprudência confirma que o direito à imagem é um dos direitos fundamentais de personalidade. A título de exemplo pode também citar-se o Acórdão da Relação de Lisboa de 22-09-2005 (MANUELA GOMES) que refere: " Os direitos de personalidade são direitos inatos, inalienáveis e irrenunciáveis, dada a sua essencialidade relativamente à pessoa, da qual constituem o núcleo mais profundo. O direito à imagem é um dos direitos fundamentais de personalidade, protegidos civilmente [mormente no artº 79º do C.C.], mas também, e desde logo, reconhecidos como tal na Constituição"[292].

2. Cabe ainda mencionar RUI MEDEIROS/ANTÓNIO CORTÊS quando dizem:: Por outro lado, (...) os direitos à imagem e à palavra devem ser lidos em simultâneo com a identidade pessoal"[293]. Ora a *identidade pessoal* é não só um direito básico que integra o conceito de «direito fundamental pessoal» mencionado no artº 26º da Constituição, como também faz parte dos «direitos liberdades e garantias», com o seu "*regime geral específico*"[294]

Por outro lado, os direitos à imagem e à palavra são direitos de personalidade. Como pudemos ler numa tese de mestrado[295] afirmava-se – e bem –, mencionando diversos autores reconhecidos, que o "direito à imagem é um direito de personalidade". E mais adiante, diz-se; "No que tange aos direitos especiais de personalidade, entre os quais o direito à imagem encontra-se a respetiva sede normativa nos artigos 72º e seguintes do C.C." Depois, cita-se pertinentemente MARIA E. ROVIRA SUEIRO – em *El derecho a la propia imagen* Editorial Comares, Granada, 2000, p. 33 –no ponto em que a Autora da tese transcreveu: " Este direito desdobra-se num conteúdo positivo, por corresponder à atribuição exclusiva ao seu titular da faculdade de difundir ou publicar a sua imagem, e num conteúdo negativo, enquanto direito a impedir a obtenção, a reprodução e a publicação

[292] Consultável diretamente em: http://www.dgsi.pt/jtrl.nsf/e6e1f17fa82712ff80257583004e3ddc/aa9205a64a196c4d802572340050c772?OpenDocument

[293] Cf: op. cit. p. 451.

[294] Neste sentido vide também: ANDRADE, José Carlos Vieira de: citados Os Direitos Fundamentais, pp. 167 e ss.

[295] Trata-se da tese intitulada "O direito à imagem como objeto contratual: limitações decorrentes da ordem pública" da autoria de ANA AMÉLIA VELOSO ALVES DOS SANTOS, A passagem citada é de pp.17 e ss. (ponto 2.2) consultável em: file:///C:/Users/Dr.%20Guerreiro/Downloads/Ana_Amelia_Velos_Alves_dos_Santos%20(3).pdf

por um terceiro. Note-se que o artº 79º/1 do C.C. também estabelece que, em princípio, a imagem não pode ser exposta, reproduzida ou lançada no comércio sem o consentimento do próprio.

Quanto à palavra, voltando a invocar a explicação de Rui Medeiros/António Cortês, dir-se-á que "o direito à palavra pode, até certo ponto, considerar-se parte de um direito mais amplo à autodeterminação informacional, que inclui o direito a que não sejam registados, divulgados ou, por qualquer forma, utilizados dados pessoais sem o consentimento da pessoa a quem tais dados se referem. É este direito à palavra, com a amplitude que lhe reconhecemos, o bem protegido na proibição das gravações ilícitas".

E, por outro lado, como os citados Autores referem, estão conectados com a identidade pessoal e "impõem, portanto, para além dum princípio de autodisponibilidade do titular das imagens ou do emissor das palavras, um princípio de verdade por parte de quem, com o devido acordo ou consentimento, as divulga. Daí se retira um direito a não ver as expressões da sua personalidade distorcidas, o que inclui o direito a que, sem consentimento, a imagem não seja alterada em montagens fotográficas ou as palavras adulteradas ou indevidamente descontextualizadas em textos ou gravações"[296].

3. Como resulta do exposto, os direitos à imagem e à palavra estão ligados à *identidade pessoal* e aos *direitos de personalidade* – como, aliás, estão interligados todos direitos fundamentais mencionados no artº 26º/1 da Constituição[297] –, pelo que se devem considerar compreendidos nos direitos fundamentais relacionados com as finalidades e as menções constantes dos assentos do Registo Civil.

[296] Cf: *op cit.* p. 451.

[297] Como escreveu Jorge Miranda: "Quanto ao art. 16°, n° 1, o seu alcance normativo específico consiste na não tipicidade, *no carácter aberto da enumeração constitucional dos direitos fundamentais*; na integração ou na complementação das normas e dos princípios constitucionais por regras de direito ordinário interno e também de direito internacional" (Cf:. Miranda, Jorge: "Os direitos fundamentais na ordem constitucional portuguesa", mas itálico nosso. Consultável em: file:///F:/-OsDireitosFundamentaisNaOrdemConstitucionalPortugu-79337.pdf).

Capítulo XII
Direito à Reserva da Intimidade da Vida Privada e Familiar

Um outro direito fundamental mencionado no artº 26º/1 da Constituição que importa analisar, mesmo sumariamente, é o da reserva da intimidade da vida privada e familiar.

1. Trata-se de um direito que tem «ligação direta» com o Registo Civil. Isto por uma dupla razão aparentemente contraditória:

a) Por um lado, o atual objetivo da Administração tem em vista facilitar a obtenção de informação rápida, de modo a proporcionar muito simples e acessíveis meios de conhecimento e de referências respeitantes a qualquer pessoa – que se tem traduzido, por ex., no fácil acesso às bases de dados – parece contrariar o direito à reserva da intimidade da vida privada, como impõe o respeito pelo disposto no artº 268º, nº 2, *in fine* que, ao promover a acessibilidade, ressalva a "intimidade das pessoas".
b) Pelo outro, tanto em face das disposições do C.RegCiv como da concreta atuação prudente por parte da presidência do IRN e dos conservadores demonstra-se que se tem dado cumprimento ao citado preceito constitucional.

Assim, no que diz respeito ao C.RegCiv são várias as normas que restringem o acesso aos dados de quaisquer pessoas. Já as referimos na Parte

I, mas por uma questão metodológica recordamos aqui apenas algumas. Assim, o estabelecimento da filiação, a mudança de sexo e consequente alteração de nome e a adoção plena, embora devam dar lugar aos respetivos averbamentos, mantêm o carácter de *confidencialidade* e até determinam a possibilidade da feitura de um novo assento (artº 123º do C.RegCiv). Tratando-se de averiguação de paternidade, quando for conhecido o nome do pretenso pai e o conservador verificar que este e a mãe são parentes ou afins em linha reta ou parentes no 2º grau da linha colateral, não deve remeter a certidão a tribunal (artº 121º/3). Na hipótese do processo preliminar de casamento de nubente adotado plenamente, o conservador averigua, *sem publicidade*, a eventual existência de impedimentos que resultem da filiação natural (artº. 143º/3). Outro caso é o dos "casamentos de consciência" (ou ocultos, dada a existência de impedimentos).

Por seu turno, o artº 214º, nºs 2 a 5 refere várias restrições à passagem de certidões (por ex., casos de adoção, perfilhação, mudança de sexo). Quanto à base de dados, cabe ao Presidente do IRN, I. P., "velar pela legalidade da consulta ou comunicação da informação" (artº 220º-B/2). Por outro lado, "à base de dados devem ser conferidas as garantias de segurança necessárias a impedir a consulta, a modificação, a supressão, o acrescentamento ou a comunicação de dados, por quem não esteja legalmente habilitado" (artº220º-E/2).

Estes simples exemplos são suficientes para se verificar que as disposições legais concernentes ao Registo Civil cumprem a obrigação constitucional de reserva da intimidade da vida privada e familiar.

2. Quais são os setores da realidade quotidiana em que é necessário cumprir a reserva da intimidade da vida privada e familiar? Rui Medeiros/António Cortês reconhecem que "a delimitação dos domínios da vida que se encontram abrangidos por uma reserva de intimidade – em concreto, as esferas da vida privada e familiar dos cidadãos – suscita, é certo, consideráveis dificuldades dogmáticas". E acrescentam: "Numa tentativa de superação de tais dificuldades, assiste-se inclusivamente à elaboração de diversas teses doutrinárias e jurisprudenciais, cabendo destacar, a este respeito, a teoria das três esferas (ou dos três graus), caracterizada por distinguir a esfera íntima, a esfera privada e a esfera social".

Em termos muito elementares poderemos dizer que a teoria distingue essas esferas por forma que a esfera íntima corresponde ao *núcleo duro* do direito à intimidade da vida privada. Já a esfera privada é a que admite ponderações de proporcionalidade. Na esfera social estaremos no quadro do direito à imagem e à palavra e não no direito à intimidade da vida privada.

Os referidos Autores explicam que esta teoria "inicialmente elaborada na Alemanha (...) foi aí objeto de inúmeras críticas e o mesmo tem sucedido em Portugal"[298]. Todavia, depois de considerarem a teoria das três esferas conceptualmente rígida, entendem que tem uma "validade relativa" e tem sido utilizada pelo Tribunal Constitucional "na sua versão gradualista" e com diferentes termos[299]."A reserva da intimidade da vida privada e familiar não se reporta apenas a factos ocorridos na privacidade do domicílio ou, eventualmente, contidos em meios de comunicação abrangidos por um dever de sigilo e confidencialidade, podendo igualmente respeitar a ocorrências verificadas em sítios públicos e, bem assim, no respetivo local de trabalho"[300].

A nosso ver, o âmbito da intimidade que a Constituição defende deve ter em conta um critério de ponderação e de proporcionalidade, bem como uma justificação curial. Com efeito, uma coisa é a intimidade da vida pessoal, familiar, doméstica (incluindo a sexual, a sentimental etc.) e outra é o pretender saber-se qual a atividade profissional ou a situação económica da pessoa, cujos dados são publicamente acessíveis.

3. Com respeito aos atuais problemas da «identidade genética» o artº 26º/3 da Constituição estabelece: "A lei garantirá a dignidade pessoal e a identidade genética do ser humano, nomeadamente na criação, desenvolvimento e utilização das tecnologias e na experimentação científica". A este propósito, Rui Medeiros/António Cortês comentam: "O nº 3 deste artigo 26º tem subjacente o reconhecimento de que *a criação, desen-*

[298] Cf: *op cit,* p. 452. Mas comentam, a p.453: "A exclusão do conceptualismo subjacente a uma leitura rígida da teoria das três esferas torna necessária uma análise mais circunstanciada e concreta do âmbito da intimidade da vida privada e familiar. Independentemente da necessária e ineliminável tarefa de ponderação em concreto, não sofre porém contestação, pelo menos, que, não existindo, no nosso ordenamento, qualquer habilitação constitucional para circunscrever o direito à reserva da vida privada a uma esfera pessoal íntima, deve entender-se que a privacidade (privacy) tem um âmbito mais vasto".

[299] Os citados Autores informam (*op cit,*) que "o Tribunal Constitucional, em abundante jurisprudência, tem concretizado o alcance do direito à reserva da intimidade da vida privada e familiar".

[300] Cf: *op cit.* pp. 453/454.

volvimento e utilização das novas tecnologias e a experimentação científica podem ser uma fonte de riscos para a dignidade das pessoas e para a identidade genética dos seres humanos. Por isso, a Constituição reitera a necessidade de assegurar os direitos das pessoas e, muito em especial, os direitos de personalidade consagrados no nº 1, em face das novas tecnologias em matéria biológica e médica"[301].

Concordamos plenamente que cada pessoa tem direito ao sigilo relativo a esses temas, que incluem a procriação medicamente assistida, as cirurgias e outros assuntos que a ela própria dizem respeito.

4. É difícil concretizar o âmbito, especialmente o constitucionalmente defendido, do direito à reserva da intimidade da vida privada e familiar, mas, ao que supomos, esse juízo deve ter em conta os próprios comportamentos, ações e «hábitos de vida» da pessoa.

Por outro lado, a «sociedade de informação», a Internet, a www e a difusão de mensagens de todo o tipo dificultam cada vez mais a concretização da reserva da intimidade da vida privada. A União Europeia tem-se preocupado com o problema e, depois de sucessivas Diretivas, foi publicado o Regulamento nº. 2016/679 do Parlamento Europeu e do Conselho, de 27 de abril de 2016, respeitante à proteção de dados pessoais e à difusão desses dados. Posteriormente a este Regulamento, foi publicada a Diretiva (UE) 2016/680 de 27 de Abril de 1 "relativa à proteção das pessoas singulares no que diz respeito ao tratamento de dados pessoais (....). Excede o âmbito do nosso modesto estudo e análise detalhada destes normativos de Direito Comunitário (de que apenas cabe dar conhecimento), pelo que, quanto a eles, remetemos para as obras da especialidade[302].

Por nossa parte, procuramos tão-só analisar o tratamento *constitucional* ao direito à reserva da intimidade da vida privada e familiar. A este respeito, Gomes Canotilho/Vital Moreira dizem que "o critério constitucional deve talvez arrancar dos conceitos de «privacidade» (nº 1, *in fine*) e «dignidade humana» (nº 2) de modo a definir-se um conceito de esfera

[301] Por ex: a recente Lei nº 72/2021, de 12 de novembro, veio permitir o recurso a técnicas de procriação medicamente assistida através da inseminação, após a morte do dador.

[302] Há uma dissertação de mestrado na FDUC, de Adriana Sawaris que trata de modo bastante detalhado "Da tutela do direito à reserva da intimidade da vida privada no âmbito do Regulamento" supracitado. Consultável.em: https://eg.uc.pt/bitstream/10316/81104/1/Dissertac%CC%A7a%CC%83o%20Adriana%20S..pdf

privada de cada pessoa, culturalmente adequado à vida contemporânea (...). [E ter] como base um conceito de «vida privada» que tenha em conta a referência civilizacional sob três aspectos: (1) o respeito dos comportamentos; (2) o aspecto do anonimato; (3) o respeito da vida em relação"[303].

Concordando com estas considerações, manifestamos muito sinteticamente a nossa opinião nestes termos: saber se houve, ou não, respeito pela «reserva da intimidade da vida privada e familiar» tem de ter conta a *pessoa* de quem concretamente se trata, visto que uns indivíduos divulgam à mesa do café aspetos da sua intimidade, enquanto outros mantêm a esse respeito o maior sigilo, mesmo para com os amigos com quem convivem quotidianamente. Por conseguinte, a apreciação do (in)cumprimento do preceito constitucional terá de ponderar o comportamento habitual da própria pessoa, designadamente a sua conduta familiar e na sociedade.

[303] *Vide*: *op cit.* p.182

Capítulo XIII
Direito à Proteção Legal contra Quaisquer Formas de Discriminação

O último direito mencionado no aludido artº 26º/1 tem, ao que pensamos, uma relação próxima com os já referidos direitos ao "bom nome e reputação" – que também significa o direito a não ser ofendido na sua dignidade nem ser socialmente discriminado – e com o que acabamos de analisar: a reserva da intimidade da vida privada e familiar. A respeito deste último, dissemos que tinha uma «ligação direta» com o Registo Civil. O mesmo acontece com a proteção legal contra quaisquer formas de discriminação.

Os casos de estabelecimento da filiação, bem como o eventual conhecimento da filiação biológica havendo adoção, a mudança de sexo e da respetiva alteração de nome são – entre outras matérias já indicadas – algumas das hipóteses em que, se não fosse salvaguardada a confidencialidade dos registos, correr-se-ia o risco de uma possível discriminação dos visados. Aludimos já à proteção que o C.RegCiv dá a todas estas situações, mormente através da feitura de um novo assento (artº 123º do Código).

Por outro lado, o princípio da igualdade – que consiste em proceder de modo igual com o que é igual, e de modo diferente com o que é diferente –,também obsta à discriminação. Rui Medeiros/António Cortês dizem que "o *direito à proteção legal contra qualquer forma de discriminação* é a expressão subjetivada do princípio da igualdade consagrado no artigo 13º e nessa medida poderia defender-se que é tautológico. A generalidade dos casos de discriminação colocados à jurisdição constitucional tem sido, aliás, resolvida no âmbito do princípio geral da igualdade. A referência do artigo 26º, nº 1, tem, no entanto, um sentido útil. Por um lado, parece impor um dever de estabelecer medidas legislativas adequadas ou proporcionadas quando seja necessário combater as formas e situações de discriminação que a Constituição considera intoleráveis. Por outro lado, contribui para esclarecer e reforçar o sentido e o alcance dos outros direitos pessoais"[304].

Provavelmente a mais fidedigna compreensão do que é o "direito à proteção legal contra quaisquer formas de discriminação" deva considerar o disposto no nº 2 do artº 16º e, assim, começar por ver o que dispõe a DUDH. Verificamos, então, que o artigo 2ºdesta Declaração diz que "todos os seres humanos podem invocar os direitos e as liberdades proclamados na presente Declaração, sem distinção alguma, nomeadamente de raça, de cor, de sexo, de língua, de religião, de opinião política ou outra, de origem nacional ou social, de fortuna, de nascimento ou de qualquer outra situação (...)". Aliás, o Preâmbulo da DUDH começa por proclamar que "o reconhecimento da dignidade inerente a todos os membros da família humana e de seus direitos iguais e inalienáveis é o fundamento da liberdade, da justiça e da paz no mundo".

Ora o Registo Civil concorre para que cumpram estes altos ideais, principalmente porque, não apenas trata todos por igual, como não menciona de modo discriminatório qualquer das situações a que se refere o artº 2º da DUDH.

304 *Vide: op. cit.* p.459.

TÍTULO III
A IDENTIDADE CIVIL, A CARACTERIZAÇÃO DA PESSOA E O REGISTO

Capítulo XIV
A Personalidade Jurídica, a Identidade Pessoal e o Registo

§ 1º A personalidade jurídica

O reconhecimento pelo Direito da personalidade jurídica de cada pessoa não é apenas uma afirmação verídica, como especialmente *um princípio* acolhido pela Constituição, como por todo o nosso Ordenamento, incluindo o artº 66º/1 do C.C.

1. Com efeito, como disse CARLOS A. MOTA PINTO, "o reconhecimento pelo direito civil – ou por qualquer outro – da ideia de pessoa ou de personalidade começa por ser, para além de um princípio normativo, a aceitação de uma estrutura lógica sem a qual a própria ideia de Direito não é possível". E depois concretiza: "ser pessoa é precisamente ter aptidão para ser sujeito de direitos e obrigações, é ser um centro de imputação de poderes e deveres jurídicos, ser um centro de uma esfera jurídica"[305].

Referimos já que à luz do artº 66º/1 do C.C. toda pessoa goza de personalidade jurídica, visto que esta norma declara que "a personalidade adquire-se no momento do nascimento completo e com vida". MENEZES CORDEIRO ao tratar da pessoa humana no Direito Civil, diz: "A referência, no domínio de uma rubrica destinada a analisar institutos gerais, à pessoa

[305] Cf: PINTO, Carlos Alberto da Mota: *Teoria Geral do Direito Civil,* 3ª edição actualizada.2ª reimp. Coimbra: Coimbra Editora,1988, p.84

humana, visa apreender e comunicar os complexos de normas e de princípios que *tenham em vista a realidade* «pessoa humana» ou, simplesmente, «pessoa». Depois cita "LARENZ/WOLF, a propósito do que consideram o «personalismo ético» como fundamento do BGB analisam, sucessivamente:

1. A protecção da pessoa;
2. O reconhecimento da pessoa como sujeito;
3. A liberdade de actuação pessoal (...)
4. A consideração pela solidariedade ente as pessoas;
5. A responsabilidade da pessoa;
6. A tutela da confiança"[306]

Anteriormente, no Título II, a propósito dos direitos fundamentais, tivemos ensejo de, embora muito sucintamente, aludir a alguns destes pontos que os indicados Tratadistas analisam, pelo não vamos aqui reeditar essas breves reflexões, nem as que, no Capítulo IV, fizemos a respeito da personalidade, nem da personalidade jurídica, enquanto direito fundamental constitucionalmente defendido,

2. Referir-nos-emos, todavia, aos direitos de personalidade enquanto direitos subjetivos e direitos absolutos, oponíveis a todos. HEINRICH HÖRSTER e EVA SÓNIA MOREIRA DA SILVA, citando também RABINDRANATH CAPELO DE SOUSA, descreve-os como "privados, absolutos, gerais, extrapatrimoniais, perpétuos, intransmissíveis, relativamente indisponíveis, tendo por objeto os bens e as manifestações interiores da pessoa humana, visando tutelar a integridade e o desenvolvimento físico e moral dos indivíduos e obrigando todos os sujeitos de direito a absterem-se de praticar ou deixar de praticar actos que ofendam ou ameacem ofender a personalidade alheia (...)"[307].

Desenvolvendo o tema da personalidade, dizem pertinentemente que "a situação jurídica de uma pessoa singular não se define apenas em função da personalidade que adquiriu com o nascimento. O nascimento determina ainda, nas suas linhas fundamentais, o estado da pessoa ou o seu estado

[306] Cf: CORDEIRO,, ANTÓNIO MENEZES, *Tratado de Direito Civil Português*, Parte Geral. Tomo I Coimbra: Almedina, 1999, p. 155.

[307] Cf: HÖRSTER, EWALD HEINRICH , *et. alt. cit. – A Parte Geral do Código Civil Português...* pp.275/6.

civil. O estado da pessoa define o lugar que o indivíduo ocupa juridicamente dentro da comunidade e influencia o estabelecimento e o conteúdo da suas relações jurídicas. Este lugar varia, por exemplo, conforme uma pessoa se encontrar no estado de menoridade, de maior acompanhado, de solteiro ou casado ou de viuvez, etc.

Podemos, com CASTRO MENDES[308], definir como estado da pessoa (ou estado pessoal), num sentido lato, "a qualidade que condiciona a atribuição de um conjunto pré-determinado de direitos e vinculações cuja titularidade ou não titularidade é um aspecto fundamental da situação jurídico-civil da pessoa"[309].

E H. HÖRSTER e EVA SÓNIA MOREIRA DA SILVA pertinentemente concluem: "É o registo civil que nos informa sobre o estado da pessoa, ao qual dá publicidade. O instituto do registo civil, como registo geral, foi criado em Fevereiro de 1911 (...) mas hoje a sua enumeração pelo artigo 1º nº 1 [do] CRegCiv esgota quase todas as letras do alfabeto e permite obter um retrato – bastante amplo e fiel – do estado pessoal, familiar, social e até económico do cidadão nacional e, com isso, o seu controlo". E depois salientam o disposto nos artºs 4º e 3º deste Código para referirem o seguinte: "Agora, é de suma importância o disposto no artigo 2º CRegCiv . Esta norma consagra o princípio da inatendibilidade dos factos não registados (...)" [310].

Por nossa parte, concordando que o Registo Civil informa sobre o estado da pessoa, pensamos, todavia, que vai muito além disso, pois não só lhe dá publicidade, como define e o institui em conformidade com o que a Ordem Jurídica determina, como procuramos explicitar na 1ª Parte.

§ 2º A identidade pessoal e o registo

Referimo-nos no Título I à identidade pessoal como direito fundamental e no presente parágrafo pretendemos fazê-lo noutra perspetiva, aludindo à informação e à acessibilidade que pode ter se proporcionada, primordialmente, por instituição que seja – nacional e internacionalmente –, reconhecida como competente, e isso de modo indiscutível e confiável.

[308] Cf. *citada Teoria Geral*, p. 210.

[309] Cf: HÖRSTER, EWALD HEINRICH , *et. alt. cit. – A Parte Geral do Código Civil Português...* p. 330/1..

[310] Cf: HÖRSTER, EWALD HEINRICH , *et. alt. cit. – A Parte Geral do Código Civil Português...* p. 331/2.

1. Neste sentido, o Registo Civil é a instituição que visa comprovar, publicitar e tornar invocáveis e oponíveis *erga omnes* tanto o facto básico do *nascimento* de cada pessoa, como os demais factos que a lei obrigatoriamente sujeita a este registo e que. na sua essência, como sapientemente disse PAU PEDRÓN, permitem conhecer não apenas o "estado civil', mas a efetiva "situação jurídica das pessoas"[311].

Como referi noutra oportunidade[312], o Registo Civil é, de entre todos os serviços públicos, talvez aquele que mantenha a mais necessária, forte e permanente relação com *todos* os cidadãos[313].

Este juízo é não apenas português, mas também internacional[314]. De facto, o Registo Civil é – e, ao que penso, indubitavelmente –, para qualquer cidadão, o mais importante dos registos, dado que «toca a todos», até porque basicamente inscreve os principais factos da «vida» e se destina a inscrever a própria *identidade* das pessoas.

A Organização das Nações Unidas recomenda a instituição do Registo Civil em todos os países e define-o como "o registro contínuo, permanente, obrigatório e universal da ocorrência e das características de eventos vitais relativos à população, conforme previsto por decreto ou regulamento de acordo com as exigências legais de um país"[315].

2. Mencionamos H. HÖRSTER quando, referindo-se ao artº 2º do CRCiv, lembrava que "consagra o princípio da inatendibilidade dos factos não

[311] Cf: PEDRÓN, ANTÓNIO PAU: *Curso de Practica Registral*. Madrid: "Universidad Pontificia Comillas", 1995, p.167. A frase completa refere-se à imprescindível utilidade do Registo Civil onde se pode obter "uma prova oficial da existência e do estado civil das pessoas". E acrescenta: mas "a utilidade do R.C. é, no entanto, mais ampla: dá segurança às relações jurídicas e permite ao Estado conhecer a situação jurídica das pessoas".

[312] Cf: GUERREIRO, J. A. Mouteira: – Ensaio sobre a Problemática da Titulação e do Registo à Luz do Direito Português: Coimbra: Coimbra Editora, 2014, p 328..

[313] De facto, há outros serviços públicos que podem ter maior significado, em certos momentos, para alguns cidadãos (v.g. os serviços de segurança social, os fiscais e outros), mas não tanto *permanentemente* e também, *generalizadamente*, para todos os cidadãos, como acontece com o Registo Civil.

[314] Além da referência ao trabalho de RIVAS SÁNCHEZ e de outros autores, também, em síntese, na Net vêm indicados muitos países que reputam o Registo Civil importante. (Cf. o sítio: https://en.wikipedia.org/wiki/Civil_registration. Neste sítio começa por se dizer: "Civil registration is the system by which a government records the vital events (births, marriages, and deaths) of its citizens and residents". Consultado em 14-10-2022).

[315] Consultável em: https://unstats.un.org/unsd/demographic-social/crvs/.

registados", ou seja, tais factos não sendo registados, não produzem efeitos jurídicos. Citando agora KARL ENGISCH perguntamos:" Que devemos entender por "efeitos jurídicos"?

Já tomámos conhecimento de alguns de entre eles: o direito de usar um certo nome, o direito e a obrigação de exercer o poder paternal, o direito a alimentos e o direito de sucessão. Em qualquer caso, direitos e deveres. Isso implica uma multiplicidade de coisas. Primeiramente e para começar, significa que as consequências jurídicas consistem em direitos (poderes jurídicos) e deveres e, depois, que estes direitos e deveres são reconhecidos como jurídicos. Com referência a este último ponto contentemo-nos com a observação de que os direitos e deveres apenas são reconhecidos como jurídicos quando podem ser defendidos e efetivados através de meios jurídicos o que hoje praticamente significa, dada a íntima ligação entre Direito e Estado, que eles, sendo necessário, podem fazer-se valer perante as autoridades judiciais e administrativas[316].

Significa isto que os factos sujeitos a Registo Civil que não forem registados não são reconhecidos como jurídicos e, por conseguinte (além das demais consequências), não podem fazer-se valer perante as autoridades judiciais e administrativas.

316 ENGISCH, KARL "Introdução ao Pensamento Jurídico", ("Einfürung in das Juristische Denken"), tradução de BAPTISTA MACHADO – Lisboa: Fundação Calouste Gulbenkian, 2004, pp. 29/30.

Capítulo XV
A Pessoa e o Registo de Nascimento

No momento do nascimento completo com vida «nasce» a pessoa (artº 66º/1 do C.C.). Mas trata-se então sobretudo de uma realidade de natureza biológica e de um conceito jusfilosófico complexo. Daí que vários autores se tenham debruçado sobre o início da personalidade.

1. Como é dito no Código Civil, Anotado de PIRES DE LIMA/ANTUNES VARELA, "o critério fixado neste preceito para a atribuição da personalidade não é uniformemente aceite pelas legislações. Há sistemas, como o espanhol, por exemplo, onde se exige certo período da vida posterior ao momento do nascimento como condição essencial de aquisição da personalidade"[317].

HELDER MARTINS LEITÃO, aceitando embora a solução do C.C., considera, no entanto, que "a personalidade jurídica do homem é um atributo do próprio ser, necessário à garantia dos seus legítimos interesses e pois que ele e estes existem desde o facto da concepção, é a este momento que seria preferível atribuir a origem da personalidade".

Antes desta conclusão indica diversas opiniões críticas sobre a redação do artº 66º/1. Diz que COVIELLO (*in* "Manuale di Diritto Civile", p. 144) "tentou ser mais preciso ao justificar o princípio do nascimento por este

[317] Cf; LIMA, FERNANDO A, PIRES DE e VARELA, JOÃO M. ANTUNES: Código Civil, Anotado (com a colaboração de HENRIQUE MESQUITA) Vol. I. 4ª ed. Coimbra: Coimbra Editora, 1987, p. 102.

ser o momento em que o feto pode ser objecto de uma protecção jurídica independente da que se refere à mãe". E depois cita José Tavares (*in* "Os princípios fundamentais de Direito Civil" II vol. p. 13) que "acha insuficiente, mais que não seja face aos princípios da Justiça, porque nada obsta, e antes tudo aconselha, a que a lei dite cuidadosas normas de protecção para a guarda e defesa dos interesses dos nascituros"[318].

Muito pormenorizada é a anotação de José Alberto González ao artº 66º. Começa por dizer que "a personalidade jurídica - ou seja a aptidão de certa entidade para ser titular de direitos e deveres - é uma qualidade que está ou não está presente no ente em causa. Quer dizer: não há mais nem menos personalidade. Ao contrário do que acontece com a capacidade jurídica - que, por definição é uma medida, uma quantidade - no que toca à personalidade, ou ela existe ou não existe". E, depois de pertinentes considerações, como a que entende ser o artº 66º/1 uma das normas mais discutíveis, frisa que "é hoje perfeitamente viável, do ponto de vista técnico, demonstrar a existência de vida intra-uterina". A este propósito um acórdão do Tribunal Constitucional Alemão refere que a *"A Constituição impõe ao Estado o dever de tutelar a vida humana, incluindo a vida pré-natal"* e que *"A dignidade humana pertence já à vida humana pré-natal".*[319]

Não pomos dúvidas a que é uma questão sumamente delicada, por um lado, saber quando se dá a aquisição da personalidade e, pelo outro, que "a dignidade humana" pertence já ao nascituro. Mas a verdade é que o Direito positivo se impõe e, por isso, temos de concluir que, à face da lei, a aquisição da personalidade só se dá com o nascimento completo com vida e que os direitos do nascituro só se concretizam se ocorrer o nascimento.

2. Mencionamos a frase de Heinrich Hörster e Eva Sónia Moreira da Silva segundo a qual a situação jurídica de uma pessoa singular não se define apenas em função da personalidade que adquiriu com o nascimento. De facto, como dizem estes Autores, "tanto para a pessoa a que diz respeito como para a comunidade jurídica, exige-se-lhe trans-

[318] Cf: Leitão, Helder Martins, A *Pessoa, A coisa O facto no Código Civil,* Porto: Almeida & Leitão (sem data), pp. 16 e ss.

[319] Cf: González, José Alberto Rodrigues Lorenzo, – *Código Civil Anotado.* Vol. I, Lisboa: Quid Juris, 2011.pp. 86 e ss.

parência: é precisamente para dar satisfação a esta exigência que existe a publicidade do registo civil"[320].

Por conseguinte, a situação jurídico-civil da pessoa não fica logo globalmente definida no instante do "nascimento completo com vida", mas sim *quando é lavrado o seu assento de nascimento.* É este assento que "marca o início *da vida jurídica* de uma pessoa"[321].

Efetivamente, é o registo de nascimento que confere à Pessoa os próprios direitos fundamentais que dizem respeito à personalidade: nome, cidadania e os demais que referimos no Título II, bem como os próprios elementos que permitem «individualizar» a pessoa e distingui-la socialmente de qualquer outra: pelo nome, filiação, nacionalidade, data de nascimento, sexo, enfim, por todas as menções que devem constar do assento de nascimento.

3. O primeiro e mais significativo facto sujeito a registo – a que alude a alínea a) do nº 1 do artigo 1º – é, pois, o *nascimento.*

Consequentemente, o registo de nascimento – como temos sublinhado – é o primacial registo, o básico, aquele que define a *identidade do cidadão* e, como já se disse, onde também ficam consignados direitos fundamentais, cabendo desde já realçar os direitos de personalidade. É, alem disso, esse registo que comprova o *estado civil.*

O «estado civil», tal como é publicitado pelo Registo Civil, tem o sentido, de estabelecer e referenciar a individualidade jurídica de cada cidadão, abrangendo diversas situações pessoais (v.g. as de maioridade, menoridade, acompanhamento, etc.) que não respeitam apenas, como habitualmente se entende, ao «estado» de solteiro, casado, viúvo ou divorciado. Por isso, como dissemos na 1ª Parte, consideramos que o estado civil é, em síntese, constituído pelo conjunto de requisitos respeitantes ao indivíduo que identificam a sua pessoa e situação jurídica.

Ao registo de nascimento são imediatamente averbadas todas as alterações que, ao longo da vida do cidadão, o seu estado civil vai sofrendo e, por último, onde também é averbado o óbito. Assim sendo, este registo prova a cidadania da pessoa, a sua nacionalidade, o seu estado civil e até se é viva ou se já faleceu. É, tanto em Registo Civil, como em geral para o

[320] Cf: *op. cit.* p.332, mas itálico nosso.

[321] Como se diz no site oficial: https://justica.gov.pt/Servicos/Registar-nascimento.

Direito Probatório, o *assento que deve ser considerado principal*, visto que é a ele que os factos registáveis são, através de sucessivos averbamentos, "entre si conectados"[322].

[322] Carlos Ferreira de Almeida define "registo público" como" o assento efectuado por um oficial público e constante de livros públicos, do livre conhecimento, directo ou indirecto, por todos os interessados, no qual se atestam factos jurídicos conformes com a lei e respeitantes a uma pessoa ou a uma coisa, *factos entre si conectados pela referência a um assento considerado principal*, de modo a assegurar o conhecimento por terceiros da respectiva situação jurídica e do qual a lei faz derivar, como efeitos mínimos, a presunção do seu conhecimento e a capacidade probatória" (Cf. cit. "Publicidade e Teoria dos Registos", pág. 97, mas itálico nosso.

TÍTULO IV
A IDENTIDADE CIVIL *VERSUS* IDENTIFICAÇÃO CIVIL

Capítulo XVI
A Relação da Identidade Civil com a Identificação Civil

É habitual a confusão do conceito de *identidade civil* com o de identificação civil. No entanto, são estruturalmente diferentes.

Procuramos aprofundar o conceito de identidade civil nos primeiros capítulos desta Parte II, pelo que aqui apenas pretendemos aclarar a fundamental diferença que o distingue da identificação civil.

A identidade civil corresponde à caracterização do ser humano em concreto, *àquela pessoa* e não a outra. Acabamos de ver que a determinação da pessoa consta do seu assento de nascimento.

Consequentemente, essa determinação – a identidade civil – *individualiza* a pessoa e corresponde ao conjunto de elementos específicos que possibilita afirmar *quem uma determinada pessoa é,* ou seja, que é *ela mesma* e não outra.

A determinação de cada pessoa, com o conjunto de caracteres que lhe são específicos (o nome, data de nascimento, naturalidade, estado civil, etc.) é função primordial do Registo Civil e consta dos respetivos assentos, como vimos na Parte I.

Também o conjunto de *direitos fundamentais* que pertencem à esfera pessoal e que mencionamos na Parte II referem-se à *identidade civil* e nada têm a ver com a identificação civil. Porquê?

Porque a identificação civil unicamente corresponde a uma *simples prova* de alguns elementos da identidade da pessoa.

Contudo, para se afirmar que há *identificação civil* é necessário que a aludida prova seja autêntica ou feita através de documentos considerados legalmente bastantes para o fim identificativo em vista.

Portanto, e em síntese: através da identificação civil o que se pretende é comprovar um ou mais elementos que já *estão* – já têm de estar – *definidos* na identidade civil. E, se nos quisermos referir aos atos do Registo Civil, diremos que é nos assentos, averbamentos e decisões dos processos que constam os elementos da identidade civil enquanto a *identificação civil* é mencionada nas certidões, bilhetes de identidade, cartões de cidadão, passaportes e demais *documentos probatórios* de elementos respeitantes à identidade civil.

Dir-me-ão que os «bilhetes de identidade» (como é sabido, substituídos pelos cartões de cidadão) falam em "identidade". Essa tradicional designação apenas omitiu a palavra "comprovativo", para o «bilhete» ter um nome mais breve e porque ninguém duvidará que apenas se trata de documento comprovativo da identidade.

Em síntese: a identificação civil realiza-se através de documentos ou cartões destinados a comprovar a identidade civil.

PARTE III
A NACIONALIDADE

1º TEMA
A TEORIA

TÍTULO I
PARTE GERAL

Capítulo I
Breve História e Conceito da Nacionalidade

A *Convenção Europeia sobre Nacionalidade*, subscrita em Estrasburgo, em 6 de Novembro de 1997, ocupa-se no artigo 2º das definições para fins da *Convenção* e na alínea a) dispõe que "a «Nacionalidade» designa o vínculo jurídico entre um indivíduo e um Estado, não indicando, contudo, a origem étnica desse indivíduo".

Esta definição, na sua primeira parte, corresponde ao que geralmente é entendido pela doutrina, embora a segunda parte – a "origem étnica" – para a generalidade dos autores nem devia ter sido mencionada, dado que, como também me parece, nada tem a ver com o conceito de nacionalidade.

1. Na Parte II procuramos distinguir os conceitos de nacionalidade e cidadania – ainda que muitos autores os equiparem – e referimos que, a nosso ver, esta corresponde à *qualidade de se ser cidadão*, tendo sobretudo uma natureza privada, essencialmente relacionada com a *pessoa* como «ser humano» que pertence a determinado Estado e não como «súbdito» de uma Nação, enquanto o conceito de nacionalidade respeita à situação jurídica que *vincula* a pessoa à «Nação» (ou Estado), do qual é «nacional», nos termos previstos na lei[323].

[323] Não estamos, pois, de acordo com DIAS MARQUES quando diz: ""Nacionalidade e cidadania: Interessa fazer a distinção destas duas ideias que por vezes andam confundidas (...).Ora doutrinalmente apenas se consideram cidadãos aqueles nacionais que gozam de certos direitos de carácter predominantemente político". Afigura-se-nos que não há distinção entre

Moura Ramos nota que apesar de com estas duas expressões se referir usualmente a mesma realidade (...) importa precisar que elas não são em tudo coincidentes, reportando-se antes a perspectivas diversas de encarar uma só relação. Assim, pode dizer-se que enquanto o termo nacionalidade se limita a acentuar a ideia da ligação de um indivíduo a uma unidade estadual, sublinhado deste modo o vínculo que o une ao Estado, já quando se fala em cidadania se tem designadamente em consideração o feixe de direitos e deveres que daquela relação decorrem, ou seja, o seu *conteúdo*". E depois apresenta este interessante símbolo: "O diferente alcance dos dois termos conduz-nos desta forma a uma situação em que as noções que por eles se traduzem se podem como que representar sob a forma de círculos concêntricos: assim o círculo dos nacionais poderá ser mais amplo que o dos cidadãos, muito embora todos estes sejam necessariamente nacionais"[324].

Num outro estudo intitulado "Nacionalidade", Moura Ramos diz a dado passo: "A *nacionalidade* surge-nos pois assim como o termo que evoca, a um tempo, o vínculo que liga o indivíduo à particular formação social que é o Estado, como outrossim o conjunto de direitos e deveres (o particular estatuto) daí decorrente"[325]

Edgar Valles refere o seguinte: "O vínculo jurídico que liga um indivíduo ao Estado é habitualmente designado por *nacionalidade* ou *cidadania*. Mas os dois conceitos não se confundem. Enquanto a nacionalidade acentua a ligação da pessoa ao Estado do qual faz parte, delimitando o círculo de pessoas sobre as quais se exerce a soberania, a cidadania tem em vista o conjunto de direitos e deveres que emergem da relação de nacionalidade, numa perspectiva de participação"[326]. Não nos parece que esta última frase se adeque ao conceito, pois pensamos que a cidadania está, como referimos, relacionada com a pessoa como «ser humano» e com os seus "direitos pessoais" (artº 26º da Constituição).

os direitos que gozam (ou podem gozar) os nacionais e os que gozam os cidadãos. Podem uns ou outros estar temporariamente impedidos, por idênticas razões, de gozar certos direitos. O gozar, ou não, "certos direitos" não nos parece que seja critério para a distinção dos conceitos. (Cf: Marques, José Dias: "Conceito e natureza jurídica de nacionalidade", *in* Separata da Revista da Ordem dos Advogados, Lisboa: 1954, Ano 12, nºs. 3 e 4, pp. 85 e ss).

[324] Cf: Ramos, Rui Manuel Moura, *Estudos de Direito Português da Nacionalidade*. 2ª ed. Coimbra: Gestlegal, 2019, p. 12.

[325] Cf: citados Estudos de Direito Português da Nacionalidade, p.348.

[326] Cf: Valles, Edgar: Nacionalidade e Estrangeiros: 2ª ed. Coimbra, Almedina, 2022, p. 30).

Por sua vez REGINA GARCIA BORGES começa por lembrar que "o instituto da nacionalidade, estudado pelos autores principalmente no Direito Internacional Privado, faz parte integrante do direito interno de cada Estado"[327]. Apresenta também a opinião de MACHADO VILELA que "salienta o interesse desta instituição por um duplo aspeto – interno e internacional –, dizendo:

1) – pela nacionalidade se determina a condição jurídica dos indivíduos que se encontram num determinado país, ou que aí têm interesses, pois aos estrangeiros, não só são recusados em toda a parte ou todos os direitos políticos ou, pelo menos, os mais importantes desses direitos, mas muito geralmente lhes são reconhecidos menos direitos públicos, não políticos e menos direitos privados, do que aos nacionais e, por outro lado, ensina a conhecer as pessoas em relação às quais o Estado pode exercer o seu direito de proteção em país estrangeiro;

2) – ensina, por outro lado, a teoria da nacionalidade a fixar a lei pessoal dos indivíduos, quando a lei pessoal seja a lei nacional, como acontece em Portugal e é regra na Europa (e o reconhecem alguns estados extra-europeus)».

Seguidamente alude a um conceito cultural de nacionalidade apresentado por FEZAS VITAL que diz: "Num sentido a que podemos chamar cultural, a nacionalidade é o vínculo que liga o homem à Nação, entendida esta como um conjunto de homens ligados pelas mesmas tradições, necessidades presentes e aspirações".

Por último indica o que considera ser o conceito jurídico, afirmando que "num sentido jurídico, a nacionalidade é o vínculo que liga o indivíduo a um Estado concebido como uma comunidade que, em determinado território, prossegue, com o seu governo soberano, a realização de ideias e interesses próprios[328].

Parece que, sobretudo em termos de Registo Civil, é particularmente adequado considerar que a nacionalidade faz parte do «estado civil» – no entendimento que na 1ª Parte demos à expressão – da pessoa.

[327] Cf: BORGES, Regina Fernanda Garcia. "O Registo da Nacionalidade", artigo publicado na ROA, Ano 12, nºs 1 e 2, 1952, e consultável em: https://portal.oa.pt/upl/%7B5766228b-9a50-4156-b406-de38d11172f7%7D.pdf. A Autora cita depois a opinião de Ferrer Correia, segundo o qual "o problema da nacionalidade não entra no âmbito do Direito Internacional Privado, embora constitua um problema afim deste".

[328] Cf. *op. cit.* pp. 111 a 114.

Concordamos com REGINA GARCIA BORGES quando diz: "Basta-nos assentar em que a nacionalidade é um instituto regulamentado no Direito interno, com relevância internacional (e principalmente estudado no Direito Internacional, pelos complexos problemas a que dá origem), que integra elementos de ordem pública e de ordem privada e que, devendo, em princípio, ser considerado matéria constitucional, tem a sua regulamentação nas leis civis e produz efeitos de direito privado, designadamente no estado civil"[329].

2. Aludimos aos indicados conceitos à luz de algumas opiniões atuais, embora, se tentarmos averiguar o que se entendia ao longo da história, verificamos que, em regra, cidadania e nacionalidade não se distinguiam. Mais: as expressões cidadão e cidadania eram as únicas normalmente conhecidas, mesmo porque, como diz DIAS MARQUES, "o conceito de nacionalidade é de formação recente. Tratando-se de uma realidade intimamente ligada com a própria organização política do Estado, pode dizer-se mesmo que o conceito só atinge a sua formulação doutrinária quando, depois de uma longa evolução histórica em que os agregados humanos da Europa vêm a tomar a configuração política que atualmente possuem os Estados modernos, os juristas começam a elaborar a construção jurídica dos diversos elementos do Estado"[330]

Destarte, o conceito nacionalidade só nos tempos modernos se passou a utilizar. É assim que, por ex., na Roma antiga, e em todo o Império, apenas se reconheciam os cidadãos e a «cidadania romana» e não os «nacionais». Esta última expressão passou a ser usada principalmente pelos filósofos da "Encyclopédie". Voltando ao estudo de DIAS MARQUES, vemos que o confirma ao dizer: "Surgem-nos assim os autores franceses da primeira metade do século XIX que, profundamente embebidos nas fontes filosóficas da Revolução Francesa, entre as quais assume enorme relevo o «Contrato Social» de Rousseau, vão construir o conceito de nacionalidade em bases contratualistas (... mas) , pode dizer-se que a ideia contratualista, tendo perdido a sua vitalidade, se encontra hoje em franca decadência [não nos parece] não só no campo do Direito Público como até mesmo no

[329] *Vide: . op. cit.* p. 115.

[330] Cf: MARQUES, José Dias: citado "Conceito e natureza jurídica de nacionalidade" ROA, Ano 12, nºs. 3 e 4, pp. 85 e ss.

próprio Direito Privado, não podendo de modo algum servir de base à elaboração do conceito de nacionalidade"[331].

Numa "Ação de Formação" realizada no CEJ[332], PAULO MANUEL COSTA escreveu o seguinte, com o que concordamos: "A nacionalidade é um vínculo jurídico-político que expressa a ligação entre um certo indivíduo e uma dada nação. Na lógica do Estado-nação, em que o aparelho estadual concretiza a aspiração da nação ao exercício do poder político soberano, a nacionalidade resultará numa ligação exclusiva com um determinado Estado em concreto, a qual fundamentará, por exemplo, a atribuição de um determinado conjunto de direitos e deveres de cidadania"[333].

3. Na doutrina são abundantes as definições de nacionalidade, que também variam consoante o país em causa[334].

Tratando-se embora de um texto valioso e fundamentado (mas já antigo), pensamos que DIAS MARQUES exagera – ou antes, divaga – quando diz: "a ideia que informa a nacionalidade é – para os ingleses – a de uma submissão pessoal, de uma vassalagem para com a pessoa do monarca. Não nos deteremos na apreciação desta doutrina: ela representa uma sobrevivência histórica dos velhos conceitos feudais de suserania e vassalagem que não interessa grandemente à nossa construção doutrinal e apenas pode encontrar apoio nas específicas peculiaridades do direito inglês"[335].

É claro que atualmente há em Inglaterra uma conhecida liberdade a «todos os níveis», que nada tem a ver com a referida " submissão pessoal" ou a "vassalagem".

[331] Vide: op..cit. p. 85/86.

[332] O CEJ publicou em 2016 na "Coleção Formação Inicial" um conjunto de textos sobre "CONTENCIOSO DA NACIONALIDADE" Consultáveis em: https://cej.justica.gov.pt/LinkClick.aspx?fileticket=B02u6_b5YoU%3D&portalid=30

[333] Cf: COSTA, Paulo Manuel: "Oposição à aquisição da nacionalidade: A inexistência de ligação efectiva à comunidade nacional". Também publicado em ROA. Lisboa:. Ano 72, nº 4 (out. – nov. 2012), pp. 1453-1481.

[334] Em França o Professor YVES LEQUETTE faz esta interessante observação: « la nation n'existe que par le consentement de ceux qui la composent. C'est une «association séculaire», ce qui implique non seulement l'adhésion présente et la volonté tendue vers un avenir commun, mais la connaissance et l'adoption de l'héritage du passé» (Cf: LEQUETTE, Yves: *Réflexions sur la nationalité française* consultável em: *file:///I:/la%20nacionalit%C3%A9%20fran%C3%A7aise.pdf.*

[335] Cf. *op. cit.* p. 86.

Num outro texto de ANA RITA GIL constante da ROA e da mencionada "Ação de Formação" realizada no CEJ, intitulado "Princípios de Direito da Nacionalidade – sua consagração no ordenamento português" a Autora começa por dizer: "o direito da nacionalidade é tradicionalmente apontado como um domínio reservado às soberanias estaduais[336]. Defende-se vigorar nesse campo um princípio geral de direito internacional, de acordo com o qual cada Estado é soberano para determinar as pessoas que considera seus nacionais".

Todavia, presentemente, *não é assim*. Como diz a citada Autora, aquele princípio geral "começou a ser posto em causa, já que o vínculo em que se traduz a nacionalidade produz efeitos não só na ordem interna, mas também na ordem externa". E "desde o séc. XIX, os Estados têm vindo a cooperar no que toca a assuntos ligados à nacionalidade, inicialmente através de convenções bilaterais, mas mais tarde seguidas de convenções multilaterais (...[do que]) resultou uma série de princípios gerais em matéria de aquisição e perda da nacionalidade, muitos dos quais foram plasmados na Convenção Europeia da Nacionalidade (CEN), elaborada em 1997 no seio do Conselho da Europa". Em nota diz que JORGE PEREIRA da SILVA refere que as questões de nacionalidade passaram, na prática, a ser partilhadas entre os Estados-parte e o direito internacional[337].

Chama depois a atenção para a importância do "Princípio da Nacionalidade Efectiva". E acrescenta: Assim o afirmou o Acórdão Nottebhom: "um Estado não pode exigir que as regras que ele definiu (...) devam ser reconhecidas por outro Estado, a menos que tenha agido em conformidade com o propósito geral de harmonizar o vínculo jurídico da nacionalidade com a conexão genuína do indivíduo ao Estado". Nesse seguimento, o TIJ definiu a nacionalidade como sendo "um vínculo jurídico que tem por base um facto social de pertença, uma conexão genuína de vivência, de interesses e de sentimentos, em conjunto com a existência de direitos e deveres recíprocos" (cita ICJ Reports 1955, p. 23) [338].

336 A Autora refere que "esse princípio foi afirmado pelo Tribunal Internacional de Justiça (TIJ) no célebre Acórdão Nottebohm (Nottebohm Case – Liechtenstein v. Guatemale – Julgamento de 6 de Abril de 1955) e foi plasmado no art. 1º da Convenção de Haia de 12 de Abril de 1930".

337 *Vide: op. e loc. cit..*

338 GIL, ANA RITA: "Princípios de Direito da Nacionalidade – sua consagração no ordenamento português" *in* citada publicação do CEJ e também na Revista "O Direito", Ano

De facto, a matéria da nacionalidade deve presentemente ser analisada e decidida não apenas à face da legislação interna, mas *também dos tratados e convenções* que Portugal subscreveu, designadamente a *Convenção Europeia sobre a Nacionalidade*, aprovada para ratificação pela Resolução da Assembleia da República nº 19/2000, de 6 de março e ratificada pelo Decreto do Presidente da República nº 7/2000, de 6 de março.

4. No tocante à distinção entre *cidadania* e *nacionalidade* parece-me que devo ainda citar HENRIQUE DIAS DA SILVA que na mencionada "Ação de Formação" do CEJ interveio a respeito da quinta alteração à Lei da Nacionalidade e a dado passo referiu: "Actualmente a expressão nacionalidade exprime o vínculo que existe entre uma pessoa e o Estado, coexistindo com o vocábulo cidadania com um significado jurídico praticamente coincidente com o de nacionalidade. Entre aquelas duas expressões, nacionalidade e cidadania, o nosso texto constitucional optou por cidadania (...) A cidadania pode ser observada como direito, como direito fundamental como ficou demonstrado, ou como estatuto. Como estatuto a cidadania traduz o conjunto de posições jurídicas ativas e passivas atinentes a esta instituição jurídica. Trata-se aqui de direitos exclusivos dos cidadãos portugueses no que se relaciona com a escolha dos governantes, o desempenho de cargos públicos e o cumprimento de deveres fundamentais. Actualmente este estatuto compreende uma série de gradações pois, ao lado dos cidadãos portugueses, temos os cidadãos dos Estados lusófonos com residência permanente em Portugal e os cidadãos dos Estados membros da União Europeia também a residir em Portugal".[339]

Estas gradações têm outrossim a consequência de os respetivos direitos e obrigações – apesar de na generalidade serem coincidentes – não corresponderem integralmente. O Autor aponta a defesa da Pátria como

142º (2010), IV vol, pp. 723-760. A Autora acrescenta: "Esta Convenção, por fixar princípios relevantes para a modelação substantiva dos critérios de atribuição da nacionalidade, representou uma revolução no direito internacional, que passou a impor limites concretos à definição estadual dos cidadãos nacionais.. Ela consagra actualmente princípios que são um verdadeiro limite à discricionariedade dos Estados-parte no que toca à determinação de regras em matéria da nacionalidade". Consultável em: https://cej.justica.gov.pt/LinkClick.aspx?fileticket=B02u6_b5YoU%3D&portalid=30

[339] Cf: SILVA, HENRIQUE DIAS da:: "A Cidadania e a Quinta Alteração à Lei da Nacionalidade", consultável em: https://cej.justica.gov.pt/LinkClick.aspx?fileticket=B02u6_b5YoU%3D&portalid=30

cabendo apenas aos cidadãos portugueses. Mas não só isso, acrescentamos. Os outros «cidadãos» que o Autor aponta (caso dos que pertencem à União Europeia) não têm exatamente *os mesmos* direitos que os «nacionais» portugueses (por ex. o direito de voto nas eleições legislativas e outras).

Por último, Regina Garcia Borges afirma que "A nacionalidade, entendida sempre como um vínculo político que liga um indivíduo a um certo Estado, constitui ainda um elemento do «estado» das pessoas que é, por sua vez, o ponto de partida de numerosos direitos e obrigações" Neste último sentido, enquanto «estado» das pessoas, a meu ver, fala-se mais propriamente de cidadania e não de nacionalidade.

A Autora acrescenta que "basta-nos assentar em que a nacionalidade é um instituto regulamentado no Direito interno, com relevância internacional (e principalmente estudado no Direito Internacional, pelos complexos problemas a que dá origem), que integra elementos de ordem pública e de ordem privada e que, devendo, em princípio, ser considerado matéria constitucional, tem a sua regulamentação nas leis civis e produz efeitos de direito privado, designadamente no estado civil".[340]

5. Na Parte II deste Manual referimo-nos aos *direitos fundamentais*, entre os quais o direito à nacionalidade, ideia a que a Constituição consagra, bem como a Declaração Universal dos Direitos do Homem (DUDH).

Somos, pois, de opinião que na definição do direito à nacionalidade deve mencionar-se que se trata de *um direito fundamental*, constitucionalmente reconhecido, pelo que à mencionada e bem sintetizada explicação de Paulo Manuel Costa – a nacionalidade é um vínculo jurídico-político que expressa a ligação entre um indivíduo e uma dada nação –, para a definição que perfilhamos dever-se-iam modificar duas expressões, substituindo a palavra «indivíduo» pela de «pessoa» e a de «nação» pela de «Estado» e, além disso, acrescentar aquele atributo de se tratar de um direito fundamental.

A substituição da palavra «indivíduo» encontra a sua explicação no facto, a que aludimos, dos direitos fundamentais e de personalidade pertencerem à *pessoa humana*, com a sua dignidade constitucionalmente reconhecida e não, abstratamente, a qualquer «indivíduo». Citamos Castanheira Neves quando, a propósito desses direitos diz que "a dimensão

[340] *Vide: op. cit.* p. 115.

pessoal postula o valor da pessoa humana e exige o respeito incondicional sua dignidade (...)".

No tocante à alteração da palavra "nação" que o referido Autor utiliza, além da conotação ideológica[341], também não está de harmonia com a Constituição que sempre se refere ao Estado (logo nos artºs 2º, 6º e 9º) e nunca à Nação. Por isso a definição – intencionalmente simples – que propomos é esta:

A nacionalidade *é um direito fundamental que consiste num vínculo jurídico-político que expressa a ligação de uma pessoa a um Estado.*

6. Para que exista esse vínculo que liga a pessoa ao Estado é necessário que essa pessoa reúna os requisitos determinados na lei, seja pelo seu nascimento em território nacional (o *ius soli)* seja pela sua descendência ou ascendência com cidadão nacional (*ius sanguinis*), seja ainda pela naturalização e que pode ter diferentes graus de exigência.

Depois das sucessivas reformas e alterações da L.N. Portugal é presentemente um dos países que mais facilita a obtenção da nacionalidade, Isabel M. Rocha de Almeida fez uma interessante comunicação no XXII Congresso Internacional do IPRA-CINDER intitulada " Lei da Nacionalidade como instrumento de integração de migrantes"[342], onde diz que "o relatório sobre o Acesso à Nacionalidade Portuguesa: 10 anos da Lei em Números de Catarina Reis de Oliveira. Natália Gomes e Tiago Santos[343] acentua que "entre os países da OCDE (2016: 403-404), o caso português é também bastante interessante de analisar por apresentar dos melhores resultados na aquisição da nacionalidade por total de residentes estrangeiros (em terceiro lugar entre os países da OCDE em 2014, apenas ultrapassado pela Suécia e a Hungria". Refere ainda que quanto aos requisitos exigidos e processuais também este relatório indica que Portugal "global-

[341] Apontada por muitos autores que consideram a expressão "Nação" como estando ligada aos «nacionalismos» que proliferaram na Europa na primeira metade do Século XX.

[342] Consultável em: https://congresos.leading.pt/reports/reports.aspx?ref=resumofinal1&evento=2&formulario=6&render=pagina&cod=3957&chave=000836DCA8

[343] Cf: Oliveira, Catarina Reis de; Gomes, e Santos, Tiago (2017), Aquisição da nacionalidade portuguesa: 10 anos da Lei em Números, Caderno Estatístico Temático # 1, Coleção Imigração em Números do Observatório da Migrações. " Alto Comissariado para as Migrações". Lisboa: 2017. Consultável em https://www.om.acm.gov.pt/documents/58428/440932/Caderno+Estat%C3%ADstico+OM+%231+-+Acesso+%C3%A0+Nacionalidade+Portuguesa+-+10+anos+da+Lei+em+N%C3%BAmeros.pdf/b57d342d-a2af-4f3e-9d97-caf9fecfaf3e

mente, por comparação à maioria dos países europeus, surge destacado desde a reforma de 2006, num pequeno grupo de países com regimes de cidadania inclusivos, tanto ao nível do seu enquadramento legal como ao nível dos requisitos processuais". Acrescentamos que este "Relatório" refere o seguinte: " No âmbito do *Handbook on Integration for Policy-makers and Practitioners,* promovido pela Comissão Europeia em 2010, Portugal surge ainda destacado, por comparação aos demais Estados-membros, por não requerer aos cidadãos que se pretendam naturalizar a renúncia da sua nacionalidade de origem, permitindo a dupla nacionalidade aos «novos cidadãos» portugueses". E diz ainda que "é realçado em vários estudos internacionais (Huddleston et al., 2015: 62; OCDE, 2011; Bauböck et al., 2006), a aceitação da *dupla nacionalidade* é uma das mais importantes dimensões das políticas de cidadania por afetar diretamente (e positivamente) as taxas de naturalização."[344]

7. Quanto ao conceito e às normas que regem o Direito da Nacionalidade, pensamos que é propositado notar o seguinte: a atual Lei nº 37/81, desde a sua publicação, já teve 11 versões através de sucessivas leis orgânicas, o que inculca a ideia que, de cada vez que muda a composição partidária da Assembleia da República, os deputados decidem mudar a Lei da Nacionalidade, correspondendo, assim, às suas ideologias, mas também procurando responder aos fluxos imigratórios e emigratórios.

Não nos parece que esta seja a melhor opção. Afigura-se-nos que o direito à nacionalidade é um direito fundamental e a própria Lei da Nacionalidade é uma lei para-constitucional, pelo que *requer uma estabilidade* incompatível com as excessivas alterações que tem sofrido.

Aliás, a legislação ordinária pode – e deve – conferir aos estrangeiros os direitos essenciais, sem que, para tal, se careça de estar sempre a mudar a Lei da Nacionalidade.

Esperemos, pois, que esta Lei, atualizada pelas últimas Leis Orgânicas, passe a ter a durabilidade necessária, para que, por um lado, o seu estudo não seja vãmente feito e, pelo outro, porque atualmente, ao que nos parece, já se «abriram» suficientemente as possibilidades de concessão da nacionalidade, até para fazer face ao que se tem reconhecido ser o "envelhecimento demográfico" que se verifica no nosso País.

[344] Cf: citado Relatório " Aquisição da nacionalidade portuguesa: 10 anos da Lei em Números..." p. 18.

Capítulo II
A Legislação sobre a Nacionalidade

Nos termos do disposto no artº 164º, f) da Constituição, é da exclusiva competência da Assembleia da República legislar sobre as matérias de aquisição, perda e reaquisição da cidadania[345] portuguesa. Por isso, no tocante à temática sobre nacionalidade é a Assembleia da República que pode prescrever o correspondente normativo e, de harmonia com o estabelecido no artº 166º/2, devê-lo-á fazer através da forma de *lei orgânica*.

Depois de uma longa evolução legislativa que, segundo MOURA RAMOS, busca as suas origens nas Ordenações Filipinas[346], "a regulamentação sobre a nacionalidade portuguesa viria (...) a ser depois integrada nas três leis fundamentais publicadas durante o período que é habitual designar como constitucionalismo democrático – a Constituição de 1822, a Carta Constitucional de 1826 e a Constituição de 1838". Adiante apresenta uma síntese das soluções acolhidas: Assim, "em matéria de aquisição originária, pode dizer-se que na linha das Ordenações se mantém um sistema misto, onde o *ius sanguinis* e o *ius soli* intervinham concomitantemente e em que a filiação paterna era a decisiva na atribuição da nacionalidade". Elucida depois que "o equilíbrio entre o *ius sanguinis* e o *ius soli* (...) aparece agora alterado a favor dum nítido predomínio do *ius sanguinis*".

[345] Como se vê a lei aqui usou o termo "cidadania" como sinónimo de "nacionalidade", ao contrário da opinião que já justificamos.

[346] Cf. cit. *Estudos de Direito Português da Nacionalidade*, pp. 14 e ss.

Terminado a pormenorizada explicação deste período do constitucionalismo democrático, o Autor refere que a matéria da aquisição[347] e da regulamentação da nacionalidade passou a estar incluída no Código Civil de 1867[348] e, com a implantação da República, foi publicado o Decreto de 2 de Dezembro de 1910, que em matéria de naturalização estabeleceu regras mais rigorosas.

Não vamos aqui detalhar os pormenores da evolução legislativa[349] depois do "Código de Seabra"[350]. De notar é que em 1959 foi publicada a relevante Lei nº 2098, de 29 de julho, que promulgou "as bases para a atribuição e aquisição da nacionalidade portuguesa" e se manteve em vigar até à Lei nº 37/81, de 3 de outubro. Esta Lei de 1981 é, presentemente, a Lei da Nacionalidade que, apesar de já ter sofrido mais de uma dezena de alterações (e embora tenha sido republicada), nunca foi substituída por uma que contivesse o texto atual.

Numa última nota queremos deixar claro que no presente estudo ocupamo-nos apenas da matéria da «nacionalidade» e não da respeitante aos «estrangeiros», referindo unicamente que o seu Regime Jurídico consta da Lei nº 102/2017, de 28 de agosto.

[347] A par da aquisição originária, "em sede de aquisição derivada da nacionalidade conservam-se as duas causas que já encontramos no Código de Seabra: o casamento e a naturalização" (Cf. cit. *Estudos de Direito Português da Nacionalidade,* p.51).

[348] *Vide* cit. *Estudos de Direito Português da Nacionalidade,* na parte referente ao constitucionalismo democrático a pp. 20 e ss. e na do Código Civil de 1867 a pp. 31 e ss.

[349] Dir-se-á tão-só que Rui M. Moura Ramos elucida que "antes de 1981, o direito da nacionalidade em Portugal estava codificado na Lei nº 2.098, de 9 de julho de 1959. Apesar da sua importância para a evolução desse sector do sistema jurídico em Portugal, esse diploma não tinha constituído, no entanto, uma viragem em relação à situação precedente, tendo antes dado coerência a um conjunto de disposições constantes quer do Código Civil de 1867, quer de leis posteriores. O sistema instituído por essa lei baseava-se, no que à nacionalidade originária diz respeito, numa combinação do *ius soli* e do *ius sanguinis,* em que a primazia era dada ao primeiro desses princípios (...).O quadro que acabamos de traçar sofreu profundas modificações com a Lei nº 37/81, de 3 de outubro de 1981" (Cf: Ramos, Rui M. Moura: "Continuidade e mudança no direito da nacionalidade em Portugal" *in* "Revista de Informação Legislativa". Brasília: n. 145 jan./mar. 2000, p. 87 e s. Consultável em: https://www2.senado.leg.br/bdsf/bitstream/handle/id/558/r145-10.pdf?sequence=4

[350] O Código Civil de 1867 tratava a matéria da aquisição da nacionalidade logo no início do Título II – artigos 18º a 21º – com a epígrafe "De como se adquire a qualidade de cidadão português".

1. Moura Ramos considera que a Lei da Nacionalidade nº 37/81, de 3 de outubro, completada pelo Dec-Lei 322/82, de 12 de agosto (Regulamento depois revogado pelo Decreto-Lei nº 237-A/2006, de 14 de dezembro), veio estabelecer, como intitulou em trabalho publicado no Boletim da FDUC, "O Novo Direito Português da Nacionalidade". Entende que se pode dizer "que eram de duas ordens diferentes as razões fundamentais que militavam no sentido duma alteração do regime da nacionalidade portuguesa consagrada pela Lei nº 2098. A primeira decorria da inadaptação do quadro legal vigente a certas opções tomadas pelo legislador nos anos que mediaram entre 1959 (data da entrada em vigor da Lei nº 2098) e o momento em que foram desencadeadas as iniciativas de revisão daquela lei. A segunda tem a ver com a emergência de certos fenómenos que vieram condicionar de alguma forma a adequação da ponderação de interesses que conduzira à definição de algumas opções básicas de política legislativa inspiradoras da Lei nº 2098"[351].

Aponta depois a "harmonização do Direito da Nacionalidade com os princípios consagrados noutros sectores da ordem jurídica portuguesa", destacando-se o "plano dos princípios constitucionais", a "legislação ordinária", as "alterações estruturais ocorridas na comunidade portuguesas que recomendavam a revisão de algumas das traves-mestras da Lei nº 2098", incluindo o "movimento emigratório dos anos 60"e o "processo da descolonização". Todo este quadro de razões, motivou que fosse concretizado um *novo direito da nacionalidade*, pela Lei nº 37/81, de 3 de outubro, que obteve um amplo consenso parlamentar[352]

2. A Lei da Nacionalidade é regulamentada pelo "Regulamento da Nacionalidade Portuguesa" (abreviadamente Regulamento), aprovado pelo Dec-Lei nº 237-A/2006, de 14 de dezembro, e que também tem sido várias vezes modificado, incluindo, recentemente, pedo Decreto-Lei nº 26/2022, de 18 de março, que visou regulamentar as Leis Orgânicas nºs 2/2018, de 5 de julho, e 2/2020, de 10 de novembro.

A Lei da Nacionalidade está dividida em quatro Títulos, sendo o Título I respeitante à atribuição, aquisição e perda da nacionalidade, o II ao registo,

[351] Cf. cit. Estudos de Direito Português da Nacionalidade, pp. 131 e ss.

[352] As ideias muito sucintamente expostas constam do.cit. *Estudos de Direito Português da Nacionalidade*, de pp. 131 a 166.

prova e contencioso da nacionalidade, o III aos conflitos de leis sobre a nacionalidade, o IV a disposições transitórias e finais.

Vamos tentar, na medida em isso não prejudique a exposição, seguir o ordenamento sistemático da Lei e também o do Regulamento[353].

3. São sobejamente conhecidos os critérios de atribuição da nacionalidade, que dizem respeito ou ao *local do nascimento* ou à *ascendência genealógica* da pessoa e que se expressam nos vocábulos latinos "jus soli" e "jus sanguinis". Diga-se que, com toda a probabilidade, não vigorou, nem vigora, em qualquer país um sistema absoluto seguindo um ou o outro critério, mas é adotada, sim, uma combinação dos dois, ainda que com predomínio de um deles. No tocante ao "jus sanguinis", dever-se-á acentuar que à luz da lei portuguesa tem, louvavelmente, o mesmo relevo quer no tocante ao "jus sanguinis a patrem" quer no jus sanguinis a matrem".

Considera-se, além disso, o "jus domicilium", ou seja, o critério da residência habitual como causa determinante para a atribuição da nacionalidade. A legislação nacional também atende a este fator da residência, como veremos.

Por uma questão metodológica, pareceu-nos apropriado tratar primeiro, ainda que numa breve abordagem, do aspeto teórico, incluindo a referência aos principais princípios da nacionalidade e, seguidamente, num segundo segmento desta Parte III, dos procedimentos práticos, ou seja, das matérias constantes da Lei da Nacionalidade e do Regulamento da Nacionalidade, e em sucessivos capítulos pela ordem em que o legislador as tratou.

4. No âmbito internacional os critérios que regem o direito da nacionalidade são muito diferentes e deles aqui não podemos curar[354]. Referimos

[353] Quando nesta 3ª Parte referirmos Lei ou L.N. queremos dizer Lei da Nacionalidade e ao mencionar Regulamento é ao Regulamento da Nacionalidade que aludimos.

[354] A mero título de exemplo, Paul Lagarde (conhecido especialista deste tema) distingue três modos de aquisição da nacionalidade: a que tem lugar de pleno direito, a que resulta de uma declaração e a que resulta de uma decisão administrativa (Cf: Lagarde, Paul *in La Nationalité Française*. Paris, Dalloz, 1975). Este Autor também pertinentemente escreveu "*le droit français de la nationalité a pour objet de déterminer la population qui participe à ce projet politique commun. À cet effet, il lui faut essayer de définir les modes d'attribution et d'acquisition de la nationalité française, de telle façon que soient inclus dans le groupe tous ceux mais uniquement ceux qui en partagent les valeurs* (*Vide* em: « Réflexions sur la nationalité française» Consultável em: file:///I:/la%20 nacionalit%C3%A9%20fran%C3%A7aise.pdf.

apenas que, ;além da DUDH, a "Convenção Europeia sobre a Nacionalidade[355], consagra, no seu artº 4º, os princípios que devem basear a legislação estadual sobre esta matéria. Estes, resumidamente, são:

- Todos os indivíduos têm direito a uma nacionalidade;
- A apatridia deverá ser evitada;
- Nenhum indivíduo será arbitrariamente privado da sua nacionalidade;
- Nem o casamento ou a dissolução de um casamento entre um nacional de um Estado Parte e um estrangeiro, nem a alteração de nacionalidade por um dos cônjuges durante o casamento, afetará automaticamente a nacionalidade do outro cônjuge.

Por sua vez, o artº 5º, com a epígrafe "Não discriminação" esclarece:

> "1 – As normas de um Estado Parte sobre nacionalidade não conterão distinções nem incluirão qualquer prática que conduza à discriminação em razão de sexo, religião, raça, cor ou origem nacional ou étnica.
>
> 2 – Cada Estado Parte regular-se-á pelo princípio da não discriminação entre os seus nacionais, independentemente da nacionalidade ter sido adquirida por nascimento ou em qualquer momento subsequente."

5. Anos depois, o "Tratado de Maastricht" instituiu na Parte II, a "Cidadania da União". Esta Parte II começa pelo artigo 8°, que declara:

> "1. É instituída a cidadania da União.
>
> É cidadão da União qualquer pessoa que tenha a nacionalidade de um Estado-membro.
>
> 2. Os cidadãos da União gozam dos direitos e estão sujeitos aos deveres previstos no presente Tratado".

Deste modo, podemos afirmar que quem tiver a nacionalidade portuguesa, tem igualmente a «cidadania europeia».

A instituição da cidadania europeia teve por objetivo concretizar no domínio da nacionalidade a igualdade de direitos e deveres entre os nacionais dos Estados-membros de harmonia com o estabelecido nos tratados constitutivos da União.

[355] Aberta à assinatura em Estrasburgo, em 26 de novembro de 1997, e ratificada por Portugal em 2000 pela Resolução da Assembleia da República nº 19/2000.

Num estudo feito pela "Fundação Francisco Manuel dos Santos" refere-se (e bem) que "a cidadania europeia estabelece um conjunto de direitos próprios dos cidadãos europeus que acrescem aos direitos fundamentais dos Estados-membros e também aos inscritos na Carta dos Direitos Fundamentais da União Europeia[356]". Por outro lado, "é cidadão da União Europeia qualquer pessoa que tenha a nacionalidade de um Estado-membro".

Ou seja: a cidadania da União *acresce à cidadania nacional e não a substitui*. A novidade da cidadania europeia radica no facto de se basear numa pluralidade de nacionalidades (não apenas numa) e constituir o fundamento de um novo espaço político (a União Europeia) do qual emergem direitos e deveres que não são fixados pelo Estado português nem dele dependem[357].

[356] A "Carta dos Direitos Fundamentais da União Europeia" é consultável em https://eur-lex.europa.eu/legal-content/PT/TXT/PDF/?uri=CELEX:12016P/TXT&from=FR.

[357] Consultável em: https://ffms.pt/pt-pt/direitos-e-deveres/o-que-significa-cidadania-europeia-e-como-se-adquire, mas itálico nosso.

TÍTULO II
ASPETOS JURÍDICOS DA NACIONALIDADE

Capítulo III
Princípios da Nacionalidade

São bastante variados os critérios apresentados pelos autores que tratam este tema e que frequentemente seguem os que se baseiam nos tratados internacionais. Porventura o mais conhecido é o de STOERK[358] que apresentou estes princípios:

1. *Princípio da cidade*: todo o indivíduo deve ter uma nacionalidade:
2. *Princípio da exclusividade*: todo o indivíduo só deve ter uma nacionalidade[359]:
3. *Princípio da mutabilidade*: todo o indivíduo deve poder mudar de nacionalidade;
4. *Princípio da continuidade*: todo o indivíduo deve conservar a sua nacionalidade enquanto não adquire outra.

Posteriormente vários autores apresentaram novos princípios, alguns dos quais têm cobertura na nossa Lei.

– Pelo que entendemos, afigura-se-nos mais adequado procurar relacionar os princípios da nacionalidade com os princípios do *Registo Civil* – mas de forma simples e breve –, visto que este é a «matriz» da nacionalidade.

[358] Cf: STOERK, Felix : «Les Changements De Nationalité Et Le Droit Des Gens» Charleston: Nabu Press, 2012 e também em «Revue de Droit International Public, 1895, p. 272.

[359] Este princípio não tem atualmente acolhimento na legislação de grande parte dos países.

Nesta perspetiva, temos:

§ 1º Princípio do registo obrigatório

Recordamos na 1ª Parte que a instituição em 1911 do Registo Civil obrigatório constituiu um notável avanço socio-jurídico, cujo estabelecimento em todo o País teve inicialmente as suas dificuldades, mas depois ficou definitivamente implantado e, presentemente, não sofre contestação alguma.

Ora a matéria da nacionalidade, especialmente a referente à *definição* da nacionalidade da pessoa, cabe ao Registo Civil. Daí que este princípio do registo obrigatório deva ser *igualmente aplicável* à nacionalidade.

Deste modo, quanto se trata da atribuição originária da nacionalidade (por efeito da lei e da vontade) a que se refere o artº 1º da L.N. não restam dúvidas de que é o assento de nascimento que faz prova plena da nacionalidade.

Por outro lado, a L.N. instituiu (artº 16º) o "Registo Central da Nacionalidade" e os artigos 18º e 19º estipulam, respetivamente, que é obrigatório o registo da atribuição, aquisição ou perda da nacionalidade e da naturalização e bem assim o registo do acto que importe atribuição, aquisição ou perda da nacionalidade. Por seu turno, o Regulamento nos artigos 46º a 55º (que adiante analisaremos) regula pormenorizadamente aquele Registo Central da Nacionalidade e a sua obrigatoriedade.

Estes «instrumentos» legais constituem um alicerce importante para que, juntamente com o que seguidamente é referido no § 2º, se concretize o princípio de que "todo o indivíduo deve ter uma nacionalidade".

§ 2º Princípio da cessação da apatridia

Outro dos princípios atualmente reconhecido internacionalmente é o de que toda a pessoa humana tem direito a ter uma nacionalidade.

A própria Declaração Universal dos Direitos Humanos estipula no artº 15º/1 que "todo o individuo tem direto a ter uma nacionalidade. Ninguém pode ser arbitrariamente privado da sua nacionalidade nem do direito de mudar de nacionalidade".

A apatridia é uma situação lastimável, visto deixa a pessoa desprotegida de um qualquer Estado, sujeitando-a mais facilmente a tentativas de assédio, a situações de violência, em suma, a diversas ocorrências nocivas.

Ana Rita Gil refere que o conceito de apatridia é definido no art. 1º da *Convenção sobre o estatuto dos apátridas de 1954*[360] como toda a pessoa "que não seja considerada por "qualquer Estado, segundo a sua legislação, como seu nacional". Este conceito corresponde a uma noção de apatridia *de iure*.

Ora, ultimamente tem-se defendido o surgimento de um conceito de *apatridia de facto*. Isto verificar-se-ia quando uma pessoa, embora possuindo a nacionalidade de um Estado, contudo não tivesse qualquer ligação com o mesmo, mas sim com um outro, sendo que, neste segundo Estado, lhe seria negado o acesso à respectiva nacionalidade. Apesar de a pessoa em causa não poder ser considerada apátrida em sentido estrito, acabaria por sofrer na prática uma verdadeira situação de apatridia.

Por isso, recentemente "reclama-se que o princípio da prevenção da apatridia implicaria também o dever de os Estados evitarem e combaterem as situações de apatridia de facto, tornando mais fácil o acesso à nacionalidade por parte das pessoas que se encontrem fortemente enraizadas no país e que não possuem qualquer ligação com o país de origem"[361].

Embora já antiga, a "Convenção para a Redução dos Casos de Apatridia" foi aprovada pela Resolução da Assembleia da República nº 106/2012, de 07/08 e ratificada pelo Decreto do Presidente da República nº 133/2012, de 07/08, tornando-se Direito interno.

O Princípio da cessação da apatridia – ou melhor, *do objetivo* da cessação da apatridia – é, por conseguinte, aceite por Portugal, bem como pela generalidade da doutrina nacional e estrangeira.

Ao referirmos este princípio, nele englobamos os da continuidade e da exclusividade referidos por Stoerk, sendo certo que a mutabilidade não tem idêntico valor e depende, como é óbvio, do preenchimento dos requisitos que, no âmbito da sua soberania, cada ordenamento oferece e não se vê exista uma razão de «princípio» para no domínio internacional os contestar.

[360] Esta Convenção foi aprovada em Nova Iorque, em 28 de Setembro de 1954 e, como se diz no texto, ratificada pelo Decreto do Presidente da República nº 134/2012, de 07/08

[361] Cf: GIL, Ana Rita: " Princípios de Direito da Nacionalidade – sua consagração no ordenamento português" *in* "O Direito", 142º (2010), IV e consultável em https://www.academia.edu/2055984/Princ%C3%ADpios_de_Direito_da_Nacionalidade_sua_consagra%C3%A7%C3%A3o_no_ordenamento_portugu%C3%AAs

§ 3º Princípio da Nacionalidade Efetiva

Com este princípio pretende-se que a correlação referente à situação jurídica que liga a nacionalidade ao indivíduo e ao Estado *sejam coincidentes.*

O conceito jurídico de nacionalidade deve, por isso, corresponder à *situação real e social vivida por aquela pessoa em face da Nação a que pertence.*

Dito de uma maneira simples: se é português deve comportar-se e sentir-se e viver com os demais concidadãos como português e não como tendo qualquer outra nacionalidade.

ANA RITA GIL cita MARQUES DOS SANTOS quando este diz que "a nacionalidade tem de assentar numa ligação de carácter sociológico entre o individuo e o Estado, de tal forma "que possa dizer-se "que há uma relação de pertença entre aquele e este"[362]. Cita-se o caso Nottebohm (Liechtenstein contra Guatemala), julgado pelo Tribunal Internacional de Justiça em 1955, que num caso de dupla nacionalidade e de conflito entre ambas, considerou que *atendível era a concreta e efetivamente vivida,* pois "a nacionalidade é um laço jurídico que tem na sua base um facto social de conexão, uma solidariedade efetiva de existência, de interesses, de sentimentos, ligados a uma reciprocidade de direitos e deveres"[363].

Em suma: o relacionamento da pessoa com a Nação a que pertence carece de ser *verdadeiro* e, por isso, ele deve senti-la como a sua Pátria.

O indivíduo não pode julgar que a sua nacionalidade é algo secundário e sem interesse, mas, pelo contrário, considerar que *faz parte da sua identidade* como pessoa inserida na sociedade e na sua comunidade nacional.

§ 4º Princípio da unidade na família

O princípio da unidade da nacionalidade na família tem outra vertente: visa proteger o interesse que existe no facto de os membros da mesma família *possuírem a mesma nacionalidade.*

[362] *Vide:* SANTOS, ANTÓNIO MARQUES DOS "nacionalidade e efectividade", *in Estudos em memória do Doutor João de Castro Mendes.* Lisboa, Lex pp. p.429-453

[363] Consultável em: em:https://www.icj-cij.org/files/case-related/18/018-19550406-JUD-01-00-EN.pdf.

O tema também foi tratado na dissertação de JOSÉ VINCENZO PROCÓPIO FILHO, sobre "O Direito fundamental à dupla nacionalidade e os entraves limitadores ao seu exercício no campo do desporto", apresentada em 2020 na FDUP e consultável em: file:///K:/NACIONALIDADE%20-%20TESE%20Porto.pdf.

Neste sentido os Estados devem fixar regras de aquisição da nacionalidade que facilitem que dentro da mesma família exista entre os seus membros igual nacionalidade.

Isabel Maria Rocha de Almeida num interessante estudo diz que "os artigos 36º e 67º da CRP salvaguardam este mesmo princípio" e, mais adiante, considera, pertinentemente, que "o critério do «ius sanguinis» é também uma manifestação deste princípio ao permitir que os descendentes de progenitores possam ter a nacionalidade dos seus progenitores, como prevê a nossa legislação"[364]. A propósito cita alguns acórdãos, entre eles o Acórdão do Supremo Tribunal Administrativo de 13/10/2011 (Cristina dos Santos), sobre a questão da interpretação dada ao artº 3 da L.N., quanto a saber a quem cabe fazer a prova da ligação à comunidade portuguesa, veio considerar que a formulação atual deste artigo "inspira-se ou radica na proteção do interesse da unidade familiar, sendo que o facto relevante para a aquisição da nacionalidade é a declaração de vontade do estrangeiro de que reúne condições para adquirir a nacionalidade portuguesa e já não a constância do casamento por mais de três anos, visto este ser um mero pressuposto de facto necessário à potencialidade constitutiva da declaração de nacionalidade portuguesa"[365]

Ana Rita Gil entende que "o princípio da unidade familiar deverá ser considerado um princípio meramente tendencial, devendo guiar os Estados na fixação das regras de aquisição da nacionalidade, mas não indo tão longe ao ponto de impor que todos os familiares devem possuir a mesma nacionalidade. Com efeito, de referir que este princípio tem uma formulação meramente tendencial e não impositiva, uma vez que o mesmo não impõe que todos os membros da mesma família tenham a mesma nacionalidade"[366]. Como é evidente, esta observação está certa. Trata-se basicamente de um princípio que tem em vista *facilitar* a «unidade e harmonia familiar» que, sendo desejável, nunca pode ser categoricamente imposta.

[364] Cf: Almeida, Isabel Maria Rocha de: «Os fundamentos da atribuição da nacionalidade e o estabelecimento da filiação» *in* Repositório do Politécnico do Porto, 2021, consultável em https://recipp.ipp.pt/bitstream/10400.22/19438/1/DM_IsabelAlmeida_MSOL_2021.pdf.

[365] Consultável em: http://www.dgsi.pt/jsta.nsf/35fbbbf22e1bb1e680256f8e003ea931/403b31a37fd3e38c8025802d 00483c2e?OpenDocument&ExpandSection=1.

[366] Cf: *op cit.* p. 100.

§ 5 Princípio da não discriminação

No já citado trabalho de Isabel Maria Rocha de Almeida, a Autora chama a atenção para o disposto no "Tratado sobre o Funcionamento da União Europeia"[367]. Com efeito, a Parte II deste Tratado tem a epígrafe "Não discriminação e cidadania da União", começando pelo artigo 18º que diz:

"No âmbito de aplicação dos Tratados, e sem prejuízo das suas disposições especiais, é proibida toda e qualquer discriminação em razão da nacionalidade. O Parlamento Europeu e o Conselho, deliberando de acordo com o processo legislativo ordinário, podem adotar normas destinadas a proibir essa discriminação".

Quer dizer que este princípio tem a cobertura legal de um Tratado e também da Constituição, visto que, entre os direitos fundamentais pessoais, o artigo 26º/1 reconhece a "proteção legal contra quaisquer formas de discriminação". Já na Parte II referimos este princípio, pelo que não vamos repetir o que então foi dito.

Recordamos apenas que em matéria de nacionalidade também "é proibida toda e qualquer discriminação", isto é, tanto na atribuição, como na aquisição – nas suas várias modalidades, incluindo a naturalização – não é permitido ao conservador ou a outro decisor, suscitar alguma questão no tocante ao género, à cor da pele, à inteligência, a eventual defeito físico, seja ao que for que diga respeito ao interessado. Todos têm de ter um tratamento igualmente respeitador da sua pessoa.

§ 6 Princípio da nacionalidade como direito fundamental

Trata-se de um outro princípio indiscutível, consagrado quer no nosso conhecido artigo 15º/1 da DUDH que estatui, "todo ser humano tem direito a uma nacionalidade", quer no artigo 26º/1 da Constituição, confirmando que "a todos são reconhecidos os direitos (...) à cidadania".

Como observa Isabel Maria Rocha de Almeida, "por ter categoria de direito fundamental resulta, nos termos do nº 6 do artigo 19º [da Constituição], que o direito à cidadania não pode ser suspenso no caso de ser decretado o estado de sítio ou o estado de emergência". "O conteúdo do direito à cidadania como direito fundamental há-se ser entendido, tendo

[367] Consultável em https://eur-lex.europa.eu/resource.html?uri=cellar:9e8d52e1-2c70-11e6-b497-01aa75ed71a1.0019.01/DOC_3&format=PDF

em conta o artº 26º da CRP e em conformidade com o artigo 15º da DUDH, no sentido que ninguém pode ser arbitrariamente privado da sua nacionalidade, que todos têm o direito de mudar de nacionalidade e todo o indivíduo tem direito a ter uma nacionalidade". Estes são, como recordamos, direitos que já STOERK havia enumerado.

Disse JORGE PEREIRA DA SILVA a propósito do direito à cidadania: "O conteúdo deste direito tem assim três vertentes: direito a ter ou a aceder a uma cidadania, que competirá naturalmente a cada Estado concretizar; o direito a não ser privado dessa cidadania; e o direito (a não ser impedido) de mudar de cidadania. Por isso, em face do princípio do nº 2 do artigo 16º da Constituição, seria inaceitável a ideia de que o artigo 26º pudesse consagrar o direito à cidadania portuguesa com um conteúdo mais reduzido do que a resultante do artigo 15º da DUDH, ignorando, provavelmente, aquela que é a sua dimensão principal."[368]

E ISABEL MARIA ROCHA DE ALMEIDA concretiza: "A nossa LN no artº 8º estipula que a perda de nacionalidade só é permitida por vontade do próprio. Nos artigos 30º e 31º62 a atual LN veio permitir, nos casos de perda da nacionalidade por efeito da lei anterior, que a mesma possa ser readquirida e agora com a ultima alteração dada pela Lei orgânica nº 2/2020, de 10 de novembro, sem possibilidade do Estado se opor, nos termos do artº 9, à nacionalidade e fazendo retroagir os efeitos da reaquisição da nacionalidade à data do casamento, no caso do artº 30, independente da data em o mesmo ingressou na ordem jurídica portuguesa. O Estado Português não impõe a "nacionalidade portuguesa" porque permite a perda da nacionalidade por vontade, mas permite também que a qualquer momento quem tenha perdido a nacionalidade possa vir a readquirir desde que preencha os requisitos previstos para a aquisição da nacionalidade"[369].

Em sumária conclusão, poder-se-á afirmar que o conteúdo da nacionalidade – entendida também em termos de «direito pessoal» como *cidadania* –, tem indubitavelmente os atributos de um direito fundamental que não pode deixar de integrar o conjunto dos princípios do Direito da Nacionalidade.

[368] Cf: SILVA JORGE PEREIRA da: "Direitos de cidadania e direito à cidadania".: *Observatório da Imigração*: Coordenação de ROBERTO CARNEIRO. Lisboa, 2004 Consultável em: https://www.om.acm.gov.pt/documents/58428/177157/estudo+OI+Cidadania.pdf/2866b250-b174-4e7d-8d78-22049ef7f6c4

[369] Cf: *op.* e *loc. cit.*

Capítulo IV
Natureza Jurídica da Nacionalidade

1. É comumente entendido que a nacionalidade se traduz num vínculo *jurídico* que liga a pessoa humana a uma Nação, ou, como também é dito, a um Estado. Desta juridicidade resulta que a sua regulamentação faça parte do direito interno, incluindo o constante dos tratados internacionais ratificados pelo direito interno.

Decorre ainda da sua natureza jurídica que a nacionalidade se relacione com o Direito Constitucional e que também produza efeitos no domínio do direito privado, designadamente no tocante ao estado civil da pessoa. De qualquer pessoa[370]. É, pois, congruente que o seu registo e ordenamento seja feito no Registo Civil.

[370] Num trabalho de Jerónimo, Patrícia e Vink, Maarten Peter intitulado "Os múltiplos de cidadania e os seus direitos" e editado pela Fundação Francisco Manuel dos Santos para a Universidade do Minho., os Autores chamam a atenção para o facto de que "muitos académicos e activistas de direitos humanos não hesitam em declarar que a cidadania é profundamente contraditória com a universalidade dos direitos humanos e defendem a desnacionalização destes direitos, através de formas de cidadania cosmopolita ou global que permitam a protecção de todos os seres humanos em qualquer parte do mundo, independentemente da sua qualidade de membros da comunidade política e da regularidade ou irregularidade da sua presença no território dos Estados". No entanto, segundo a DUDH, podemos identificar como "direitos suscetíveis de reserva para os cidadãos: a) o direito de entrar no próprio país; b) o direito de tomar parte na direção dos negócios públicos, directamente ou por intermédio de representantes livremente eleitos; c) o direito de votar e ser eleito, em eleições periódicas, honestas, por sufrágio universal e igual e por escrutínio secreto, com garantia da livre expressão da vontade dos eleitores; d) o direito de aceder,

Regina F. G. Borges, referindo-se à noção jurídica, diz que "a nacionalidade é o vínculo jurídico e político que une determinado indivíduo a certo Estado, pelo qual participa na sua vida, o compõe e o integra. Este aspecto da nacionalidade tem principalmente importância política e respeita ao interesse público, motivo por que, a matéria da nacionalidade vem, por vezes, regulada nas leis constitucionais dos diversos países, leis que nos dão a sua estrutura política"[371].

Sendo certo que as conceções políticas e a própria evolução política das sociedades determinam as alterações legislativas sobre todas as matérias, incluindo a da nacionalidade[372], não subscrevemos a ideia de que o aspeto dominante da importância da nacionalidade seja o da sua dimensão política e o do interesse público. Não obstante devermos reconhecer que o interesse público subjaz, forçosamente, como imperativo, no entanto, consideramos que o relevo da nacionalidade é essencialmente privado e individual. É à pessoa que a nacionalidade diz diretamente respeito e o Estado não pode deixar de respeitar autonomia individual, desde que não atente contra ele próprio.

2. Recorda Isabel M. Rocha de Almeida que a intervenção do Estado português no domínio da nacionalidade – como também se verifica na generalidade dos países «civilizados» – está limitada não apenas pelas normas constitucionalmente consagradas[373], como pelas constantes dos tratados e convenções internacionais que Portugal subscreveu, como

em condições gerais de igualdade, às funções públicas do respectivo país; e e) os direitos económicos, quando se trate de países em vias de desenvolvimento". Consultável em: https://repositorium.sdum.uminho.pt/bitstream/1822/25207/1/JER%c3%93NIMO%2c%20P.%20e%20VINK%2c%20M.%2c%20Os%20m%c3%baltiplos%20de%20cidadania%20e%20os%20seus%20direitos.pdf).

[371] Cf: op. cit. p. 114.

[372] E sendo também certo que "cada Estado determinará quem são os seus nacionais nos termos do seu direito interno", como diz o 3º/1 da CESN.

[373] A "força jurídica" e a prevalência das normas constitucionais está expressamente mencionada em alguns preceitos da Constituição, como o artº 18º nºs 1 e2 que referem: .1- " Os preceitos constitucionais respeitantes aos direitos, liberdades e garantias são directamente aplicáveis e vinculam as entidades públicas e privadas." E, nº 2. – "A lei só pode restringir os direitos, liberdades e garantias nos casos expressamente previstos na Constituição, devendo as restrições limitar-se ao necessário para salvaguardar outros direitos ou interesses constitucionalmente protegidos"..

é o caso da DUDH e da "Convenção Europeia sobre a Nacionalidade"[374] e em que releva o respeito pela «pessoa» e pelos princípios gerais de Direito que a defendem e que impedem a aceitação da arbitrariedade por parte dos poderes públicos.

Acresce que a própria evolução procedimental que entre nós se verificou no domínio do Direito da Nacionalidade motivou que a instrução e decisão dos processos de concessão da nacionalidade tivesse deixado de estar na competência (em larga medida discricionária) do Ministério da Administração Interna – portanto, na alçada político-administrativa – para passar a estar num *âmbito jurídico* rigoroso do Ministério Justiça e, concretamente, na autonomia decisória dos conservadores[375], designadamente os que prestam serviço na Conservatória dos Registos Centrais.

A «concessão» da nacionalidade deixou de se traduzir numa permissão do «Estado soberano» para com os indivíduos seus «vassalos», para passar a ser um *direito da pessoa* que o Estado tem a obrigação de reconhecer.

Significa, pois, que, presentemente, os preceitos sobre a nacionalidade se apoiam na *supremacia do Direito* e que as diretivas e regras práticas que a regem são corolário dessa mesma *supremacia jurídica*, como melhor se verá nos capítulos seguintes.

Todavia, para desde já ilustrar minimamente a afirmação, será suficiente citar apenas três exemplos que serão ulteriormente desenvolvidos:

1º A perda da nacionalidade

À face da atual Lei nº 37/81 – ao contrário das leis anteriores – a perda da nacionalidade *nunca é uma sanção* que o Estado possa aplicar, mormente em qualquer grave atentado contra ele próprio, porquanto consiste ape-

374 Convenção ratificada pela Resolução da Assembleia da República nº 19/2000. Isabel Almeida chama a atenção para o facto da "Cidadania Europeia" permitir "o gozo de um conjunto de direitos que só os cidadãos dos países membros da União Europeia podem usufruir. Alguns desses direitos estão expressamente previstos no próprio texto do tratado como sucede, nomeadamente, com o direito de livre circulação e com o direito de residir num país da União Europeia, ambos previstos no artº 8º- A do Tratado" (Cf. *op cit.* p. 7).

375 O artigo 7º, nº 1, do Decreto-Lei nº 115/2018, de 21 de dezembro, diz: "O conservador de registos é o profissional com preparação jurídica, a quem incumbe, com responsabilidade, imparcialidade, autonomia técnica e funcional, e sujeição a critérios de legalidade e de objetividade estritos, exercer funções nos domínios da identificação civil, da nacionalidade e dos registos civil, predial, comercial, de bens e direitos sujeitos a registo e das pessoas coletivas"..

nas numa "declaração" feita por quem, sendo nacional de outro Estado, declare que não quer ser português (artº 8º). "Nestes termos – como diz MOURA RAMOS – a perda da nacionalidade apresenta-se pois entre nós como uma renúncia, e uma renúncia que permite ao indivíduo pôr termo a situações de plurinacionalidade. Ela deixa assim de ser o meio que faculta ao Estado Português a constatação da ausência de efetividade de um vínculo de nacionalidade, ou mesmo da existência de um vínculo nacional mais forte, no indivíduo, com um outro Estado, daí tirando consequências no que respeita à subsistência do vínculo da nacionalidade portuguesa. Nem é o instrumento adequado para a punição daqueles que podem ser considerados culpados de falta de lealdade para com o Estado"[376].

Ao contrário do que habitualmente se pensa a perda da nacionalidade nunca é, mesmo reflexamente, um «castigo», visto que só pode ocorrer por livre decisão do próprio. Este tema será ainda referido adiante no respetivo capitulo.

2º A Plurinacionalidade e manutenção da nacionalidade

Outro exemplo da supremacia da perspetiva jurídica[377], em especial no tocante aos *direitos dos cidadãos* é o da permissão generalizada da plurinacionalidade. Não apenas nos casos em que tratados bilaterais (como o celebrado com o Brasil) ou multilaterais (como o celebrado com as Nações que fizeram parte do denominado Ultramar Português) contêm regras próprias sobre a dupla nacionalidade, nas condições que, em geral, ela é admitida pela L.N. para *qualquer cidadão*, o que se deduz, entre outros, dos artigos 27º e 28º.

À luz do disposto, por ex. nos artigos 4º, c) e 14º da Convenção Europeia sobre a Nacionalidade, ratificada pelo Decreto do Presidente da República nº 7/2000, de 6 de março, verifica-se que:

- "Nenhum indivíduo será arbitrariamente privado da sua nacionalidade" (artº 4º, c) e que
- "Os Estados Partes permitirão que:

[376] Cf. cit. *Estudos*...p. 381.

[377] Como diz MOURA RAMOS: "A circunstância (...) da pertinência a uma entidade estadual (a nacionalidade *hoc sensu*) tender a ser vista como devendo corresponder a um dado sociológico, o da inserção numa dada comunidade, a Nação, não nos pode contudo impedir de sublinhar *a natureza eminentemente jurídica* do vínculo que assim se exprime"(cf. cit. *Estudos...*, p. 349)

a) Os menores que possuem diferentes nacionalidades automaticamente adquiridas por nascimento possam conservar tais nacionalidades;
b) Os seus nacionais possuam outra nacionalidade nos casos em que esta seja automaticamente adquirida por casamento" (artº14º).

Verifica-se, deste modo, que tanto pelo direito interno, como pelo disposto em Convenção Europeia, são assegurados os direitos dos cidadãos – independentemente da orientação politico-governativa do Estado – também nestes aspetos sensíveis da plurinacionalidade e da manutenção da nacionalidade.

3º A oposição à nacionalidade

Para ilustrar o que pretendemos significar, convém que comecemos por citar o Acórdão do STJ de 25 de fevereiro de1986 (Moreira da Silva)[378] que não deu razão ao Ministério Publico para se opor à aquisição da nacionalidade portuguesa por efeito da vontade pelo facto da recorrente, de nacionalidade espanhola – que casou com um português e queria ser portuguesa – ter desempenhado funções de docência na Universidade de Salamanca.

Este Acórdão foi doutamente comentado por Moura Ramos[379] que, entre outras relevantes considerações, aludiu ao "princípio da unidade da nacionalidade familiar" e às circunstâncias que podem justificar a oposição à nacionalidade, que não podem ser consideradas como categóricas e irrefutáveis, como melhor veremos no capítulo em que trataremos da oposição.

[378] Publicado no BMJ nº 354 de março de 1986 a pp. 497 e ss.

[379] Cf: a Anotação ao Acórdão *in* cit. *Estudos*...pp.299-318. As citações que fazemos no texto são todas desta Anotação. Na nota (1) de p. 299 o Autor cita uma série de Acórdãos que confirmam a orientação da jurisprudência no mesmo sentido do que é comentado.

2º TEMA
A PRÁTICA

TÍTULO III
ATRIBUIÇÃO, AQUISIÇÃO E PERDA DA NACIONALIDADE

Capítulo IV
Atribuição da Nacionalidade

O artº 1º da Lei da Nacionalidade trata da "atribuição da nacionalidade". Esta figura jurídica da *atribuição* da nacionalidade corresponde à sua obtenção *originária*, que de acordo com o artº 1º do Regulamento tem fundamento "por efeito da lei ou da vontade"[380] ou seja, dito muito simplesmente, verifica-se quando em Portugal indubitavelmente se *nasce português* ou quando, nascendo no estrangeiro, existem os pressupostos legais para o interessado possa declarar que quer ser português .

§ 1º Nacionalidade originária

A situação da atribuição da nacionalidade originária ocorre nas hipóteses seguintes:

1) Os filhos de mãe portuguesa ou de pai português nascidos no território português;
2) Os filhos de mãe portuguesa ou de pai português nascidos no estrangeiro se o progenitor português aí se encontrar ao serviço do Estado Português;

[380] EDGAR VALLES também nota que a *atribuição* "pode resultar da lei ou da manifestação de vontade". De facto, em certos casos, é necessário que os interessados declarem que querem ser portugueses, como se explica no texto. (Cf: VALLES, EDGAR: citada *Nacionalidade e Estrangeiros:* 2ª ed., p. 30).

3) Os filhos de mãe portuguesa ou de pai português nascidos no estrangeiro se tiverem o seu nascimento inscrito no registo civil português ou se declararem que querem ser portugueses;
4) Os indivíduos com, pelo menos, um ascendente de nacionalidade portuguesa originária do 2º grau na linha reta que não tenha perdido essa nacionalidade, se declararem que querem ser portugueses e possuírem laços de efetiva ligação à comunidade nacional;
5) Os indivíduos nascidos no território português, filhos de estrangeiros, se pelo menos um dos progenitores também aqui tiver nascido e aqui tiver residência, independentemente de título, ao tempo do nascimento;
6) Os indivíduos nascidos no território português, filhos de estrangeiros que não se encontrem ao serviço do respetivo Estado, que não declarem não quererem ser portugueses, desde que, no momento do nascimento, um dos progenitores resida legalmente no território português, ou aqui resida, independentemente do título, há pelo menos um ano;
7) Os indivíduos nascidos no território português e que não possuam outra nacionalidade.

2. As três primeiras hipóteses não levantam quaisquer dificuldades. Diremos apenas que:

- na terceira hipótese – os nascidos no estrangeiro tendo um ascendente português –, e no caso do seu registo de nascimento não ter sido feito no registo civil português, nos termos do artº 9º do Regulamento da Nacionalidade só serão considerados portugueses de origem se declararem que querem ser portugueses. Concretizando, o artº 8º do Regulamento permite que a opção seja feita por uma das seguintes formas:
  a) Declaração de que querem ser portugueses;
  b) Inscrição do nascimento no registo civil português mediante declaração prestada pelos próprios ou pelos seus representantes legais, quando sejam menores ou maiores acompanhados que careçam de representação para o ato.
- a prova da nacionalidade deve ser efetuada pela menção, no assento nascimento, dos factos conducentes à definição da nacionalidade originária.

3. Quanto à 4ª hipótese, exige-se que a pessoa em causa:

- tenha, pelo menos, um ascendente de nacionalidade portuguesa originária do 2º grau na linha reta e que não tenha perdido essa nacionalidade,
- declare que quer ser português.
- possua laços de efetiva ligação à comunidade nacional;

A respeito desta efetiva ligação (de que falaremos) de momento citamos apenas o nº 3 do artº 1º da L.N.[381] e o artº 10º-A do Regulamento, segundo o qual:

"A efetiva ligação à comunidade nacional verifica-se pelo conhecimento suficiente da língua portuguesa nos termos do artigo 25º[382] e depende da

[381] A redação atual foi dada pelo artº 2º da Lei Orgânica nº 2/2020, de 10 de novembro.

[382] O artº 25º/2 do Regulamento diz que "o conhecimento da língua portuguesa pode ser comprovado por uma das seguintes formas:
a) Certificado de habilitação ou certidão emitidos por estabelecimento de ensino público, particular ou cooperativo reconhecido nos termos legais, desde que o seu detentor tenha frequentado com aproveitamento a unidade curricular/disciplina de Português ou de Português Língua Não Materna, pelo menos em dois anos letivos;
b) Certificado de aprovação em prova de língua portuguesa realizada em estabelecimentos de ensino da rede pública, quando efetuada em território português, ou em locais acreditados pelo "Camões – Instituto da Cooperação e da Língua, I. P.", quando realizada no estrangeiro, devendo a regulamentação desta prova, bem como o respetivo controlo, constar de portaria dos membros do Governo responsáveis pelas áreas dos negócios estrangeiros, da administração interna, da justiça e da educação;
c) Certificado em língua portuguesa como língua estrangeira, emitido mediante a realização de teste em centro de avaliação de português, como língua estrangeira, reconhecido pelo Ministério da Ciência, Tecnologia e Ensino Superior, mediante protocolo;
d) Certificado que ateste a conclusão do nível A2 ou superior do Quadro Europeu Comum de Referência para as Línguas, emitido por estabelecimento de ensino público, centros de emprego e formação e centros protocolares do Instituto do Emprego e da Formação Profissional, I. P. (IEFP, I. P.), ao abrigo da Portaria nº 1262/2009, de 15 de outubro, na sua redação atual;
e) Certificado do curso de Português Língua de Acolhimento que ateste a conclusão do nível A2 ou superior do Quadro Europeu Comum de Referência para as Línguas, emitido por estabelecimentos de ensino da rede pública, por estabelecimentos que integrem a rede de centros de gestão direta e participada do IEFP, I. P., e pelos Centros Qualifica, ao abrigo da Portaria nº 183/2020, de 5 de agosto;
f) Certificado de qualificações que ateste a conclusão de unidades de competência/unidades de formação em língua portuguesa que integram a componente de formação escolar de uma qualificação do Catálogo Nacional de Qualificações, obtidas através de modalidades de formação de dupla certificação do Sistema Nacional de Qualificações, de acordo com o artigo

não condenação, com trânsito em julgado da sentença, em pena de prisão igual ou superior a três anos, por crime punível segundo a lei portuguesa, e da não existência de perigo ou ameaça para a segurança ou a defesa nacional, pelo envolvimento em atividades relacionadas com a prática do terrorismo, nos termos da respetiva lei".

No tocante ao conhecimento suficiente da língua portuguesa, se não puder ser feita facilmente nos termos do artigo 25º do Regulamento, a Portaria 176/2014, de 11 de setembro, regula a realização de uma prova para o efeito[383].

4. As três últimas hipóteses têm uma redação clara, nada sendo necessário acrescentar, salvo em dois aspetos:

- no tocante à clarificação do requisito do progenitor *residir legalmente* no território português. A este respeito, o artº 25º do Regulamento[384] e o nº 4 do artº 1º da L.N. esclarecem que essa confirmação, *pode* fazer-se mediante a exibição do competente documento de identificação do pai ou da mãe no momento do registo[385]. Aliás, como se disse, também nos usuais registos de nascimento tal documento identificativo dos pais deve ser sempre exibido.
- no requisito de pelo menos um progenitor residir em território português, no mínimo há *um ano*. Entende-se que se o assento de nas-

9º do Decreto-Lei nº 396/2007, de 31 de dezembro, na sua redação atual, e que perfaçam um mínimo de 100 horas.".
No nº 9 estabelece-se a presunção do conhecimento da língua portuguesa "para os interessados que sejam naturais e nacionais de países de língua oficial portuguesa".

[383] Estas provas são feitas em data e local indicados pelo SEF e também divulgados pelo IRN.

[384] O nº 10 indica que no caso de cidadãos nacionais de um Estado-Membro da União Europeia, a prova da residência legal pode ser efetuada: a) Mediante transmissão de informação pelo Serviço de Estrangeiros e Fronteiras: b) Mediante a apresentação de documentos que comprovem o preenchimento das condições do direito de residência estabelecidas nos artigos 7º e 9º da Lei nº 37/2006, de 9 de agosto, ou do direito de residência permanente estabelecidas nos artigos 10º e 11º da mesma lei.

[385] No parecer do Conselho Consultivo Nº 1/ CC /2021 (MADALENA TEIXEIRA), homologado em 21-02-2021 considerou-se que "a norma inserida no art. 1º/4 da Lei na Nacionalidade, que indexa a prova da residência legal do progenitor ao momento do registo do nascimento, é de cariz meramente adjetivo ou procedimental, não sendo, por isso, de molde a afastar a base legal para a atribuição da nacionalidade originária a quem reúna os requisitos substantivos ínsitos no art. 1º/1/f) da Lei da Nacionalidade, ainda que o respetivo nascimento já se encontre inscrito no registo civil à data da entrada em vigor da dita norma".

cimento já tiver sido efetuado antes da data da entrada em vigor da atual lei – ou seja, na altura em que a lei anterior exigia um prazo mais longo – isso "não impede a atribuição da nacionalidade originária a quem reúna os requisitos substantivos ínsitos no art. 1º/1/f) da Lei da Nacionalidade"[386] ;

§ 2º Nacionalidade originária por efeito da lei

Esta espécie de atribuição da nacionalidade como figura autónoma consta apenas do Regulamento – artigos 3º a 7º – e contém algumas hipóteses que já referimos no parágrafo anterior.

Vejamos o que refere o artº 3º do Regulamento sobre que não tivéssemos já dito algo. São apenas a segunda parte da alínea a) – visto que a primeira coincide com a alínea a) do artº 1º/1 da L.N. – e a da alínea c) que também é coincidente com a alínea g) do citado artigo da L.N.

À face da alínea a) daquele artº 3º são considerados portugueses de origem os filhos de *estrangeiros* nascidos em Portugal, se um dos progenitores aqui tiver nascido, onde também tiver residência ao tempo do nascimento do filho e "sempre que do assento de nascimento não conste menção que contrarie essas circunstâncias".

Quanto à da alínea b) – entendendo-se que são igualmente considerados portugueses de origem – refere-se aos nascidos no estrangeiro de cujo assento de nascimento conste a menção[387] de que a mãe ou o pai se encontrava ao serviço do Estado Português, à data do nascimento.

O Artº 4º indica as menções especiais que devem constar dos assentos de nascimento ocorridos no território português que estão claramente referidas, pelo que aqui nada mais se dirá, mesmo porque o registo de nascimento já foi tratado na Parte I.

[386] No parecer Nº 1/ CC /2021, referido na nota anterior, explica-se que "quando o respetivo assento de nascimento tiver sido efetuado (...) antes [pode ser complementado], mediante averbamento simultâneo de completamento e de eliminação da menção da nacionalidade estrangeira dos progenitores, a realizar a pedido do interessado".

[387] E se assento de nascimento não constar essa menção, mas o interessado *comprovar* por documento autêntico, passado pela entidade competente para tal, que, na verdade, a mãe ou o pai se encontravam ao serviço do Estado Português à data do nascimento? Parece-nos que se deve considerar que a "razão da lei» se mostra identicamente cumprida, pelo que devem igualmente ser considerados portugueses de origem.

§ 3º Nacionalidade originária por efeito da lei: estabelecimento da filiação de estrangeiros nascidos no território português

O artº 5º do Regulamento indica quer como se estabelece a filiação de estrangeiros, quer como *se prova* a filiação já estabelecida, referindo, por remissão para o artº 37º, as formalidades a que os documentos devem obedecer, bem como o seu conteúdo.

Este artº 37º não exige explicação, cabendo apenas observar que o legislador procurou facilitar a prova por meio de certidões e outros documentos, dispensando os interessados de os apresentar quando *possam ser oficiosamente obtidos*, mormente se forem identificados os elementos que permitam localizar os assentos ou outros registos e se os órgãos do registo civil tiverem acesso aos mesmos, através de sistema informático (o que presentemente se verifica, dada a total informatização do Registo Civil).

O mencionado artº 5º/1 começa por estipular que o acto ou processo destinado a estabelecer a filiação de estrangeiro, nascido no território português, deve ser instruído com:

a) documento comprovativo da nacionalidade portuguesa do progenitor;
b) certidão do registo de nascimento do progenitor estrangeiro nascido no território português e com documento comprovativo da respectiva residência neste território, ao tempo do nascimento do filho.

Este documento comprovativo da residência a que a alínea b) se refere pode, no entanto, *ser dispensado* se forem invocados "factos que justifiquem a impossibilidade da sua apresentação" (artº 5º/2)[388].

O nº 3 do artº 5º faz outra exigência relativa à *decisão judicial* ou *ao acto* em que a filiação for estabelecida: é necessário que dos mesmos conste a indicação da nacionalidade do progenitor, se for português, ou, se não for, a naturalidade do progenitor estrangeiro, mas nascido no território português, e da sua residência neste território, ao tempo do nascimento do filho.

Por seu turno, o nº 4 determina que as supra referidas menções devem igualmente constar do averbamento ao assento de nascimento do estabelecimento da filiação.

[388] Afigura-se-me que esta "impossibilidade" tem de ser apreciada com sentido tolerante, até porque, em rigor, nada é «impossível».

§ 4º Nacionalidade originária por efeito da lei: apatridia

A situação de apatridia não é pretendida[389] nem pelo direito interno, nem pelos tratados internacionais. É já antiga – concluída em 28/09/1954 – a "Convenção Relativa ao Estatuto dos Apátridas", que foi aprovada pela Resolução da Assembleia da República nº 107/2012, de 07/08 e ratificada pelo Decreto do Presidente da República nº 134/2012, da mesma data.

No que toca às disposições do artº 6º do Regulamento – que não visam resolver o problema da apatridia – é apenas preceituado que nos assentos de nascimento ocorridos em Portugal referentes a quem prove "não possuir outra nacionalidade", deve ser efetuada esta menção *por averbamento*. No entanto, este só é feito posteriormente à comunicação do facto à Conservatória dos Registos Centrais, que depois de efetuar, se assim o entender, "diligências prévias complementares", autoriza ou indefere o averbamento"[390].

O nº 3 desse artº 6º prevê a hipótese de os nascidos em território português não terem filiação estabelecida, ou, tendo-a, ambos os progenitores serem apátridas. Nestes casos, nenhuma menção é feita pelo facto de "a nacionalidade portuguesa dos registados resultar do próprio assento [de nascimento]", como refere a parte final daquele nº 3.

[389] E caso o apátrida corra o risco de ser perseguido pode-lhe ser concedido o *direito de asilo* como prevê o artº 3º, nºs 1 e 2, da Lei nº 27/2008, de 30 de Junho.

[390] Isabel Maria Rocha de Almeida, *in cit.* «Os fundamentos da atribuição da nacionalidade e o estabelecimento da filiação», em nota a pág,. 25 refere a "orientação interna de serviço nº 5 de 2018 da Conservatória dos Registos Centrais" que, designadamente, diz que "o artº 6º nº 1 do RN, determina que nos assentos de nascimento dos indivíduos em causa, e após ser coligida a prova da apatridia, é autorizado ou indeferido a feitura do averbamento que menciona a circunstância do registado não possuir outra nacionalidade. Para efeitos da prova de apatridia relevam os meios estabelecidos sem convenção e, na sua falta, os documentos emanados das autoridades dos países com os quais o interessado tenha conexões relevantes, designadamente, dos países de origem e da última nacionalidade ou da nacionalidade dos progenitores (artº 36 do RN). Não existindo direito convencional aplicável, a prova da apatridia do menor será feita através das possíveis conexões que ele ou os seus progenitores tenham com outras nacionalidades. Porém, nos casos em que no registo de nascimento não exista filiação, materna ou paterna, estabelecida, ou nos casos em que quer por lado paterno, quer no lado materno, não exista qualquer conexão relevante, por ambos os progenitores serem apátridas, a atribuição da nacionalidade *verifica-se por mero efeito da lei, resultando do próprio registo de nascimento* e sem que seja necessário lavrar o averbamento mencionado no n. º1 do artº 6 do RN"(itálico nosso).

§ 5º Nacionalidade originária por efeito da lei: Progenitor ao serviço do Estado Português

No caso de a mãe ou o pai serem portugueses e, ao tempo do nascimento do registando, ocorrido no estrangeiro, se verificar que se encontravam – ou melhor, pelo menos um deles se encontrava – ao serviço do Estado Português, no assento respetivo deve ser feita menção desta circunstância "como elemento de identificação do interessado".

Esse serviço no estrangeiro deve ser comprovado documentalmente, sendo, porém, dispensado, se o funcionário que lavrar o assento tiver conhecimento oficial de que o progenitor se encontrava no estrangeiro ao serviço do Estado Português.

Capítulo V
Aquisição da Nacionalidade

Depois de referida a atribuição originária, vejamos agora a aquisição da nacionalidade, também designada *aquisição derivada*.

A Lei da Nacionalidade trata desta *aquisição* no Capítulo II em três Secções que correspondem às possibilidades legais de aquisição da nacionalidade e que são:

1. A que tem lugar por *efeito da vontade*;
2. A que provém da *adoção;*
3. A que decorre da *naturalização.*

O Regulamento ocupa-se destas espécies de aquisição desde o artigo 12º até ao 28º.

§ 1º Aquisição por efeito da vontade

1. A primeira Secção começa pelo artº 2 que se refere à "aquisição por filhos menores ou incapazes"[391] e diz-nos que os filhos menores ou incapazes de pai ou mãe que adquira a nacionalidade portuguesa *podem também adquiri--la*, simplesmente "mediante declaração".

Esta disposição é complementada pela do artº 13º do Regulamento que, com redação um pouco diferente, alude à "aquisição por filhos menores ou maiores acompanhados".

[391] A Lei nº 49/2018, de 14 de agosto criou o regime jurídico do maior acompanhado, eliminando os institutos da interdição e da inabilitação. Por isso, a expressão "incapacidade" do artigo 4º está desatualizada: em vez de "incapazes" tem de ler-se: "maiores acompanhados".

Nestes casos apenas se exige que um dos progenitores tenha adquirido a nacionalidade portuguesa e que a declaração referida no artº 2º – feita por intermédio dos representantes legais dos menores ou maiores acompanhados – e na qual é identificado o registo de aquisição da nacionalidade do progenitor, *diga que pretendem ser portugueses* (artº 13º do Regulamento).

2. Os artigos 3º da L.N. e 14º do Regulamento tratam da aquisição em caso de *casamento* ou *união de facto*. Nestas disposições exige-se que o casamento ou união de facto tenham *mais de três anos*, ao invés da redação inicial daquele artº 3º da L.N. que apenas dizia "o estrangeiro casado com nacional português pode adquirir a nacionalidade portuguesa mediante declaração feita na constância do casamento". Quer dizer que bastava ter casado há 1 dia para poder fazer aquela declaração.

Isto deu origem a que se tivessem realizado vários «casamentos de conveniência» cujo único objetivo era a aquisição, por parte do estrangeiro, da nacionalidade portuguesa. Em face desta «lamentável» situação, tanto a Lei nº 23/2007, de 4 de julho – estatuindo no artº 186º que "quem contrair casamento ou viver em união de facto com o único objetivo de (...) obter um visto (...) ou defraudar a legislação vigente em matéria de aquisição da nacionalidade, é punido com pena de prisão de um a cinco anos", punição que também abrangia a tentativa [392] – como, ainda antes, a Lei nº 25/94, de 19 de agosto, exigindo que o casamento tivesse ocorrido há mais de três anos, obviaram à realização daqueles casamentos de conveniência.

3. O artigo 4º da L.N., que tem a epígrafe "declaração após aquisição de capacidade", refere-se a um caso, porventura raro: o do maior acompanhado[393] que perdeu a nacionalidade portuguesa por efeito de declaração prestada durante a sua situação de acompanhado.

Os representantes legais do maior acompanhado quando este era português e podia optar por outra nacionalidade, declararam que ele não queria ser português. Por efeito desta declaração, *prestada pelo representante*, o

[392] O Acórdão de 3 de abril de 2017 da Relação de Guimarães (FERNANDO CHAVES) decidiu punir uma tentativa de casamento de conveniência. Consultável em: http://www.dgsi.pt/jtrg.nsf/86c25a698e4e7cb7802579ec004d3832/455a77bdc485dc5e802581060033b2ec?OpenDocument

[393] Referimos em nota anterior que em vez de "incapacidade" tem de ler-se situação de maior acompanhado.

acompanhado perdeu a nacionalidade portuguesa. Porém, uma vez que já não careça de acompanhamento, pois adquiriu ou readquiriu a sua plena capacidade, *pode simplesmente declarar que quer ser português.* Se o fizer obtém a nacionalidade portuguesa.

O artigo 15º do Regulamento determina que na declaração deve ser identificado o registo de perda da nacionalidade e, além disso, apresentada prova de ter adquirido a capacidade.

§ 2º Aquisição da nacionalidade pela adoção

Em caso de adoção, os artigos 5º da L. N. e 16º do Regulamento determinam que, por mero efeito da lei, o adotado por cidadão português – sendo menor[394] – adquire a nacionalidade portuguesa.

No artº 17º do Regulamento indicam-se as formalidades a que deve obedecer a petição do processo de adquisição da nacionalidade portuguesa pela adoção de um estrangeiro por português. Assim:

- o adotante deve juntar prova de ter a nacionalidade portuguesa;
- a nacionalidade do adotante tem de constar da decisão[395] que estabelece a filiação adotiva e também da comunicação que tiver sido efetuada para averbamento ao assento de nascimento.
- as regras supra mencionadas aplicam-se à conversão da adoção restrita em adoção [evidentemente, quando a situação se colocava].

§ 3º Aquisição da nacionalidade por naturalização

Dentro do mesmo Capítulo II da L.N., respeitante à aquisição da nacionalidade, a Secção III, contendo apenas dois artigos, trata da aquisição da nacionalidade por naturalização. Dado o interesse teórico da naturalização – que implica uma mudança de nacionalidade –, abrimos o presente parágrafo por motivo sistemático, mas a ela nos vamos referir em capítulo autónomo, até porque a matéria da naturalização que, por vezes, gera acalorados debates ideológicos, tem sofrido alterações, como as das Leis Orgâ-

[394] O artº 14º da L.N. diz que "só a filiação estabelecida durante a menoridade produz efeitos relativamente à nacionalidade". EDGAR VALLES também chama a atenção para o facto de que "apenas a adoção decretada durante a menoridade produz efeitos no que respeita à nacionalidade" (Cf. VALLES, EDGAR: citada *Nacionalidade e Estrangeiros:* 2ª ed, p. 61)

[395] Este "constar da decisão", a meu ver, pode ser *de modo indireto.* Não raramente a decisão reporta-se ao constante do processo, dizendo, por ex: "o adotante F..., identificado nos autos".

nicas nºs 2/2018, de 5 de julho, e 2/2020, de 10 de novembro, que alargaram a naturalização aos nascidos em território português.

Neste parágrafo limitamo-nos a dizer que a naturalização é uma das mais delicadas (por vezes «nebulosas») formas de aquisição da nacionalidade e que vamos expor no capítulo seguinte.

Capítulo VI
A Naturalização

§ 1º Conceito de naturalização

1. No citado estudo de ISABEL M. R. de ALMEIDA «Os fundamentos da atribuição da nacionalidade e o estabelecimento da filiação», a Autora cita FERRER CORREIA quando nas suas lições[396] diz que a palavra «naturalização» "pode ser utilizada em diferentes aceções", mas num sentido mais restrito para significar o "acto pelo qual o Estado reconhece ou concede a nacionalidade desse Estado a um estrangeiro a requerimento deste".

A Autora chama a atenção para "a análise do artº 6º, nos números 1. a 5. e 9, constatando que *nestas situações* o Governo concede a nacionalidade portuguesa verificados determinados pressupostos, podendo dizer-se que o interessado tem um «direito subjetivo à nacionalidade» e, portanto, a autoridade pública *não tem qualquer poder discricionário* na análise dos requisitos, cabendo apenas fazer o controle da legalidade destes. Estamos perante situações em que o Governo não pode deixar de deferir o pedido de aquisição de nacionalidade portuguesa, por naturalização".

Contudo, referindo-se depois – e aparentemente em contradição com as supracitadas situações – ao "elemento determinante, no caso da aquisição por naturalização" considera que "não é só a vontade do interessado, que é requisito conforme podemos ver no artº 7º, mas sim a intervenção

[396] São referidas as "Lições de Direito Internacional Público", Aditamentos, Universidade de Coimbra, ano de 1973, pág. 53 e ss.

da autoridade pública, que nuns casos é vinculada à verificação dos requisitos legais e noutros casos tem o poder discricionário na concessão da nacionalidade".

E em que casos tem esse poder?

A Autora explica: "nos números 6 a 8 [do artº 6º], o Governo pode conceder a nacionalidade, portuguesa desde que verificados certos pressupostos, mas não está vinculado ao reconhecimento da nacionalidade, porque tem o poder discricionário de conceder a nacionalidade, ainda que verificados os requisitos", Citando FERRER CORREIA nas aludidas lições, explica que se trata da "naturalização por concessão"[397], como resulta da própria redação daqueles números 6 a 8 que começam por referir: "O Governo *pode* conceder a nacionalidade por naturalização".

Quer dizer: nas hipóteses previstas nos números 1. a 5. e 9 do artº 6º, como diz a Autora citada, "o Governo não pode deixar de deferir o pedido de aquisição de nacionalidade portuguesa, por naturalização", mas nas mencionadas nos números 6, 7 e 8 goza de "poder discricionário na concessão da nacionalidade".

2. Por sua vez, MACHADO VILELA diz que "a naturalização propriamente dita (...) consiste no ato pela qual a autoridade competente de um Estado concede ou reconhece a um determinado estrangeiro, a seu pedido, a qualidade de cidadão desse Estado"[398].

MOURA RAMOS – reportando-se à legislação anterior – referiu que "a naturalização, que implica uma atuação positiva do Estado (...) é um instituto com fundas tradições entre nós, remontando a sua previsão aos diplomas constitucionais de oitocentos e existindo mesmo traços da sua prática no período anterior, durante a vigência das Ordenações"[399].

REGINA F. G. BORGES considera que "a naturalização pode ser ou um acto de graça do Governo, pelo qual este admite como seu nacional um indivíduo que já teve outra nacionalidade, ou um direito reconhecido ao indivíduo de, verificadas determinadas condições, ser nacional dum

[397] Cf: ALMEIDA, Isabel Maria Rocha de: citada dissertação «Os fundamentos da atribuição da nacionalidade e o estabelecimento da filiação», pp. 68-69.

[398] Cf: VILLELA., ALVARO DA COSTA MACHADO, *Tratado elementar, teórico e prático de direito internacional privado*, Imprenta: Coimbra, 1921, p. 97.

[399] Cf: "Nacionalidade" *in* cit. *Estudos...*, p. 377.

país"[400]. Como vimos, estas duas possibilidades existem na nossa legislação nos vários números do artº 6º da L.N.

Na mencionada "Ação de Formação" realizada no CEJ, PAULO MANUEL COSTA fez uma pormenorizada intervenção e uma análise da jurisprudência no tocante à aquisição da nacionalidade por naturalização referido que parece perfeitamente adequado que a lei condicione a concessão da nacionalidade por naturalização ao domínio suficiente da língua portuguesa, uma vez que esta é fundamental" para a necessária integração. Aliás, "os trabalhos de investigação científica realizados (cfr., por exemplo, Gordon, Alba e Nee ou Morawska) mostram que a assimilação é constituída por várias fases, as quais podem ser agrupadas em três etapas sucessivas: a aculturação, a integração social e a identificação (Morawska, 1994)".[401]

ISABEL G. CONTE não menciona o conceito de naturalização, mas sublinha um facto importante: "a aquisição da nacionalidade portuguesa, por naturalização *não está sujeita a oposição*[402].

Por outro lado a DUDH no artº 15º/2 declara que "ninguém pode ser arbitrariamente privado da sua nacionalidade nem do direito de mudar de nacionalidade" e a "Convenção Europeia Sobre a Nacionalidade" (CEN), no artº 6º, nº 3, estipula que "cada Estado Parte deverá prever no seu direito interno a faculdade de naturalização de indivíduos legal e habitualmente residentes no seu território. Ao estabelecer as condições para efeitos de naturalização, esse Estado Parte estabelecerá um período de residência não superior a 10 anos imediatamente anterior à formulação do pedido".

Vimos que o "direito de mudar de nacionalidade" está estabelecido na DUDH" e a "naturalização" é exigida pela CEN e também geralmente admitida pelos Estados, verificando-se que diversos autores dão da mesma um conceito idêntico, pelo que, em nosso parecer, se pode considerar "naturalização" *o acto pelo qual o Estado decide conceder que um estrangeiro se torne seu nacional se o mesmo reunir as condições previstas na lei que permitam sustentar essa decisão.*

[400] Cf: BORGES, REGINA FERNANDA GARCIA, *op cit.* p. 126.

[401] Cf: COSTA, PAULO MANUEL, *in* "Contencioso da Nacionalidade", CEJ, consultável em https://cej.justica.gov.pt/LinkClick.aspx?fileticket=B02u6_b5YoU%3D&portalid=30 .

[402] *Vide:*. CONTE, ISABEL GRILO: *Lei da Nacionalidade, Anotada e Comentada.* Lisboa: Petrony Editora, 2022, p.73.

§ 2º Requisitos da naturalização

Numa palavra muito simples dir-se-á que o requisito fundamental que respeita à naturalização do estrangeiro que pretenda ser português é que ele tenha uma "ligação efetiva à comunidade nacional".

É o artigo 6º a L.N. que indica pormenorizadamente quais os requisitos necessários para que aos estrangeiros seja concedida a nacionalidade portuguesa, por naturalização.

No entanto, Paulo Manuel Costa faz esta pertinente observação: "Pela análise da jurisprudência existente sobre esta matéria, verificamos que os tribunais portugueses, especialmente após a alteração promovida pela Lei nº 25/94, adoptaram uma prática, que se mantém actualmente embora com algumas nuances, traduzida na exigência da observância de um conjunto de requisitos em termos de ligação ao território português e de identificação com os valores e costumes da comunidade nacional que, na prática e aplicados de uma forma rigorosa, se traduziriam frequentemente na impossibilidade de aquisição da nacionalidade portuguesa, uma vez que o seu preenchimento só pode ser obtido (e quando isso é possível) após longos períodos de residência (o que gera uma incoerência sistémica...)"[403],

1. O nº 1 é a *disposição genérica* referente às cinco condições *cumulativamente exigidas* aos requerentes estrangeiros para lhes poder ser concedida a nacionalidade portuguesa. São as seguintes:

1. O requerente à face da lei portuguesa ser maior ou emancipado;
2. Residir legalmente há pelo menos cinco anos no território português;
3. Ter conhecimento suficiente da língua portuguesa;
4. Não ter sido condenado, por sentença transitada em julgado, em crime punível segundo a lei portuguesa com pena de prisão igual ou superior a 3 anos.
5. Não constituir perigo ou ameaça para a segurança ou para a defesa nacional, pelo seu envolvimento em atividades relacionadas com a prática do terrorismo, nos termos da respetiva lei.

[403] Cf: Costa, Paulo Manuel, *in* "Contencioso da Nacionalidade", CEJ, consultável em https://cej.justica.gov.pt/LinkClick.aspx?fileticket=B02u6_b5YoU%3D&portalid=30. Cita, entre muitos outros, os Ac. TRL, 09/12/2004, Proc. nº 8182/04 e TRL, 13/01/2005, Proc. nº 3131/04 e os Ac. STJ, 06/07/2005, Proc. nº 2300/05 e Ac. STJ, 30/04/2003, Proc. nº 3B1191

1.1. Todavia, os requisitos supra mencionados nos números 2 e 3 são dispensados aos indivíduos que tenham tido a nacionalidade portuguesa e que, tendo-a perdido, nunca adquiriram outra nacionalidade;

1.2. A condição da residência acima referida sob o nº 2 é dispensada aos indivíduos que satisfaçam cumulativamente os seguintes condições

- Terem nascido em território português;
- Serem filhos de estrangeiro que tivesse residência em território português ao tempo do seu nascimento;
- Residam em território português há pelo menos cinco anos.

1.3. Os requisitos indicados nos citados números 2 e 3 são também dispensados aos indivíduos que:

- não sendo apátridas tenham tido a nacionalidade portuguesa:
- aos que forem havidos como descendentes de portugueses originários;
- aos membros de comunidades de ascendência portuguesa;
- aos estrangeiros que tenham prestado ou sejam chamados a prestar serviços relevantes ao Estado Português ou à comunidade nacional[404].

1.4. A dispensa dos requisitos previstos nos acima mencionados números 2 e 3 é ainda extensiva aos descendentes de judeus sefarditas[405] portugueses, "através da demonstração da tradição de pertença a uma comunidade sefardita de origem portuguesa, com base em requisitos objetivos comprovados de ligação a Portugal, designadamente apelidos, idioma familiar, descendência direta ou colateral".

404 Afigura-se-me que o ter "prestado ou ser chamado a prestar serviços relevantes ao Estado português ou à comunidade nacional" terá, em princípio, de ser comprovado documentalmente, embora se admita que na impossibilidade de se fazer essa prova, ela possa ser feita por outro meio, como o da inquirição de testemunhas.

405 A designação de judeus sefarditas é utilizada nesta disposição legal para se referir apenas aos descendentes de judeus que foram expulsos do País (no tempo de D. Manuel I) sendo originários de Portugal e Espanha, visto que a palavra sefardita designa em hebraico a Península Ibérica. Todavia, presentemente, sefarditas é expressão que também se refere aos judeus provenientes do norte de África.

1.5. O requisito estabelecido no supracitado número 2 é dispensado aos indivíduos ascendentes de cidadãos portugueses originários, que tenham residência em território português há pelo menos cinco anos imediatamente anteriores ao pedido e desde que a ascendência tenha sido estabelecida no momento do nascimento do cidadão português.

1.6. São dispensados dos requisitos estabelecidos nos acima mencionados números 1, 2 e 3 os indivíduos que não conservaram a nacionalidade portuguesa nos termos do artigo 2º do Decreto-Lei nº 308-A/75, de 24 de junho[406], "por residirem em Portugal há menos de cinco anos em 25 de abril de 1974, desde que, após a perda da nacionalidade portuguesa, não tenham estado ao serviço do respetivo Estado e tenham permanecido e permaneçam em Portugal, independentemente do título, bem como aos seus filhos, nascidos em território nacional, aos quais não tenha sido atribuída a nacionalidade originária".

2. No tocante aos menores filhos de estrangeiros, mas nascidos no território português, será concedida a naturalização se, tendo completado a idade de imputabilidade penal, cumprirem os requisitos supra mencionados nos nºs 4 e 5 e, além disso, satisfaçam ao menos *uma* das seguintes condições:

- Um dos progenitores ter tido residência no território português pelo menos durante os cinco anos imediatamente anteriores ao pedido;
- Um dos progenitores ter residência legal em território nacional;
- O menor ter frequentado em Portugal, pelo menos, um ano da educação pré-escolar ou ensino básico, secundário ou profissional.

§ 3º A naturalização como direito do requerente

Todas as situações previstas nos números 1, 2, 3, 4, 5 e 9 do referido artigo 6º, prevendo a concessão da nacionalidade portuguesa, começam com esta expressão: "O Governo concede a nacionalidade", o que significa que em qualquer daquelas hipóteses o Governo está vinculado a conceder a nacionalidade.

[406] Trata-se do diploma que regulou a conservação da nacionalidade portuguesa aos portugueses domiciliados em território ultramarino que foi tornado independente

Esses indivíduos são os seguintes:

1. Os estrangeiros que satisfaçam cumulativamente os cinco requisitos *supra* indicados no nº 1 do parágrafo anterior;
2. Os menores nascidos no território português, filhos de estrangeiros, e que tendo completado a idade de imputabilidade penal cumpram os requisitos acima referidos nos nºs 4 e 5 do e, além disso, satisfaçam ao menos *uma* das seguintes condições:
   - Um dos progenitores ter tido residência no território português pelo menos durante os cinco anos imediatamente anteriores ao pedido;
   - Um dos progenitores ter residência legal em território nacional;
   - O menor ter frequentado em Portugal, pelo menos, um ano da educação pré-escolar ou ensino básico, secundário ou profissional.
3. As crianças ou jovens com menos de 18 anos, acolhidos em instituição pública, cooperativa, social ou privada com acordo de cooperação com o Estado na sequência de medida de promoção e proteção definitiva aplicada em processo de promoção e proteção, conforme o nº 3 do artº 6º especifica. Nestes casos, cabe ao Ministério Público promover o respetivo processo de naturalização.
4. Os indivíduos que tenham tido a nacionalidade portuguesa e que, tendo-a perdido, nunca tenham adquirido outra nacionalidade. Estão ainda dispensados da prova dos requisitos indicados nos nºs 2 e 3 do nº 1 do parágrafo anterior.
5. Os indivíduos que satisfaçam *cumulativamente* os seguintes requisitos.
   - Terem nascido em território português;
   - Serem filhos de estrangeiro que ao, tempo do seu nascimento, tivesse tido residência em Portugal, independentemente de título,
   - Residam em Portugal, independentemente de título, há pelo menos cinco anos.

   Estes indivíduos estão dispensados de provar o requisito indicado no nº 2 do primeiro número do parágrafo anterior.
6. Os indivíduos que não conservaram a nacionalidade portuguesa nos termos do artigo 2º do Decreto-Lei nº 308-A/75, de 24 de junho

[diploma sobre a conservação da nacionalidade portuguesa pelos portugueses domiciliados em território ultramarino tornado independente"], "por residirem em Portugal há menos de cinco anos em 25 de abril de 1974, desde que, após a perda da nacionalidade portuguesa, não tenham estado ao serviço do respetivo Estado e tenham permanecido e permaneçam em Portugal, independentemente do título, bem como aos seus filhos, nascidos em território nacional, aos quais não tenha sido atribuída a nacionalidade originária".

Estes indivíduos estão dispensados de provar os requisitos previstos nos nºs 1,2 e 3 do primeiro número do parágrafo anterior.

§ 4º A naturalização como anuência

Ao invés das hipóteses a que aludimos no parágrafo antecedente, nas que agora vamos referir o Governo *não está vinculado a conceder a nacionalidade.* "A naturalização discricionária por serviços à comunidade portuguesa ancora-se na ideia de que qualquer Estado soberano tem a prerrogativa de conferir a sua nacionalidade a determinados indivíduos que se encontrem em situações particulares"[407].

Todavia, não intitulamos o presente parágrafo como "naturalização discricionária" porque a expressão inculca a ideia de naturalização «arbitrária» e não subscrevemos a opinião de que o Estado a conceda *arbitrariamente* pois, como se sabe, a arbitrariedade é a negação do Direito.

No entanto, a redação da lei não é muito clara, visto que os nºs 6, 7 e 8 do artº 6º começam por dizer que "o Governo pode conceder a nacionalidade por naturalização", mas depois indicam quais as pessoas e as condições que podem beneficiar dessa aquiescência. Nestas circunstâncias, tendo tais condições, pensamos que se qualquer dessas pessoas demonstrar que, *além disso,* tem – e pretende ter – uma "ligação efetiva à comunidade nacional" ou o propósito de obter a "unidade de nacionalidade na família"[408], certamente o Governo não deixará de conceder a nacionalidade por naturalização.

[407] A citação é de ANA RITA GIL *in* cit. intervenção no CEJ a p.88

[408] Referimos apenas estes dois princípios. Contudo, certamente não só estes são atendíveis. Também outros, como o princípio da "proibição de discriminação" ou da "prevenção de apatridia", são importantes para a decisão que estiver em causa.

1. O nº 6 diz respeito a três classes de pessoas:

- Os que forem havidos como descendentes de portugueses originários;
- Os membros de comunidades de ascendência portuguesa, e
- Os estrangeiros que tenham prestado ou sejam chamados a prestar serviços relevantes ao Estado Português ou à comunidade nacional.

Estes indivíduos estão dispensados de provar o requisito previsto no nº 2 do primeiro número do parágrafo anterior.

2. O nº 7 refere-se aos descendentes de *judeus sefarditas portugueses*[409] "através da demonstração da tradição de pertença a uma comunidade sefardita de origem portuguesa, com base em requisitos objetivos comprovados de ligação a Portugal, designadamente apelidos, idioma familiar, descendência direta ou colateral". Verifica-se que neste número para o legislador é determinante a *ligação efetiva à comunidade nacional.*

Estas pessoas também estão dispensadas de provar os requisitos previstos nos nºs 2 e 3 do primeiro número do parágrafo anterior.

3. Os indivíduos que sejam ascendentes de cidadãos portugueses originários e, independentemente de título, tenham residência em Portugal pelo menos nos cinco anos imediatamente anteriores ao pedido e desde que a ascendência já tenha sido estabelecida no momento do nascimento do cidadão português.

Estes indivíduos estão dispensados de provar o requisito previsto nos nº 2 do primeiro número do parágrafo anterior.

§ 5º Circunstâncias e regras do procedimento da naturalização

1. A naturalização, constituindo uma alteração da nacionalidade, nos termos do artº 12º da L.N. *só produz efeitos a partir da data do registo.* Daí que, como referiu o Acórdão da Secção Administrativa do TCA –Sul de 6 de

[409] A palavra "sefarditas" (do hebraico *Sefarad,)* designa que são provenientes da Península Ibérica. Os judeus sefarditas fugiram de Portugal e de Espanha devido às perseguições que lhes foram movidas no tempo em que em Espanha reinavam os cognominados "Reis Católicos" e em Portugal D. Manuel I. Em Espanha também foi aprovado em 11 de junho de 2014 o Projeto de Lei que atribuiu nacionalidade espanhola aos *judeus sefarditas* de procedência espanhola.

outubro de 2011 (Coelho da Cunha)[410] "aquele que adquire a nacionalidade por naturalização apenas é considerado português a partir da data do registo da naturalização" e também concluiu que "a nacionalidade portuguesa obtida por naturalização não é transmissível aos filhos [do naturalizado] já nascidos" [antes do registo].

2. Os requerentes que sejam naturais e nacionais de países de língua oficial portuguesa presume-se que têm o conhecimento suficiente da língua portuguesa, exigido no acima referido no número no nº 4 do § 3º.

3. A prova da inexistência de condenação dos requerentes faz-se, nos termos do nº 11 do artigo 6º, mediante a exibição de certificados de registo criminal emitidos:

- Pelos competentes serviços portugueses;
- Pelos competentes serviços do país do nascimento, do país da nacionalidade e dos países onde tenha tido residência após completar a idade de imputabilidade penal.

4. O procedimento de naturalização é gratuito relativamente aos requerentes mencionados nos números 2, 3, 5 e 9 do artº 6º da L.N.

[410] Consultável em: http://www.dgsi.pt/jtca.nsf/170589492546a7fb802575c3004c6d7d/5dad3b44ff2c266180257922006b0e74?OpenDocument&Highlight=0,naturaliza%C3%A7%C3%A3o

Capítulo VII
Perda da Nacionalidade

A L.N. refere-se à perda da nacionalidade num único artigo – o 8º – para afirmar que os nacionais de outro Estado que declararem que não querem ser portugueses perdem a nacionalidade portuguesa.

Para que se verifique a perda da nacionalidade portuguesa a lei só exige os seguintes requisitos:

- Que o requerente prove que também é nacional de outro Estado;
- Que declare que não quer ser português.

O Regulamento repete estas condições, mas no artigo 30º/3 estabelece que:

- A declaração do interessado também seja instruída com documento comprovativo da sua nacionalidade estrangeira.

O ponto fundamental é este: a perda da nacionalidade é sempre *voluntária. Só o próprio,* tendo os requisitos, é que pode decidir se quer, ou não, perder a nacionalidade. Como já referimos, a perda nunca pode ser imposta, nem mesmo como pena ou medida de segurança, inclusive aos considerados inimputáveis.

Em conclusão: a perda da nacionalidade só se pode verificar por *decisão voluntária* da pessoa, em relação à qual o Estado *não tem* qualquer interferência.

Capítulo VIII
Oposição à Aquisição da Nacionalidade por Efeito da Vontade

O titulo do presente capítulo corresponde ao do Capítulo IV do 1º Título da L.N. que contém apenas os artigos 9º e 10º, que aqui apenas referimos, visto que este caso diz respeito a uma situação de natureza contenciosa, ulteriormente tratada. Trata-se do seguinte:

Quando a nacionalidade é adquirida por efeito da vontade, torna-se necessário que se verifiquem os pressupostos legais que se indicaram no respetivo capítulo. Todavia, no caso de *posteriormente* se verificar que algum deles ou não existia ou de qualquer modo foi falseado, tal adulteração tem consequências que devem ser analisadas em sede contenciosa[411].

Os fundamentos da oposição estão indicados no artº 9º e o artº 10º determina que a oposição é deduzida pelo Ministério Público.

[411] Reiteramos que à face do disposto no artº 9º, nº 1, da L.N. 1 constituem fundamento de oposição à aquisição da nacionalidade portuguesa por efeito da vontade:

a) A inexistência de ligação efetiva à comunidade nacional;

b) A condenação, com trânsito em julgado da sentença, com pena de prisão igual ou superior a 3 anos, por crime punível segundo a lei portuguesa;

c) O exercício de funções públicas sem caráter predominantemente técnico ou a prestação de serviço militar não obrigatório a Estado estrangeiro;

d) A existência de perigo ou ameaça para a segurança ou a defesa nacional, pelo seu envolvimento em atividades relacionadas com a prática do terrorismo, nos termos da respetiva lei.

Neste capítulo apenas pretendemos considerar uma característica dos fundamentos da oposição que, não sendo consensual, tem importância prática. Trata-se do seguinte: os aludidos pressupostos legais são taxativos ou, pelo contrário, não são irrefutáveis nem «matematicamente» imperativos, sendo antes suscetíveis de ponderação e de um entendimento «flexível»?

A propósito da característica dos preceitos sobre a nacionalidade se apoiarem na supremacia do Direito já nos referimos ao Acórdão do STJ de 25 de fevereiro de1986 (Moreira da Silva)[412] que não deu razão ao Ministério Publico na oposição à nacionalidade de uma ex-assistente da Universidade de Salamanca e também ao comentário de Moura Ramos.

Recordando o que estava em causa no caso concreto do Acórdão, este Autor frisou que o legislador ponderou haver lugar à oposição à aquisição da nacionalidade "quando essa aquisição pudesse contrariar valores fundamentais do Estado ou do direito da nacionalidade". "O instituto da oposição destina-se deste modo à protecção dos interesses superiores do Estado ou do direito da nacionalidade, quando tais interesses possam estar ameaçados pelo exercício de um direito reconhecido ao cidadão estrangeiro em nome do princípio da unidade da nacionalidade familiar".

Assim, à face da L.N. dever-se-á concluir que nos "fundamentos da oposição (...) não podem ser encarados como causas perentórias de oposição, mas apenas como circunstâncias que podem justificar a formulação da oposição". Para que esta possa ter lugar é necessário ponderar se contraria ou não "valores mais importantes do que aqueles que ela visa realizar".

Sob outro ângulo, tentando perceber qual o "interesse supremo do Estado que a sua previsão [da oposição] visa acautelar", verifica-se que, neste sentido, o exercício de funções públicas (... refere-se) a situações que envolvem uma dependência tal com um Estado estrangeiro que criam a convicção de que o interessado não irá assumir os seus deveres com o novo Estado. Trata-se portanto de cargos de confiança política...". O exercício de funções públicas contemplado no artigo 9º da Lei da Nacionalidade não pode pois ser confundido com a posse de um emprego público que dê o direito a um lugar e que integre a pessoa que o exerce no regime geral de reforma dos funcionários e dos demais direitos inerentes a esse estatuto".

Concluindo, o Autor, entre outras considerações, refere que "o instituto da oposição à aquisição da nacionalidade constitui *um mecanismo de exceção,*

[412] Publicado no BMJ nº 354 de março de 1986 a pp. 497 e ss.

destinado a ser utilizado *apenas* quando a aquisição da nacionalidade portuguesa por um estrangeiro possa pôr em causa *in concreto,* um interesse ou valor do Estado Português de um grau superior àquele que justifica a sua consagração (o princípio da unidade da nacionalidade familiar), *não possuindo por isso natureza peremptória os fundamentos elencados no artigo 9º da Lei da Nacionalidade*"[413].

Concordamos com estas oportunas considerações, mas reconhecemos que se trata de um tema que tem um âmbito sensível e controverso, o que motiva que a ele voltemos *no âmbito contencioso* tratado no Título IX ("Oposição à aquisição da nacionalidade e contencioso da nacionalidade), em razão do que serão aí completadas as noções ao instituto oposição à aquisição da nacionalidade.

[413] Cf: *in* cit. *Estudos*...pp.299-318, mas itálico nosso.

TITULO IV
EFEITOS DA ATRIBUIÇÃO, AQUISIÇÃO E PERDA DA NACIONALIDADE

Capítulo IX
Efeitos Comuns

A matéria constante deste capítulo acha-se regulada nos artigos 11º, 12º e bem assim nos 12º-A e 12º-B da L.N., que foram aditados pela Lei Orgânica nº 2/2018, de 5 de julho, e o último também alterado pela Lei Orgânica nº 2/2020, de 10 de novembro.

A primeira regra, constante do artº 11, que se refere à *atribuição da nacionalidade* é a de que tal atribuição produz efeitos *desde o nascimento.* No entanto, a norma acrescenta uma frase – "sem prejuízo da validade das relações jurídicas anteriormente estabelecidas com base em outra nacionalidade" – que se mostra de difícil compreensão. Com efeito, como pode ter outra nacionalidade antes de nascer (de ter personalidade) e estar em causa a "validade das relações jurídicas" que antecederam o nascimento, ainda que ao tempo deste a pessoa tivesse outra nacionalidade?

No entanto o artº 2º do Regulamento esclarece, visto que mostra que a L. N. não se refere apenas à atribuição da nacionalidade *pelo nascimento,* visto que a atribuição da nacionalidade portuguesa "pode resultar de mero efeito da lei ou de declaração de vontade e, sem prejuízo da validade das relações jurídicas anteriormente estabelecidas com base em outra nacionalidade, produz efeitos desde o nascimento". Consequentemente, o que a norma prevê é a produção de efeitos desde o nascimento, mesmo quando a atribuição da nacionalidade resultar da declaração de vontade.

Pela segunda regra – que diz respeito às *alterações de nacionalidade* englobando, portanto, a naturalização – é só a partir *da data do registo* dos factos relativos à alteração da nacionalidade que os efeitos desta se produzem.

Quanto ao artº 12º-A, é uma disposição que, justamente, fere de nulidade – salvo se da declaração da nulidade resultar a apatridia do interessado[414] – o ato que determinou a atribuição, aquisição ou perda da nacionalidade se o mesmo foi baseado em documentos ou certificativos de factos falsos, inverídicos ou inexistentes, bem como em falsas declarações.

O artº 12º-B contempla as causas de *consolidação* da nacionalidade. Entende-se que a nacionalidade portuguesa originária ou adquirida, de boa fé, durante um largo período temporal, é motivo bastante para *não mais ser posta em causa*, mesmo que o facto que a determinou seja contestado. Esse espaço de tempo é, em princípio, de 10 anos, mas é apenas de 18 meses tratando-se menores cujo nascimento foi inscrito no registo civil português.

Estes prazos contam-se;

1. desde a data do registo de nascimento quando o reconhecimento como cidadão português se basear naquele registo.
2. a partir da data da emissão do primeiro documento de identificação como cidadão nacional, no caso desse reconhecimento se fundamentar no aludido documento.
3. tratando-se de *aquisição de nacionalidade,* o prazo de 10 anos conta-se a partir:
   a) da data *do registo* da nacionalidade se a aquisição ocorreu por efeito da vontade, por adoção ou por naturalização;
   b) Da data *do facto* de que dependa a aquisição, quando esta se verificou por efeito da lei;
   c) Da data da *emissão* do primeiro documento de identificação, nos restantes casos.

[414] Não estamos inteiramente de acordo com esta disposição. Por um lado, não se afigura adequado retirar *todos os efeitos* à declaração da nulidade se desta resultar a apatridia do interessado. Se os documentos ou certificativos respeitaram a factos falsos, inverídicos ou inexistentes e a atribuição ou aquisição da nacionalidade em falsas declarações, parece que seria prudente haver alguma *averiguação* por parte do Ministério Público. Afinal, tratar-se-á de quem? De um espião, um terrorista ou simplesmente um inocente? Por outro lado, não pode haver, ao contrário do que diz o preceito, um acto *a determinar* a perda da nacionalidade. Esta é sempre voluntária.

Capítulo X
Efeitos Referentes às Disposições Gerais

Os artigos 13º a 15º do Capítulo VI do Título I da L.N. – que tem a epígrafe "Disposições gerais" – pretendem esclarecer alguns pontos que versam sobre 3 temas:

1. Suspensão de procedimentos;
2. Efeitos do estabelecimento da filiação;
3. Residência.

Quanto ao primeiro ponto, diz-nos a lei que estando pendente um processo de aquisição da nacionalidade por efeito da vontade ou por adoção ou por naturalização, mas verificando-se que o interessado foi condenado, por sentença transitada em julgado e pela prática de crime previsto na lei portuguesa, em pena ou penas que, isolada ou cumulativamente, ultrapassam 1 ano de prisão, tal processo *fica suspenso* pelo prazo de cinco anos a contar da data do trânsito em julgado de sentença.

No que respeita ao segundo tema, o artº 14º elucida que só a filiação que tiver sido estabelecida *durante a menoridade* produz efeitos relativamente à nacionalidade.

Relativamente à residência, temos que:

- Entende-se que têm residência legal no território português os indivíduos que residam com a sua situação regularizada perante as autoridades portuguesas, *ao abrigo de quaisquer* títulos, vistos ou autorizações previstos no regime de entrada, permanência, saída e afastamento de estrangeiros, bem como no regime do direito de asilo;

- Além disso, consideram-se aplicáveis os regimes especiais de residência legal constantes de tratados ou convenções celebrados por Portugal, especialmente no âmbito da União Europeia e da Comunidade dos Países de Língua Portuguesa;
- Na contagem dos prazos de residência legal atende-se à soma de *todos* os períodos, seguidos ou interpolados, de residência legal em território nacional, desde que os mesmos tivessem ocorrido com um intervalo máximo de 15 anos.
- Também se entende que residem legalmente no território português as crianças e os jovens filhos de estrangeiros, que tenham sido acolhidos, na sequência de um processo de promoção e proteção, numa instituição pública, cooperativa, social ou privada que tenha acordo de cooperação com o Estado.

TÍTULO V
DISPOSIÇÕES PROCEDIMENTAIS

Capítulo XI
Disposições Procedimentais Comuns

As disposições procedimentais para fins de atribuição, aquisição e perda da nacionalidade portuguesa estão preceituadas no Regulamento a partir do artigo 31º e respeitam a matérias que importa conhecer e, por isso, iremos mencioná-las.

Como é evidente e sucede em qualquer serviço público, quando há um interessado em obter a realização de determinado acto, tem de o solicitar e ter motivo para tal. O mesmo sucede quando se trata de adquirir a nacionalidade. Não, é claro, quando ela é atribuída originariamente, visto que então *resulta* do próprio assento de nascimento que não só a comprova, como também o faz relativamente a «toda» a *identidade da pessoa*, tal como referimos na Parte II.

§ 1º Declarações para fins de nacionalidade

1. Por quem são prestadas

- As declarações respeitantes à atribuição, aquisição ou perda da nacionalidade devem ser prestadas pelas próprias pessoas a quem o acto se refere ou por seu procurador. Tratando-se de menores ou maiores acompanhados carentes de representação, pelos respetivos representantes legais.
- É aplicável às procurações o disposto no artº 43º do C.RegCiv, pelo que podem ser passadas em simples documento assinado pelo representado com reconhecimento presencial da assinatura, ou por documento autenticado ou ainda por instrumento público, salvo quando

outorgadas a advogado ou solicitador, caso em que basta o documento assinado pelo representado.

- Na declaração de nascimento de pessoa nascida do *casamento* dos progenitores, qualquer um deles se pode fazer representar pelo outro, por procuração simplesmente assinada pelo representado, contendo a indicação do número, data e entidade emitente do respetivo cartão de cidadão ou documento de identificação equivalente.

2. Onde e como são prestadas

As declarações supra referidas podem ser prestadas em qualquer serviço de Registo Civil – especialmente na Conservatória dos Registos Centrais e nas demais conservatórias –, bem como nos serviços consulares portugueses, mas neste caso são reduzidas a auto, se possível em suporte eletrónico.

Tais declarações devem conter as seguintes menções:

a) A data e, sendo em suporte de papel, o lugar em que são lavradas;
b) O nome do conservador ou do oficial de registos ou então do agente consular e a respetiva qualidade;
c) O nome completo, data do nascimento, sexo, estado civil, naturalidade, nacionalidade, filiação e residência atual do interessado, bem como, quando se trate de declarações para aquisição da nacionalidade, a profissão e referindo-se a declarações para fins de aquisição e de atribuição a que respeita o artigo 10º (nascidos nascidos em território português) a indicação dos países onde tenha residido anteriormente.
d) Se lavrado no registo civil português, o número e ano do assento de nascimento do interessado e a indicação da conservatória em que se encontra.
e) O nome completo e residência do representante legal ou do procurador se o interessado for menor ou maior acompanhado carente de representação;
f) A menção da forma como foi verificada a identidade do declarante.
g) Os factos declarados, o fim da declaração e o pedido do respetivo registo;
h) A assinatura do declarante, se souber e puder assinar, e a do conservador, do oficial de registos ou do agente consular.[415]

[415] O nº 2 do artº 33º do Regulamento contém uma disposição que não mencionamos no texto por se afigurar manifestamente supérflua: "O auto de declarações para inscrição de nascimento contém as menções previstas no Código do Registo Civil".

3. Particularidades relativas ao uso da via eletrónica ou do impresso aprovado

As declarações para fins de atribuição, aquisição e perda da nacionalidade portuguesa devem necessariamente conter;

a) As menções referidas nas alíneas c), e), e g) do número anterior;
b) A indicação dos factos suscetíveis de fundamentarem a oposição à aquisição da nacionalidade portuguesa;
c) Os elementos que permitam identificar o registo de nascimento do interessado, bem como os registos que comprovam o fundamento do pedido e especialmente, sempre que seja dispensada a apresentação de certidões desses registos, o local de nascimento ou de casamento, a respetiva data e, sendo do seu conhecimento, a conservatória do registo civil onde se encontram arquivados, bem como o respetivo número e ano,
d) A relação dos documentos apresentados.
e) A assinatura do declarante ou do advogado ou solicitador que o represente, que, sendo o caso, é aposta por via eletrónica.
f) Se as declarações constarem de impresso de modelo aprovado, a assinatura do declarante, que deve ser reconhecida presencialmente, salvo se for feita na presença de funcionário do serviço ou posto de atendimento com competência para receber a declaração.

4. Verificação da identidade do declarante

A identidade do declarante pode ser verificada:

a) Pelo conhecimento pessoal do funcionário perante quem são prestadas as declarações;
b) Pela exibição do seu cartão de cidadão, bilhete de identidade, título ou autorização de residência, passaporte ou documento de identificação equivalente. Nestes casos deve mencionar-se no auto o número, data e entidade emitente do documento de identificação;
c) Supletivamente, pela abonação de duas testemunhas idóneas, que além das pessoas autorizadas pela lei geral, podem ser parentes ou afins das partes e do próprio funcionário. As testemunhas devem exibir um dos documentos de identificação supra referidos na alínea b) e ser identificadas no auto, que assinam depois do declarante, mas antes do funcionário.

5. Instrução das declarações e requerimentos para efeitos de nacionalidade

a) As declarações e requerimentos devem instruídos com os documentos necessários para comprovar as situações requeridas para a atribuição, aquisição ou perda da nacionalidade portuguesa e também para a prática dos imperativos atos de registo civil.

b) Os documentos escritos em língua estrangeira carecem de ser acompanhados de tradução feita ou certificada, nos termos previstos na lei, salvo se estiverem redigidos em língua inglesa, francesa ou espanhola e o conservador ou o oficial de registos não determinar a apresentação da respetiva tradução.

c) As certidões de atos de registo civil, nacional ou estrangeiro, são, se possível, de cópia integral e emitidas por fotocópia do assento.

d) Caso se trate de assentos do registo civil português os interessados estão dispensados de apresentar as necessárias certidões desses registos, e,

e) Também estão dispensados de apresentar as certidões de registos e documentos existentes em suporte digital que sejam necessários para os fins de atribuição, aquisição ou perda da nacionalidade, porque podem ser oficiosamente obtidas, *desde que* se indiquem os elementos que permitam identificar os assentos, designadamente o local de nascimento ou de casamento, a respetiva data e, se for do seu conhecimento, a conservatória do registo civil português ou a Conservatória dos Registos Centrais onde se encontram arquivados e o respetivo número e ano.

f) É também dispensado, desde que possa ser oficiosamente obtido junto das entidades competentes:
- O certificado do registo criminal português;
- O documento emitido pelo Serviço de Estrangeiros e Fronteiras[416], destinado a comprovar a residência legal em território português.

g) O interessado fica isento de apresentar certificado do registo criminal do país da naturalidade ou do país da nacionalidade se comprovar que residiu noutro país depois de ter completado a idade de imputabilidade penal.

[416] Ou organismo que o venha a substituir.

h) Com ressalva do estabelecido em convenções internacionais e em leis especiais, as certidões de atos de registo civil emitidas no estrangeiro devem ser legalizadas nos termos previstos no Código de Processo Civil.
i) Se existirem dúvidas sobre o conteúdo e autenticidade de documentos emitidos no estrangeiro, pode ser solicitada às autoridades emitentes, a encargo dos interessados, a respetiva confirmação.

6. Transliteração e recomposição do nome

O artº 38º do Regulamento estabelece que os nomes estrangeiros de quem adquire a nacionalidade portuguesa "quando escritos em caracteres não latinos, são transliterados de acordo com o alfabeto latino". Além disso, é necessário respeitar as regras geralmente observadas nas relações internacionais, designadamente as recomendações da Organização Internacional de Normalização (ISO).

Quanto à composição do nome, quem vier a adquirir a nacionalidade portuguesa pode requerer o *aportuguesamento* do nome próprio, bem como a conformação do nome completo com as regras legais portuguesas. É *ainda consentido* que se já tiver assento de nascimento lavrado no registo civil português com nome diferente do que usa, que possa pedir a adoção desse nome.

O aportuguesamento, por tradução ou adaptação, gráfica e fonética, à língua portuguesa dos nomes próprios de origem estrangeira deve obedecer às disposições aplicáveis aos nascidos em território português.

Se o aportuguesamento não for possível por tradução, ou a adaptação se mostrar inadequada, o interessado pode optar por outro nome, adotando um que seja próprio da onomástica portuguesa.

Se quem pretender adquirir a nacionalidade portuguesa usar vários nomes completos *só pode adotar um deles*, pelo qual é livre de optar.

Caso do assento de nascimento já estiver efetuado, se o nome for alterado, deve ser *averbada* a sua nova composição. Contudo, se tiver de ser lavrado um assento (por transcrição ou por inscrição) no texto desse assento menciona-se o novo nome e, por averbamento, indica-se a forma originária que ele teve.

§ 2º Postos de atendimento

Como se referiu, o atendimento em matéria de nacionalidade faz-se principalmente na Conservatória dos Registos Centrais e nas conservatórias do registo civil. No entanto, primeiro o Dec-Lei nº 237-A/2006, de 14 de dezembro e depois o nº 26/2022, de 18 de março, vieram admitir que pudessem ser criadas *extensões* da Conservatória dos Registos Centrais, constituindo *postos de atendimento* desta Conservatória.

Além disso, permitiu-se *que o IRN celebrasse protocolo* com entidades públicas ou privadas, associações ou outras entidades *unicamente* para prestação de informações sobre documentos e instrução dos pedidos referentes à atribuição, aquisição ou perda da nacionalidade, encaminhando depois para a Conservatória dos Registos Centrais tais informações ou requerimentos.

§ 3º Tramitação dos procedimentos

A Secção II do Capítulo I e Titulo II do Regulamento começa pelo artigo 40º-A, que foi aditado pelo Dec-Lei nº 26/2022, de 18 de março, cujo preâmbulo explica que, além das disposições fundamentais, se "aproveita também para introduzir algumas melhorias na tramitação dos procedimentos de nacionalidade". Foi o caso desse artº 40º-A com a epígrafe "apensação de processos".

Em resumo, permite-se que se no mesmo dia forem apresentadas petições ou documentos para início de processos de nacionalidade por requerentes casados ou ligados por união de facto, por adoção ou por parentesco até ao terceiro grau de linha reta ou colateral, os respetivos processos *possam ser apensados*, a requerimento de qualquer um dos declarantes ou requerentes, de forma a permitir o aproveitamento de atos, diligências e documentos comuns.

É também possível ser determinada *oficiosamente a apensação* tratando-se de processos a cargo do mesmo conservador e a relação entre os interessados seja verificada pelos documentos juntos ou através do sistema de informação do registo civil.

A apensação deve fazer-se ao processo iniciado em primeiro lugar, exceto se os processos forem dependentes, sendo então efetuada pela ordem da dependência. Quanto à análise dos requerimentos ou documentos é também feita na ordem da dependência.

Mesmo quando não é possível a apensação de processos, o requerente pode indicar, para análise do conservador, o processo relativo ao familiar que considere relevante para a decisão do seu processo.

Os serviços que recebam os requerimentos devem informar os interessados da possibilidade de se pedir a apensação dos processos. No entanto, o conservador, se entender que há motivo para tal, pode ordenar, oficiosamente ou a requerimento das partes, *a separação* de qualquer dos processos apensados.

§ 4º Processamento e decisão dos pedidos

1. A partir da data da receção dos requerimentos e declarações para atribuição, aquisição ou perda da nacionalidade a Conservatória dos Registos Centrais, no prazo de 30 dias, *analisa sumariamente* o processo e, não havendo lugar a indeferimento liminar, mas se este contiver deficiências ou se faltarem os necessários documentos, deve *notificar* o interessado *para suprir* tais deficiências e juntar os documentos em falta, no prazo de 30 dias. Idêntico procedimento carece de ser seguido quando os requerimentos tiverem sido apresentadas por via eletrónica ou constarem de impresso aprovado. Neste lapso de tempo incumbe à Conservatória efetuar as diligências possíveis e necessárias para poder proferir a decisão.

2. Concluída a instrução, o Conservador tem o prazo de 60 dias para proferir a decisão e, sendo o caso, autorizar a feitura do registo, ou se concluir que o mesmo tem de ser indeferido, notifica o interessado, informando-o dos fundamentos que determinam o indeferimento e também do modo como o processo pode ser consultado, convidando-o para, no prazo de 30 dias, dizer o que se lhe oferecer.

3. Decorrido o prazo previsto no número anterior, e depois de analisada a eventual resposta do interessado, o Conservador profere a decisão, que fundamenta, no sentido de autorizar ou indeferir a feitura do registo.

4. Nos últimos números do artº 41º do Regulamento são prestados alguns esclarecimentos, designadamente quanto à eficácia das notificações efetuadas por carta registada para domicílio indicado pelo interessado, *apesar de devolvidas*. No tocante ao prazo, presumem-se efetuadas no terceiro dia útil posterior ao do registo.

É ainda elucidado que deve ser entregue ao interessado, gratuitamente, uma cópia não certificada e com valor meramente informativo de cada registo da nacionalidade..

5. Explica-se outrossim que tanto aos processos de atribuição da nacionalidade, incluindo a inscrição do registo de nascimento, como aos de

aquisição da nacionalidade por efeito da vontade e ainda de perda da nacionalidade, aplica-se, com as necessárias adaptações, o disposto no Código do Registo Civil, exceto no que respeita à contagem dos prazos, à sua dilação, e ao recurso hierárquico da decisão de indeferimento do registo, em que se aplica subsidiariamente o Código do Procedimento Administrativo. Este Código é igualmente aplicável no que toca às questões prejudiciais que contempla o artº 38º (a transliteração).

Note-se que esta subsidiária aplicação do Procedimento Administrativo em matéria cível – de nacionalidade e de registo civil – parece algo incoerente e para tal não se encontra fácil justificação[417].

§ 5º Diligências oficiosas

1. Quando é recebido um requerimento para atribuição, aquisição ou perda da nacionalidade, são oficiosamente determinadas (pelo o conservador ou pelo oficial de registos) as diligências consideradas necessárias. Tais diligências, designadamente para confirmação dos requisitos, podem ser ordenadas até à decisão final.

2. Estando pendente uma ação de que possa advir a definição do facto que serve de fundamento à nacionalidade que se quer registar, *é sustada* a feitura do registo, até que se apresente certidão da sentença judicial transitada em julgado.

3. Suspende-se o procedimento de atribuição ou de aquisição da nacionalidade sempre que se suscitem dúvidas fundadas sobre a autenticidade de documentos emitidos no estrangeiro ou se achem pendentes diligências suscitadas pelo conservador ou pelo oficial de registos, nomeadamente por poderem existir factos suscetíveis de fundamentar oposição à aquisição da nacionalidade por efeito da vontade, devendo proceder-se às diligências possíveis para esclarecimento dessas situações.

[417] Afigura-se-nos inaceitável o eventual argumento de que é ao Estado que compete conferir a nacionalidade. Mas *é sempre* o Estado que superintende em qualquer matéria, designadamente a do Registo Civil – que em última análise é tutelado pelo Ministério da Justiça – competindo-lhe a aplicação do Direito da Família (abrangida pelo Código do Registo Civil) que é claramente *cível,* e a cujos procedimentos (incluindo recursos) se aplica o Código de Processo Civil, mas *nunca* o Código do Procedimento Administrativo.

4. Existindo sentença transitada em julgado que condene o interessado por crime previsto na lei portuguesa em pena ou penas que, isolada ou cumulativamente, ultrapassem um ano de prisão, o processo de aquisição da nacionalidade por efeito da vontade ou por naturalização *suspende-se* pelo prazo de cinco anos a contar da data do trânsito em julgado. Excetua-se a aquisição da nacionalidade por estrangeiros que tenham sido adotados plenamente por português antes da entrada em vigor da Lei nº 37/81, de 3 de outubro, bem como os que tenham perdido a nacionalidade portuguesa, no domínio do direito anterior, por efeito do casamento ou da aquisição voluntária de nacionalidade estrangeira.

Enquanto a suspensão se mantiver são nulos os atos que eventualmente se pratiquem.

5. Além das suspensões a que aludimos nos nºs 3 e 4, havendo *oposição* à aquisição da nacionalidade suspende-se igualmente o prazo até que a mesma seja decidida.

§ 6º Comunicações

A Conservatória dos Registos Centrais deve comunicar, e se possível por via eletrónica:

a) Ao Serviço de Estrangeiros e Fronteiras[418], as alterações de nacionalidade que forem registadas e respeitem a residentes no território português;
b) Às representações consulares ou a outras autoridades estrangeiras, o registo de alterações de nacionalidade dos respetivos nacionais quando existir acordo ou convenção internacional que o imponha.
c) Aos serviços do registo civil e do processo eleitoral, os registos de perda da nacionalidade.

[418] Ou serviço que o substitua, uma vez que a sua extinção foi publicada em Diário da República e a Lei nº 73/2021, de 12 de novembro aprovou a "reestruturação do sistema português de controlo de fronteiras".

Capítulo XII
Processamento Eletrónico, Dados Pessoais e Certificados

§ 1º Processamento eletrónico

1. Os procedimentos de atribuição, aquisição, perda, nulidade e consolidação da nacionalidade efetuam-se, em princípio, por meios eletrónicos. Por esta mesma via se fazem as comunicações com as comunidades judaicas a que se refere o artigo 24º-A. Os procedimentos eletrónicos seguem os termos indicados por portaria do membro do Governo responsável pela área da justiça.

2. No entanto, os meios eletrónicos são facultativos para quem não esteja representado por advogado ou solicitador. No entanto, podem, em geral, ser utilizados, designadamente dispensando-se a remessa dos documentos originais em suporte de papel

3. Os documentos apresentados eletronicamente por advogados e solicitadores têm a força probatória dos originais em suporte de papel desde que tenham sido devidamente digitalizados e sejam fidedignamente apreensíveis, salvo se, por confronto com o original, essa fidedignidade for posta em causa. É, como se disse, em princípio, dispensada a remessa dos originais em suporte de papel, exceto quando se trate de documentos emitidos por entidades estrangeiras e destinados a pedido de atribuição da nacionalidade, ou se tal for determinado pelo conservador ou pelo oficial

de registos. Aliás, se não estiverem juntos ao respetivo processo, devem ser conservados por 10 anos.

4. As notificações efetuadas por via eletrónica presumem-se cumpridas no quinto dia útil posterior ao seu envio ou, se esse não for dia útil, no primeiro dia útil seguinte, exceto se o destinatário a elas aceder em data anterior, caso em que se considera notificado nesse dia.

5. O envio de documentos pelos serviços ou entidades com competência para a receção de requerimentos e bem assim as comunicações com outras entidades, sempre que possível efetuam-se por via eletrónica,

6. Os certificados e certidões podem ser pedidos por via eletrónica e também ser entregues em suporte eletrónico, fazendo prova para todos os efeitos e perante qualquer entidade pública ou privada, *nos mesmos termos* da versão em suporte de papel. Idêntica prova cabal faz a informação constante da certidão em sítio na Internet.

7. Os processos de nacionalidade podem ser consultados eletronicamente e a tramitação e gestão eletrónica dos procedimentos e supervisionamento da matéria de nacionalidade no respetivo suporte, interoperável com o sistema de informação do registo civil.

8. O nº 13 do artigo 43º-A contém esta disposição, que se afigura totalmente redundante: "Para os efeitos previstos no presente regulamento, a Conservatória dos Registos Centrais pode consultar a base de dados de identificação civil" – como é óbvio![419].

9. Nos últimos números do artigo 43º-A diz-se que "os documentos originais em suporte de papel são digitalizados", mas quando não possam ser restituídos aos interessados são destruídos.. Tais documentos digitalizados "têm a força probatória dos originais em suporte de papel".

[419] Todas as conservatórias trabalham «em rede» e, terminada competência territorial, a Base de Dados – *à qual todas têm acesso* – é única. O artº 12º do C.RegCiv também diz que os factos sujeitos a registo civil podem ser lavrados em qualquer conservatória.

§ 2º Tratamento de dados pessoais

O Artigo 43º-B, aditado ao Regulamento pelo Dec-Lei nº 26/2022, de 18 de março, teve em vista «proteger» o sistema de informação da nacionalidade, de modo a regular o acesso à respetiva base de dados e a permiti-la apenas a quem para tal esteja autorizado.

Procurou-se, outrossim, dar cumprimento tanto ao estabelecido no Regulamento (UE) 2016/679 do Parlamento e do Conselho, de 27 de abril de 2016, ao relativo ao tratamento de dados pessoais e à livre circulação desses dados, como na Lei nº 58/2019, de 8 de agosto, que assegurou a execução, na ordem jurídica nacional desse Regulamento.

Estabelece-se que é ao Presidente do Conselho Diretivo do IRN que cabe assegurar os direitos de informação, de acesso, ou de retificação dos dados. Por outro lado o sistema de informação deve ter as *garantias de segurança* necessárias para a impedir o acesso ou a comunicação de dados por quem não esteja legalmente habilitado.

§ 3º Certificados de nacionalidade

A Conservatória dos Registos Centrais passa certificados de nacionalidade a requerimento dos interessados.

Esses certificados são passados com base no registo de nacionalidade, mas se o mesmo não existir são-no com base no assento de nascimento. Em qualquer caso, neles dever-se-á referir a natureza do registo em face do qual são passados.

Porém, se o registo de nascimento ou de nacionalidade contiver alguma inconformidade para a prova da nacionalidade, o certificado devê-la-á mencionar.

TÍTULO VI
REGISTO DA NACIONALIDADE

Capítulo XIII
O Registo Central da Nacionalidade

A nacionalidade carece de ser registada. A matéria respeitante ao Registo Central da Nacionalidade está regulada nos artigos 16º a 19º da Lei da Nacionalidade e nos artigos 46º a 55º do Regulamento. À face destas normas, é pertinente salientar os seguintes pontos:

1. Obrigatoriedade e interesse do registo

As declarações de que dependem a atribuição, a aquisição ou a perda da nacionalidade portuguesa, bem como da naturalização de estrangeiros, devem constar do *Registo Central da Nacionalidade*, a cargo da Conservatória dos Registos Centrais, onde as mesmas são obrigatoriamente registadas e quanto possível em suporte eletrónico.

Quando as declarações de nacionalidade são prestadas perante os agentes diplomáticos ou consulares portugueses, devem ser aí oficiosamente registadas em face dos documentos comprovativos *e depois enviadas* à Conservatória dos Registos Centrais.

O interesse público no registo é tão evidente que, em geral, constitui uma formalidade essencial, sem o qual o acto ou não é invocável ou não produz efeitos. Como diz Regina F. G. Borges , "o interesse da centralização do registo da nacionalidade junto dum órgão da soberania evidencia-se ao atentarmos em que *é o Estado o principal interessado na determinação dos seus nacionais* e essa determinação seria difícil se os elementos se encontrassem dispersos pelas várias conservatórias do país"[420]

[420] Cf: *op. cit.* p. 151, mas itálico nosso.

2. Forma dos registos

Os registos são efetuados de harmonia com o disposto no Código do Registo Civil, com as necessárias adaptações.

Existindo na base de dados do registo civil o assento de nascimento ou devendo este ser lavrado na Conservatória dos Registos Centrais, os registos de atribuição, aquisição e perda da nacionalidade são efetuados *por averbamento* ao assento de nascimento.

Tratando-se da nacionalidade atribuída, ela resulta diretamente do *assento* de nascimento que, obviamente, deve ser lavrado no registo civil.

A declaração do nascimento atributiva da nacionalidade, ou o pedido de aquisição da nacionalidade portuguesa, quando o assento por inscrição se mostre necessário, pode ser prestada por via eletrónica.

3. Requisitos dos registos da nacionalidade

É no artº 52º do Regulamento que estão indicados os requisitos do registo da nacionalidade. À luz dessa disposição verifica-se que:

1. Os registos da nacionalidade, em geral, devem conter:
   - O facto registado, o seu fundamento e os seus efeitos;
   - O nome completo anterior ou posterior à alteração da nacionalidade, quando forem diversos;
   - A categoria e o nome do conservador ou do oficial de registos que os subscreve.
2. Em caso de naturalização os registos têm de mencionar a decisão que a tenha concedido e a respectiva data, bem como a nacionalidade que o interessado teve.

4. Transcrição do registo de nascimento

O registo de nascimento estrangeiro, constante da respetiva certidão, deve ser transcrito no registo civil português – exceto se o nascimento do interessado já nele existir –, a fim de, seguidamente, ser efetuado o registo da nacionalidade.

Se o interessado em adquirir a nacionalidade não conseguir obter a certidão do seu registo de nascimento, pode requerer que a inscrição deste seja feita por declaração prestada na conservatória.

A quem tiver sido atribuída a nacionalidade portuguesa ou que a tenha adquirido, torna-se necessário que no registo civil português seja transcrito não só o seu registo de nascimento, mas também *todos os atos de estado civil* lavrados no estrangeiro e a ele referentes.

É facultada gratuitamente ao interessado uma cópia não certificada, e com valor meramente informativo, do seu assento de nascimento.

TÍTULO VII
VÍCIOS, RETIFICAÇÃO E CANCELAMENTO DOS REGISTOS

Capítulo XIV
Declaração de Inexistência ou de Nulidade, Retificação e Cancelamento dos Registos

1. As disposições legais próprias da nacionalidade, relativas ao presente Título, são apenas as mencionadas no artigo 12º-A da Lei da Nacionalidade e no artigo 55º do Regulamento, o que aparenta uma escassa regulamentação, atenta a importância dos temas em causa.

Mas esta é, de certo modo, uma observação ilusória, visto que o próprio artigo 55º, manda aplicar subsidiariamente as disposições do Código do Registo Civil. De modo que é a este Código que temos de buscar a pertinente regulamentação destas matérias. Por isso, remetemos para a 1ª Parte o que sobre elas se disse.

2. Para decidir as dúvidas que se suscitem quanto à *identidade* do titular no âmbito da retificação, declaração de inexistência ou de nulidade e cancelamento dos registos são competentes os tribunais administrativos e fiscais "sempre que esteja em causa a nacionalidade do interessado"[421].

[421] Já em nota anterior manifestamos a nossa total discordância relativamente à competência dos tribunais administrativos e fiscais no tocante à *nacionalidade* do interessado. È que, excluindo o caso da naturalização (por representar uma «concessão» do Estado), a nacionalidade, em geral – embora dizendo-se que "o Estado concede" –, decorre da lei e diz respeito aos direitos fundamentais da *pessoa*, portanto é matéria eminentemente cível.

3. A decisão do conservador, proferida em processo de justificação, pode ser impugnada para os tribunais administrativos e fiscais, nos termos do Código de Processo nos Tribunais Administrativos (CPTA), quando estiver em causa a nacionalidade do interessado.

4. Por seu turno, o artº 12º-A da L.N., como já se referiu, considera nulo o ato que determine a atribuição, aquisição ou perda da nacionalidade portuguesa com fundamento em documentos falsos ou certificativos de factos inverídicos ou inexistentes, ou ainda em falsas declarações. Porém, tal não é aplicável nos casos em que da declaração da nulidade *resulte a apatridia* do interessado.

Nada temos a objetar relativamente ao que estabelece a regra geral e, relativamente à exceção, também a ela já nos referimos. Note-se ainda que Portugal subscreveu (embora com reservas), a Convenção Relativa ao Estatuto dos Apátridas, adotada em Nova Iorque em 28 de setembro de 1954 e aprovada pela Resolução da Assembleia da República nº 107/2012, publicada no Diário da República, 1ª série, 7 de agosto de 2012, que visou defender a situação de apatridia.

Todavia, dever-se-á atentar no facto de haver muitas espécies de documentos falsos e de falsas declarações ou certidões de factos inexistentes. Quem os apresenta, pratica sempre um delito. Mas pode ser algo com pouco relevo, como acontecerá se o interessado apenas pretendeu «acelerar» o processo e a falsidade ser de simples pormenores e, por outro lado, não prejudicou terceiros, ou, pelo contrário, ser algo de muito grave e prejudicial para o próprio País e, se averiguadas em pormenor as circunstâncias concretas, até se pode chegar a concluir que a pessoa em causa *nem é realmente apátrida*[422].

Daí que se afigure duvidoso que a atribuição da nacionalidade se verifique sempre quando – apesar de baseada em documentos falsos, falsas declarações ou certidões de factos inexistentes –, da falsidade possa resultar "a apatridia do interessado".

Afigura-se que é algo que *não deve operar automaticamente*, mas terá, sim, *de ser analisado* «caso a caso», pelo menos para se averiguar se realmente

[422] Com efeito, *nasceu em algum lado* e, não o querendo revelar (por ex. o País de onde proveio tem graves problemas) *inventou* documentos que aparentavam alguma ligação a Portugal. Ou então pode tratar-se de perigoso delinquente, que tem de responder nesse País de onde proveio.

resulta, ou não, a apatridia do interessado. Ao que nos parece, devia mesmo ser participado ao Ministério Público (a falsificação de documentos oficiais devê-lo-ia ser *sempre*), que mais qualificadamente podia verificar a questão da existência – ou simulação da existência – de apatridia.

TÍTULO VIII
OPOSIÇÃO À AQUISIÇÃO DA NACIONALIDADE E CONTENCIOSO DA NACIONALIDADE

Capítulo XIV
A Oposição

Completando o que em capítulo anterior referimos a respeito da oposição à aquisição da nacionalidade, em sede contenciosa cabe assinalar os seguintes pontos:

1. O Ministério Público deve deduzir *oposição* à aquisição da nacionalidade por efeito da vontade quando se verifiquem determinados factos que, pela sua gravidade, até justifiquem o cancelamento do registo da nacionalidade que porventura já tiver sido lavrado.

Essa oposição reveste a forma de uma ação judicial que tem de ser apresentada nos tribunais administrativos e fiscais no prazo de um ano a contar da data do registo da aquisição da nacionalidade.

2. São fundamentos para a oposição a que alude o artº 56º do Regulamento

- Não haver, por parte do interessado, ligação efetiva à comunidade nacional, salvo quando se verifique algum dos factos a seguir referidos no nº 3
- Ter sido condenado por sentença transitada em julgado, por crime punível segundo a lei portuguesa, em pena de prisão igual ou superior a três anos;
- Exercer funções públicas, sem cariz técnico, ou prestar serviço militar não obrigatório a um Estado estrangeiro;

- Haver perigo ou ameaça para a segurança ou para a defesa nacional, pelo envolvimento do interessado em atividades relacionadas com a prática do terrorismo.

3. Não se considera inexistir ligação efetiva à comunidade nacional quando:

- O interessado seja casado ou viva em união de facto que decorra há pelo menos seis anos e, independentemente da duração, se daí resultarem filhos comuns do casal com nacionalidade portuguesa.
- No momento do pedido, o interessado, sendo menor ou maior acompanhado carente de representação para o acto, residir legalmente em território português nos cinco anos imediatamente anteriores ao pedido ou, sendo menor em idade escolar, comprove a frequência escolar em estabelecimento de ensino em território português.
- No momento do pedido, o interessado, embora não sendo menor ou maior acompanhado cumpra um dos seguintes requisitos:
  a) Seja natural e nacional de país de língua oficial portuguesa e esteja casado ou viva em união de facto há, pelo menos, cinco anos, com português originário;
  b) Conheça suficientemente a língua portuguesa e esteja casado ou viva em união de facto com português originário há, pelo menos, cinco anos;
  c) Resida legalmente em território português nos três anos imediatamente anteriores ao pedido e comprove frequência escolar em estabelecimento de ensino em território português ou demonstre conhecimento da língua portuguesa;
  d) Resida legalmente em território português nos cinco anos imediatamente anteriores ao pedido de aquisição da nacionalidade.

A residência legal em território português e o conhecimento da língua portuguesa são comprovados do modo que em capítulo anterior referimos.

Capítulo XV
Contencioso e Conflitos de Leis sobre a Nacionalidade

§ 1º Contencioso da nacionalidade

A temática do contencioso da nacionalidade está sistematizada na L.N. em dois breves artigos – o 25º e 26º – e no Regulamento apenas em três: o 61º. 62º e 63º, o que denota o pouco destaque que o legislador deu a este importante assunto.

1. O contencioso da nacionalidade desencadeia-se e corre seus teremos perante os Tribunais Administrativos e Fiscais[423] e segue o procedimento regulado pelo Código de Processo nos Tribunais Administrativos e demais legislação complementar.

Já manifestamos a opinião de que o tema da nacionalidade tem *natureza cível,* embora com interesse público – o que também ocorre em todos os actos referentes ao Registo Civil –, que se processam nas conservatórias e não em secções e direções-gerais dos ministérios e que são impugnáveis perante os tribunais cíveis (artigos 286º e ss. do C.RCiv).

Em contrário não se pretenda que a solução «administrativa» deriva do facto de ser o Estado que, à face da L.N., *autoriza* a aquisição da nacio-

[423] O contencioso da nacionalidade é referente aos *recursos* dos atos e omissões relativos à atribuição, aquisição ou perda de nacionalidade portuguesa e, por isso, *nada tem a ver* com a "orientação/decisão" dos conservadores quanto ao seu entendimento relativo à organização e metodologia como devem ser decididos os processos, visto que isso não se traduz num acto impugnável (Cf. Parecer do Conselho Consultivo do IRN do Pº R.C. 7/2021 SJ-CC (FERNANDES LOPES), de 16 de dezembro de 2021.

nalidade. Todavia., na realidade *não é assim*. Não é o Ministério que, em geral, defere os processos, mas sim as Conservatórias, em especial a dos Registos Centrais. Por outro lado, é o Estado que autoriza *tudo*, sejam atos ou licenças de natureza privada – como as referentes aos direitos pessoais previstos no artº 26º/1 da Constituição – sejam de natureza pública, como a concessão de uma obra pública, pelo que, a nosso ver, este nunca seria um critério plausível para definir qual a espécie de tribunais competentes.

2. A lei confere legitimidade para interpor recurso dos atos e omissões relativos à atribuição, aquisição ou perda de nacionalidade portuguesa *apenas* aos interessados *diretos*, bem como ao Ministério Público. Significa, pois, que considerou – e bem – a nacionalidade como matéria da esfera individual e, por isso, impõe que o impugnante seja "titular de um interesse direto e pessoal" (artº 61º/1 do Regulamento). Quanto à legitimidade do Ministério Público tem-na sempre, designadamente como defensor da "legalidade democrática" (artº 219º/1 da Constituição).

O Regulamento esclarece que a impugnação contenciosa tem de ser intentada no prazo de *um ano*, exceto no que respeita à impugnação judicial do indeferimento liminar (artº 61º/2), e que o processo, tal como quaisquer outros atos respeitantes à nacionalidade, segue os termos do Código de Processo nos Tribunais Administrativos (artº 62º).

No último artigo do Capítulo diz-se que quando o tribunal decidir sobre a nacionalidade em contrário do que conste dos registos (de nascimento ou da nacionalidade) "deve ordenar o cancelamento ou a retificação do registo, conforme o caso".

§ 2º Conflitos de leis sobre a nacionalidade

Este tema é também tratado unicamente em dois breves artigos da L.N.: o 27º e o 28º. O primeiro para dizer que se alguém tiver duas ou mais nacionalidades e uma delas for a *portuguesa*, só esta releva face à lei portuguesa. Quer dizer que, sendo português, mesmo que tenha outra(s) nacionalidade(s) em Portugal apenas pode invocar a nacionalidade portuguesa.

O artigo 28º refere-se aos conflitos de nacionalidades estrangeiras e explica que nestes casos – de conflitos positivos – apenas releva a nacionalidade do Estado em que o plurinacional tenha a sua residência habitual ou, na falta desta, a do Estado "com o qual mantenha uma vinculação mais estreita".

TÍTULO IX
CASOS OCORRIDOS NO DOMÍNIO DA LEI ANTERIOR

Capítulo XVI
Aplicabilidade das Presunções de Legislação Anterior

A regra geral da irretroatividade da lei e a da sua aplicação a situações porvindouras tem confirmação expressa em alguns dos artigos constantes do Título IV do Regulamento – visto que salvaguarda as presunções da nacionalidade portuguesa existentes antes da entrada em vigor da Lei nº 37/81, de 3 de outubro – e, por outro lado, permite que as faculdades permitidas por esta «lei nova» se apliquem futuramente às situações pré-existentes.

1. Deste modo, se antes da aludida Lei nº 37/81:

- A mulher que tiver perdido a nacionalidade portuguesa por efeito do casamento pode readquiri-la por simples declaração, mesmo se tiver sido lavrado registo definitivo da perda.
- O estrangeiro adotado plenamente por português, se quiser ser português, basta que o declare.
- O português que tiver perdido a nacionalidade portuguesa, por aquisição de nacionalidade estrangeira, inclusive tendo sido feito o registo definitivo da perda, pode readquiri-la por mera declaração.
- O português que adquiriu outra nacionalidade por naturalização que lhe tenha sido direta ou indiretamente *imposta* e quiser manter a nacionalidade portuguesa deve solicitá-lo ao Tribunal Central Administrativo Sul, em requerimento apresentado na Conservatória dos Registos Centrais acompanhado dos elementos de que dispu-

ser. O processo é instruído na Conservatória – que pede informação ao Ministério dos Negócios Estrangeiros – e, após as necessárias diligências e com o parecer do conservador, o processo é remetido àquele Tribunal, para decisão.

2. O Artigo 69º ocupa-se, usando uma formulação complexa, da "alteração de nacionalidade por efeito da lei anterior".

Trata-se do seguinte: tendo sido requerido, em conformidade com a lei anterior, o registo de alteração de nacionalidade por efeito de casamento ou por aquisição de nacionalidade estrangeira, os interessados *em readquirir* a nacionalidade portuguesa devem instruir o pedido com os documentos necessários *ao registo da nacionalidade.*

Quando se refira a um registo oficioso de perda da nacionalidade, deve ser lavrado provisoriamente o averbamento, cabendo então à Conservatória dos Registos Centrais requisitar os documentos que sejam necessários para apurar a situação e, verificando que há lugar à perda[424], deve notificar o interessado para deduzir oposição no prazo de 30 dias. Mas se a notificação não for possível, o prazo conta-se a partir da data da última diligência.

Não sendo deduzida oposição, o registo é *convertido em definitivo.* Mas se for deduzida oposição ou se a conversão do registo tiver sido efetuada sem prévia notificação e, nessa base, for requerido o cancelamento do registo por inexistência do seu fundamento legal, *é remetida* certidão de todo o processo aos tribunais administrativos e fiscais para decisão, acompanhada de parecer do conservador.

[424] Como se disse em capítulo anterior, à luz da lai atual a perda é sempre *voluntariamente decidida* pelo próprio.

Capítulo XVII
Menção da Nacionalidade Estrangeira dos Progenitores

O último artigo do Regulamento (o 70º) versa sobre o tema da menção da nacionalidade estrangeira dos progenitores no registo de nascimento, com vista à afirmação da nacionalidade portuguesa do interessado.

Assim:

Sendo o interessado, filho de estrangeiros, que nasceu em território português depois da entrada em vigor da Lei nº 37/81, de 3 de outubro – mas tendo sido já lavrado o assento de nascimento à data da Lei Orgânica nº 2/2006, de 17 de abril –, pode requerer numa conservatória do registo civil, *a eliminação* da menção da nacionalidade estrangeira dos progenitores ou do seu desconhecimento, se um dos progenitores nasceu em território português e aqui tinha residência ao tempo do nascimento, para que daí resulte a nacionalidade portuguesa do interessado, nos termos da última parte da alínea a) do artigo 3º do Regulamento.

Na hipótese supra referida, a naturalidade do progenitor prova-se, designadamente, pela sua certidão nascimento. Contudo, deve ainda ser apresentado documento comprovativo da residência à data do nascimento do filho, documento este que pode ser dispensado se for justificada a impossibilidade da sua apresentação.

Quanto aos nascidos em território português após a vigência da citada Lei nº 37/81, e com assento de nascimento lavrado na constância da Lei Orgânica nº 2/2020, de 10 de novembro – sendo filhos de estrangeiros que não se encontravam ao serviço do respetivo Estado –, podem requerer numa conservatória do registo civil o averbamento destes factos, se um dos progenitores tinha residência legal em território português, ou neste território residisse, independentemente do título, há pelo menos um ano ao tempo do nascimento.

Esta circunstância carece de ser demonstrada pelo documento comprovativo nos termos dos nºs 3 e 4 do artigo 10º, para que lhes possa ser atribuída a nacionalidade portuguesa nos termos desse artigo.

CONCLUSÃO

Na intervenção de ANA RITA GIL no CEJ que temos citado, a Autora, quase a terminar, tece estas oportunas considerações, que subscrevemos: "A nacionalidade é, enquanto direito à Pátria[425] um direito básico de que dependem outros direitos, como o direito à protecção diplomática, à participação democrática ou a entrar e sair livremente do país. Ela é, por isso, definida como "o direito a ter direitos"[426] Mas não só. Num mundo dividido em Estados soberanos, a pertença a um Estado é um elemento que faz parte do próprio direito à identidade pessoal[427],estando, por isso, estreitamente ligado à dignidade da pessoa humana[428]"[429].

A atual legislação portuguesa sobre a nacionalidade, em que dá maior ênfase ao *ius soli* – favorecendo a imigração – sem deixar de atender ao *ius sanguinis, cumpre as apontadas e importantes finalidades,* que também o artº 26º/1 da Constituição consagra e a que nos referimos na Parte II.

Além disso, o regime da atribuição e aquisição da nacionalidade portuguesa – que tentamos expor sucinta, mas integralmente –, satisfaz os princípios e as prescrições constantes da DUDH, da CEN e dos demais tratados e convenções internacionais a que Portugal aderiu e que aqui não pormenorizamos[430].

425 A Autora cita J.J. GOMES CANOTILHO e VITAL MOREIRA, op. cit., p. 466.

426 A Autora cita HANNA ARENDT, As origens do Totalitarismo, Publicações D. Quixote, Lisboa, 2006.

427 A Autora menciona ANTÓNIO MARQUES DOS SANTOS que o qualifica como um direito de personalidade. Cf. "Nacionalidade e Efectividade...", p. 441.

428 A Autora cita JORGE MIRANDA e RUI MEDEIROS, op. cit., p. 292.

429 Cf: ANA RITA GIL, *op. cit.* p. 99.

430 Excede o âmbito deste breve trabalho sobre o direito da nacionalidade o estudo de todos os tratados que Portugal subscreveu.

Não se devem, contudo, confundir estes tratados sobre a atribuição e aquisição *da nacionalidade portuguesa* com aqueles em que é conferido o direito de residência e/ou um estatuto de igualdade de direitos e deveres, como foi o caso do "Tratado de Amizade, Cooperação e Consulta entre a República Portuguesa e a República Federativa do Brasil", ratificado pelo Decreto do Presidente da República nº 79/2000, de 14/12 e publicado no Diário da República I-A, nº 287, de 14/12/2000. Aliás, o texto desses tratados é bastante para a sua compreensão e, por outro lado, não alteram o regime e os conceitos respeitantes à nacionalidade que referimos.

PARTE IV
BREVE EPÍLOGO CONCLUSIVO

À semelhança do que em França constituiu um fundamental progresso do Direito Civil a entrada em vigor, em 21 de março de 1804, do «Code», também entre nós similar avanço teve lugar com a publicação da Carta de Lei de 1 de Julho de 1867 que aprovou o Código de Seabra, mas similarmente um outro «avanço» considerável se verificou, *escassos meses* após a Revolução de 5 de outubro de 1910, com a publicação no Diário do Governo de 27 de dezembro de 1910 das Leis da Família, logo seguidas, em 18 de fevereiro de 1911, pela promulgação do Código do Registo Civil que instituiu o moderno Registo Civil e o tornou obrigatório. Note-se: em *escassos meses* os legisladores desse tempo (que não tinham computadores e nem sequer uma esferográfica) conseguiram elaborar um Código totalmente novo, com 365 artigos, que se manteve em vigor largos anos e que na sua estrutura essencial se conserva acertado[431].

1. Ainda que se pudesse considerar redundante, não era curial abster-nos de realçar a profunda importância da publicação deste Código. O ter sido tornado obrigatório o conhecimento público, inclusivamente pelo Estado, dos momentos cruciais da vida da pessoa, mormente, do seu estado civil e dos seus direitos fundamentais, como referimos na Parte II deste

[431] Tivemos ocasião de o comprovar nas esclarecedoras intervenções que tiveram lugar em Lisboa e no Porto nas comemorações do centenário do Código.

Manual, constituiu uma das mais destacadas e progressistas providências legislativas que ocorreram no nosso País.

Para sintetizarmos, basta refletir no facto de que a inscrição do nascimento no Registo Civil tem a consequência de determinar o público (re)conhecimento do individuo como pessoa, o que também se traduz na notação e publicitação de muitos dos seus *direitos fundamentais*, como procuramos demonstrar na indicada Parte II.

É no Registo Civil que fica definida e é publicada a *situação jurídica* das pessoas singulares. É, pois, uma instituição *central* na vida e para a vida de cada cidadão. Diremos mesmo – sem receio de exagerar – que neste sentido da cidadania e da *identidade da pessoa* é a instituição mais central e mais necessária.

2. Por outro lado, os Serviços do Registo Civil atuam bem, com certeza e credibilidade. Estão totalmente informatizados, sendo possível às pessoas solicitar os diversos atos praticados nas conservatórias do registo civil em qualquer delas e noutros locais autorizados, igualmente por meios eletrónicos.

Na realidade, o Registo Civil tem funcionalidades que podemos qualificar como cruciais, visto que são indispensáveis num Estado de Direito. Referimo-nos à definição e revelação do estado civil das pessoas, da sua "historicidade", dos seus vínculos familiares e da sua nacionalidade.

Além de tudo isto, foram ainda atribuídas ao Registo Civil, entre outras medulares funções, a organização e decisão de alguns processos de cariz jurisdicional, como é o caso dos divórcios e da separação de pessoas e bens por mútuo consentimento, da respetiva partilha dos bens do casal, da regulação (e apreciação) do exercício das responsabilidades parentais por mútuo acordo e de outros processos que na Parte I tivemos ocasião de conhecer.

3. Não se torna necessário dizer mais para se verificar que o Registo Civil é das mais relevantes, indispensáveis e fundamentais instituições do País, que presta serviço a *toda* a população e durante *toda a vida* de cada pessoa. É mesmo, a meu ver, a instituição civil mais necessária do País para dar cumprimento aos direitos fundamentais mencionados no artº 26º/1 da Constituição, com relevo para os direitos de personalidade e da família.

Souberam-no os responsáveis políticos de 1910, mas têm-no esquecido os contemporâneos.

4. Pena é que o Registo Civil – ao que sabemos – tenha de lutar com tantas dificuldades e carências, mercê da sucessiva incompreensão governativa e da própria organização do Ministério da Justiça que valoriza mais os cuidados relacionados com os delinquentes, que representam menos de 0,2 % da população (e já é muito), mas que ocupam quase todos os Departamentos do Ministério, do que com as questões dos cidadãos[432] cumpridores dos seus deveres *e que sustentam o País.*

Todos os aludidos assuntos, necessários para os cidadãos, são fundamentalmente tratados no âmbito do IRN- I.P., que compreende, além dos Serviços Centrais, os Serviços Desconcentrados, a Conservatória dos Registos Centrais, o RNPC, bem como os serviços de gestão de arquivos e os "balcões SIR". Além disso – e especialmente – as Conservatórias dos Registos Civil, Predial, Comercial e de Veículos, existentes em todos os concelhos do Continente e das Ilhas,

O IRN- I.P. presta também uma infinidade[433] de serviços (77, constantes do seu sítio na Internet) cujo interesse e préstimo para toda a população, porque notório, é desnecessário pormenorizar,

Constitui uma evidência, que se me afigura incontornável, a sua elevada importância, projeção e pública valia.

5. A Lei nº 3/2004, de 15 de Janeiro – que é a "Lei-quadro dos institutos públicos" diz no artº 4º/1 que "os institutos públicos são pessoas coletivas de direito público, dotadas de órgãos e património próprio". Por seu turno, o Artigo 10º/1, c) prevê que, tendo condições financeiras próprias, disponham de autonomia financeira.

Por outra parte, o artº 48º/3 revela que gozam de regime especial, na medida necessária à sua especificidade, determinados institutos (em que se incluem o Instituto de Estatística, a AMA o Instituto de Medicina Legal e muitos outros), mas não o IRN que tem *receitas próprias* e que, entre as muitas mais funções, inclui as de decidir recursos, consultas, e várias impugnações dos cidadãos e das empresas de todo o País, especialmente relativas aos registos civil, predial, comercial, de automóveis...

[432] Referimo-nos às questões extrajudiciais que, para bem de todos, são as «normais», portanto em muito maior número do que as judiciais.

[433] Consultáveis em: https://justica.gov.pt/Servicos?organismo=IRN&pk_vid=4fb2965608a1c94416621925631 1d17a

Não se entende.

Como ainda no século passado disse Meneres Pimentel (ao tempo Ministro da Justiça) num colóquio de homenagem a Jorge Sampaio, os Registos e Notariado têm sido tratados como "parentes pobres no mundo jurídico". E acrescentou: neste âmbito "algo tem de ser feito com urgência"[434]. Mas, passados mais de 20 anos, a consideração governamental mudou?

Não – e pena é. Aliás, julgo que muitas das atuais carências e dificuldades[435] seriam resolvidas se o IRN tivesse os meios que a autonomia financeira – decorrente do mero cumprimento da citada Lei-quadro – lhe daria.

6. Os Registos, a começar pelo Registo Civil, mas outros identicamente necessários e essenciais para o País – como o Registo Predial, o Registo Comercial, de Pessoas Coletivas, de Veículos e de Navios – devem merecer, sobretudo na atuação quotidiana e nos programas governativos, uma atenção que infelizmente (e em prejuízo da população) não têm tido.

Neste breve Manual procuramos distinguir a *identidade civil* – básica – da identificação civil, complementar e *meramente comprovativa da identidade* e das menções que desta constarem.

Mas também neste domínio da *identificação,* de notória utilidade para os cidadãos, o IRN tem tido um papel incontestável, sobretudo com a disponibilização de conhecidos serviços práticos, como o "nascer cidadão", a obtenção do cartão de cidadão e sua fácil renovação, o passaporte, o registo do beneficiário efetivo, o registo de nascimento *online,* a declaração de óbito *online,* o "espaço óbito", enfim, os diversos serviços e plataformas recentemente criados que vão ao encontro e realizam a pretendida transformação digital, como oportunamente se referiu.

7. As considerações que se acabam de fazer, além de verídicas, correspondem a uma experiência do autor durante largos anos, mas, em

[434] Cf. a publicação "Studia Iuridica", nº 41 (*Colloquia; 3*), Coimbra 1999, pág. 48. O tema do Colóquio intitulou-se: "Perspectivas da realização do Direito e dos valores que ele integra e veicula no início do Terceiro Milénio".

[435] Sabemos que existem diversas outras dificuldades, principalmente no tocante aos atrasos em concursos, nomeações e desigualdades salariais sobre que não estou «a par» e que não dizem respeito ao presente trabalho, pelo que, sobre elas, não me devo pronunciar.

certo sentido, «excedem» o objetivo essencial do Manual, que é didático e fundamentalmente destinado a prestar uma *informação prática* sobre os serviços e os atos do Registo Civil, bem como a tentar expor as noções básicas da nacionalidade e da identidade civil enquanto «direito fundamental».

Usamos, no entanto, a expressão "em certo sentido", visto que, com aquelas considerações, também quisemos sensibilizar o leitor para a relevância e interesse geral que o Registo Civil tem.

Este indubitável relevo reflete-se consabidamente na vida quotidiana e na perspetiva económico-social, e a sua depreciação é manifestamente prejudicial para o Estado e para toda a população.

8. Num simples apontamento pretendo explicar que não me parece legítimo confundir a importância crucial doa atos de registo (assentos e averbamentos) e dos processos, *onde se definem as situações jurídicas* que principalmente respeitam à *identidade* da pessoa – e aos seus direitos fundamentais –, com os simples cartões que comprovam a *identificação.*

Estes, com destaque para o "cartão de cidadão", a que nos referimos na 1ª Parte, são objeto de anúncios e de uma publicidade que por vezes se afigura demasiada, porque presentemente todas as pessoas sabem bem que necessitam desse cartão. Importante era a existência de infraestruturas em especial de funcionários e de máquinas em número suficiente para que a disponibilização do mesmo pudesse ser mais célere.

Por outro lado, parece certo que os artºs 20º e 21º da Lei nº 7/2007, de 5 de fevereiro (que criou o cartão de cidadão) digam que compete ao IRN, I. P., conduzir as operações relativas à emissão, renovação e cancelamento do cartão de cidadão (...) e assegurar o funcionamento do serviço de apoio ao cidadão, mas já se afigura incoerente que o artº 23º refira que "compete à AMA, I. P., assegurar a supervisão do desenvolvimento do cartão de cidadão (...)".

É claro que o cartão de cidadão é um documento de *identificação* da pessoa[436] e, por isso, *baseado no seu assento de nascimento,* pelo que a supervisão do mesmo pertence *necessariamente* a quem tem a superintendência, rela-

[436] As informações completares existentes no verso sobre os números de contribuinte, da segurança social e do serviço de saúde *são* os proporcionados por *esses serviços,* relativamente aos quais os que gerem o cartão de cidadão não têm qualquer interferência.

tivamente à *identidade*[437], e não à "modernização administrativa"[438]. Esta é *indispensável* noutros domínios[439] e esperamos que, nesses, tenha êxito.

9 – Numa última nota pretendo justificar a forma abreviada como são tratados os assuntos, incluindo o respeitante à nacionalidade.

É que neste Manual apenas quis proporcionar, mormente aos estudantes, as "noções" da temática em questão – sobre a qual pouco se tem escrito –, que igualmente sejam compatíveis com a «carga horária» usualmente atribuída aos cursos que versam os Registos e, de modo algum, ensaiar escrever um «tratado» para o que, presentemente, até me faltavam as necessárias condições pessoais.

Espero, pois, que o leitor me releve as lacunas deste trabalho que teve especialmente em vista a divulgação do Registo Civil, cuja básica importância social julgo que nunca é demais realçar.

[437] O cartão de cidadão destina-se a *identificar a pessoa* e, a este respeito, o *conteúdo identitário* é básico e é o proporcionado pelo Registo Civil. As outras menções que contém são úteis, mas secundárias, assim como o são a qualidade dos materiais de que é feito, os locais e o modo como pode ser obtido.

[438] Por isso, interrogamo-nos: a supervisão refere-se a quê? À qualidade do plástico dos cartões? Aos locais de atendimento? Não descortinamos em que se traduz essa "supervisão".

[439] Como o dos serviços do Estado duplicados, triplicados...para que não mais seja necessário que, para iniciar o funcionamento de determinada indústria tivessem sido necessários 17 licenciamentos.

BIBLIOGRAFIA

ALBALADEJO GARCÍA, Manuel, "Desde el instante en que nace, todo niño es persona e inscribible en el Registro" in Revista de Derecho Privado, nº 81, Mes 3, Ano Dialnet – Universidad de La Rioja, 1997, págs. 166-191,

ALMEIDA, Carlos Ferreira de. Publicidade e Teoria dos Registos, Coimbra: Almedina,1966.

ALMEIDA, ISABEL MARIA ROCHA DE: «Os fundamentos da atribuição da nacionalidade e o estabelecimento da filiação» *in* Repositório do Instituto Politécnico do Porto, 2021, consultável em https://recipp.ipp.pt/bitstream/10400.22/19438/1/DM_IsabelAlmeida_MSOL_2021.p.

— Lei da Nacionalidade como instrumento de integração de migrantes Consultável em: https://congresos.leading.pt/reports/reports.aspx?ref=resumofinal1&evento=2&formulario=6&render=pagina&cod=3957&chave=000836DCA8

ALVES, Arnaldo Augusto: *Código do Registo Civil, Anotado*, Coimbra, Coimbra Editora, 1979

ALVES ,ARNALDO AUGUSTO. e PEREIRA, MARIA ANTONIETA no *Código do Registo Civil Anotado* 4ª ed. Coimbra, Almedina, 1987.

AMARAL, GISELE :*Defesa da personalidade e o direito ao esquecimento.* Faculdade de Direito da Universidade de Lisboa, 2019, pp. 32/33

AMEAL, João *História da Europa* Vol, I,. Livro II. Lisboa: Editorial Verbo, 1982,

ANDRADE, JOSÉ CARLOS VIEIRA de: Os Direitos Fundamentais na Constituição Portuguesa de 1976, 6ª ed. Coimbra: Almedina, 2019.

ASCENSÃO, José Oliveira "A dignidade da pessoa e o fundamento dos direitos humanos". *in* ROA nº 68, Ano 2008, I,, pp.45-50

AZEVEDO, Álvaro Villaça: "Direitos e Deveres dos Avós", in Pessoa humana e Direito (coordenação de Diogo Leite de Campos e Silmara J. de Abreu Chinellato):Coimbra, Almedina, 2009,

BENDA, MAIHOFER, VOGEL, HESSE,. HEYDE: *Manual de Derecho Constitucional* 2ª ed.. Madrid: Marcial Pons, Ediciones Jurídicas y Sociales, 2001, Em especial de: BENDA, ERNESTO, o Capítulo IV, "Dignidad humana y derechos de personalidad"

BORGES, Regina Fernanda Garcia. "O Registo da Nacionalidade", artigo publicado na ROA, Ano 12, nºs 1 e 2, 1952, e consultável em: https://portal.oa.pt/

upl/%7B5766228b-9a50-4156-b406-de38d11172f7%7D.pdf.

CAMPOS, DIOGO LEITE: *A personalidade jurídica em questão:- estudo sobre direitos de personalidade* Lisboa, Edições Vieira da Silva, 2017.

— *Pessoa Humana e Direito:* Coimbra: Almedina, 2009.

— *Nós – Estudos sobre o Direito das Pessoas,* Coimbra: Almedina, 2007.

CAMPOS, DIOGO LEITE de e CAMPOS MÓNICA MARTINEZ de: *Lições de Direito de Família,* 5ª ed. rev. Coimbra: Almedina, 2020,

CANARIS, Claus-Wilhelm – Pensamento Sistemático e conceito de sistema na ciência do direito. (introdução e tradução de A. Menezes Cordeiro). Lisboa: Fundação Calouste Gulbenkian, 3ª ed., 2002

— Direitos fundamentais e Direito Privado. Coimbra: Almedina, 2006,

CANOTILHO, José Joaquim Gomes e MOREIRA, Vital *Constituição da República Portuguesa, Anotada,* 5ª ed. ver. vol. I, Coimbra; Coimbra Editora, 2007 e 3ª ed. Rev. Coimbra, Coimbra Editora, 1993

CARVALHO, Hamilton Sarto Serra de, et alt. A personalidade jurídica em questão – Estudos sobre Direito(s) de Personalidade. Edições Vieira da Silva, 2018,

CARVALHO, Manuel Vilhena de: *Do Direito ao Nome,* Coimbra, Almedina, 1972,

CONTE, ISABEL GRILO: *Lei da Nacionalidade, Anotada e Comentada.* Lisboa: Petrony Editora, 2022

CORDEIRO, ANTÓNIO MENEZES:: Código Civil, Comentado, I- Parte Geral, Coimbra: Almedina, 2020,

— *Tratado de Direito Civil Português,* Parte Geral. Tomo I Coimbra: Almedina, 1999 e 4ª d.2012

— "Títulos nobiliárquicos e registo civil – A inconstitucionalidade da reforma de 2007" *in* ROA, 2009, Vol. I e II, *in* «Actualidade».

COELHO, FRANCISCO MANUEL PEREIRA: *Curso de Direito de Família.* Coimbra: Atlântida Editora, 1965,

COSTA, Paulo Manuel: "Oposição à aquisição da nacionalidade: A inexistência de ligação efectiva à comunidade nacional", *in* ROA. Lisboa:. Ano 72, nº 4 (out. – nov. 2012), pp. 1453-1481.

DAMÁSIO, ANTÓNIO: *O Sentimento de Si.* Lisboa: Temas e Debates, 2013.

DIAS, Cândida Rodrigues – *Código do Registo Civil: Comentado.* Lisboa: Imprensa Nacional, 1967

DRAY, GUILHERME MACHADO em *Direitos de Personalidade.* Coimbra: Almedina, 2006,

DUTRA, GRACIELE NETO CARDOSO LINS, "Os direitos fundamentais no âmbito do neoconstitucionalismo" na coletânea *Direitos Humanos-Perspectivas Contemporâneas dos Direitos Fundamentais.* Porto: Juruá Editorial, 2021.

ENGISCH, KARL "Introdução ao Pensamento Jurídico", ("Einfürung in das Juristische Denken"), tradução de BAPTISTA MACHADO – Lisboa: Fundação Calouste Gulbenkian, 2004

FILHO, JOSÉ VINCENZO PROCÓPIO, sobre "O Direito fundamental à dupla nacionalidade e os entraves limitadores ao seu exercício no campo do desporto", apresentada em 2020 na FDUP e consultável em: file:///K:/NACIONALIDADE%20--%20TESE%20Porto.pdf.

FRADA Manuel Carneiro da – A própria vida como dano?, *in* ROA, 2008, vol 1

GERALDES. ISABEL FERREIRA QUELHAS, *Impugnação das Decisões do Conservador nos Registos,* Coimbra: Almedina, 2002,

GIL, ANA RITA: "Princípios de Direito da Nacionalidade – sua consagração no ordenamento português" *in* Revista

"O Direito", Ano 142º (2010), IV vol, pp. 723-760

Gomes, Ventura José Rocheta, "Registo": entrada no *Dicionário Jurídico da Administração Pública*. Edição, do Autor, 1996. Vol. VII.p. 170.

González, José Alberto Rodrigues Lorenzo, – *Código Civil Anotado*. Vol. I, Lisboa: Quid Juris, 2011, pp. 86 e ss.

Gouveia, Jorge Bacelar, "Os Direitos Fundamentais na Constituição Portuguesa de 1976", *in* Revista Direito UFMS – Edição Especial, 2015

Guerreiro, J. A. Mouteira: Ensaio sobre a Problemática da Titulação e do Registo à Luz do Direito Português: Coimbra: Coimbra Editora, 2014

— *Noções de Direito Registral*. 2ª ed. Coimbra: Coimbra Editora, 1994.

— *Manual de Direito Registral Imobiliário*. Coimbra: Almedina, 2022.

— *Temas de Registos e de Notariado:* Coimbra: Almedina, 2010

Guimarães, Maria da Conceição Lobato, Mocica, Filomena Maria Máximo e Carvalho, Manuel Vilhena de, *Código do Registo Civil, Anotado*. Lisboa; Rei dos Livros, 1995

Hamilton Sarto Serra de Carvalho, João César Sousa de Carvalho e Virgílio Serra de Carvalho Coletânea em homenagem a Diogo Leite de Campos. Lisboa, Edições Vieira da Silva, 2017.

Hörster, Ewald Heinrich, com Eva Sónia Moreira da Silva: A Parte Geral do Código Civil Português;. Coimbra: Almedina, 201

Jerónimo, Patrícia e Vink, Maarten Peter: "Os múltiplos de cidadania e os seus direitos".Editado pela *Fundação Francisco Manuel dos Santos* para a Universidade do Minho Consultável em: https://repositorium.sdum.uminho.pt/bitstream/1822/25207/1/JER%c3%93NIMO%2c%20P.%20e%20VINK%2c%20M.%2c%20Os%20m%c3%baltiplos%20de%20cidadania%20e%20os%20seus%20direitos.pdf

Lagarde, Paul *in La Nationalité Française*. Paris, Dalloz, 1975.

— «Réflexions sur la nationalité française» Consultável em: file:///I:/la%20nacionalit%C3%A9%20fran%C3%A7aise.pdf

Leitão, Helder Martins, A *Pessoa, A coisa O facto no Código Civil,* Porto: Almeida & Leitão (sem data)

Lequette, Yves: Réflexions sur la nationalité française consultável em: file:///I:/la%20nacionalit%C3%A9%20fran%C3%A7aise.pdf

Lima, F. A. Pires de e Varela, João M. Antunes, Código Civil,. Anotado Vol. IV, Coimbra, Coimbra Editora, 1992

Marques, José Dias: "Conceito e natureza jurídica de nacionalidade" in – Separata da Revista da Ordem dos Advogados, Lisboa: 1954, Ano 12, nºs. 3 e 4, pp. 85 e ss

Medeiros, Rui e Cortês António, "Artigo 26º" *in* "Direitos, Librtdades e Garantias" *Constituição Portuguesa, Anotada*. Coimbra: Almedina, 2ª ed. rev. 2017,

Mendes, João Castro,: Teoria Geral do Direito Civil, I, Lisboa: Edição da AAFDL, 1978,

Miranda, Felipe Arady no artigo "O direito fundamental ao livre desenvolvimento da personalidade", publicado na "Revista do Instituto do Direito Brasileiro (RIDB)", Ano 2 (2013), nº 10, pp. 11175 e ss.

Miranda, Jorge *Direitos Fundamentais: Introdução Geral*. Lisboa: Editor: Diversos, 1999,

— "Os direitos fundamentais na ordem constitucional portuguesa", mas itálico nosso. Consultável em: file:///F:/-OsDireitosFundamentaisNaOrdemConstitucionalPortugu-79337.pdf).

Miranda, Jorge e Medeiros, Rui: *Constituição Portuguesa, Anotada.* Coimbra: Almedina, 2ª ed. rev. 2017,

Moderne, Franck: "La Dignité de la Personne Comme Principe Constitutionnel dans les Constitutions Portugaise et Française, *in* Perspectivas constitucionais: nos 20 anos da Constituição de 1976. Imprenta: Coimbra, Coimbra Editora, 1996.pp 198 e s

Mendes, João de Castro: *O Direito da Família,* Lições do Curso de 78/79 policopiadas. Lisboa: A.A.F.D, 1990.

Mocica, Filomena, com Serrano, Maria de Lurdes: *Código do Registo Civil, Anotado* Lisboa: Rei dos Livros, 2003

Moncada, Luis de Oliveira Cabral de,: Lições de Direito Civil- Parte Geral. Coimbra: Arménio Amado, 1954

Neves, Castanheira *A Revolução e o Direito, in* ROA Lisboa, 1976, p..207

Novais ,Jorge Reis: A Dignidade da Pessoa Humana Vol. I, 2ª ed – Dignidade e Direitos Fundamentais. Coimbra, Almedina, 2018,

— "Renuncia a Direitos Fundamentais", artigo publicado *in Perspectivas Constitucionais – Nos 20 anos da Constituição de 1976,* Vol. I, Coletânea org. de Jorge Miranda: Coimbra, Coimbra Editora.1996, pp. 263 e ss

Oliveira, Catarina Reis de; Gomes, e Santos, Tiago (2017), *Aquisição da nacionalidade portuguesa:* 10 anos da Lei em Números, Caderno Estatístico Temático # 1, Coleção Imigração em Números do Observatório da Migrações. " Alto Comissariado para as Migrações". Lisboa: 2017. Consultável em https://www.om.acm.gov.pt/documents/58428/440932/Caderno+Estat%C3%ADstico+OM+%231+--+Acesso+%C3%A0+Nacionalidade+Portuguesa+-+10+anos+da+Lei+em+N%C3%BAmeros.pdf/b57d342d-a2af-4f3e-9d97-caf9fecfaf3e

Oliveira, Guilherme, em colaboração com Rui Moura Ramos; Manual de Direito da Família, 2ª ed. Coimbra, Almedina, 2021

Pedrón, António Pau: *Curso de Practica Registral.* Madrid: "Universidad Pontificia Comillas", 1995

Pere Raluy, José, Derecho del Registro Civil, Tomos I e II, Madrid, Aguilar, 1962.

Pinto, Carlos Alberto da Mota: *Teoria Geral do Direito Civil,* 3ª edição actualizada.2ª reimp. Coimbra: Coimbra Editora,1988

Pinto, Paulo Mota: *O Direito ao Livre Desenvolvimento da Personalidade,* in Boletim da Faculdade de Direito de Coimbra, Portugal-Brasil ano 2000, Coimbra Editora, 1999

Pombo, J. Robalo, *Código do Registo Civil, anotado e comentado:* Coimbra, Almedina, 1991

Queiroz, Cristina *Direito Constitucional.* Coimbra: Coimbra Editora, 2009

Ramos, Rui Manuel Moura *Do Direito Português da Nacionalidade,* Coimbra Editora, 1992,

— Estudos de Direito Português da Nacionalidade. 2ª ed. Coimbra: Gestlegal, 2019

— "Continuidade e mudança no direito da nacionalidade em Portugal" *in* "Revista de Informação Legislativa". Brasília: n. 145 jan./mar. 2000, p. 87 e s. Consultável em: https://www2.senado.leg.br/bdsf/bitstream/handle/id/558/r145-10.pdf?sequence=4

Rivas Sánchez Consideraciones generales sobre la Institución del Registro Civil em www.pjbc.gob.mx/admonjus/n25/AJ25_001.htm –

SACRAMENTO, CARLOS: John Locke e a problemática da identidade pessoal. Do impacto na Modernidade até à sua actualidade na Contemporaneidade. Consultável em: file:///G:/john_locke_e_a_problematica_da_identidade_pessoal.pdf

SAMPAIO, Álvaro *Código do Registo Civil, Anotado.* 4ª ed. Coimbra: Almedina, 2011

— Código do Registo Civil, Anotado e Comentado 5ª ed. Coimbra: Almedina, 2019

SALVADOR GUTIÉRREZ, Susana: "Los actos del Estado Civil y su reflejo actual en la Doctrina y la jurisprudência" in Problemas actuales del Registro Civil,Madrid: " Consejo General del Poder Judicial", Centro de Documentación Judicial., 2007,

SANTOS, ANA AMÉLIA VELOSO ALVES DOS: "O direito à imagem como objeto contratual: limitações decorrentes da ordem pública". Consultável em: file:///C:/Users/Dr.%20Guerreiro/Downloads/Ana_Amelia_Velos_Alves_dos_Santos%20(3).pdf

SANTOS, ANTÓNIO MARQUES DOS "nacionalidade e efectividade", *in Estudos em memória do Doutor João de Castro Mendes.* Lisboa, Lex pp. p.429-453

SAWARIS, ADRIANA "Da tutela do direito à reserva da intimidade da vida privada no âmbito do Regulamento nº. 2016/679 do Parlamento Europeu e do Conselho, de 27 de abril de 2016, Consultável em: https://eg.uc.pt/handle/10316/81104

SERRANO, MARIA DE LURDES, com: MOCICA, Filomena, *Código do Registo Civil, Anotado* Lisboa: Rei dos Livros, 2003

SILVA, HENRIQUE DIAS da: "A Cidadania e a Quinta Alteração à Lei da Nacionalidade", consultável em: https://cej.justica.gov.pt/LinkClick.aspx?fileticket=B02u6_b5YoU%3D& portalid=30

SOUSA, CONSTANÇA URBANO de: "Introdução ao estudo do direito dos estrangeiros", Consultável em. https://repositorio.ual.pt/bitstream/11144/1348/1/CUS_MA_1146.pdf.

STOERK, Felix : «Les Changements De Nationalité Et Le Droit Des Gens» Charleston: Nabu Press, 2012 e em «Revue de Droit International Public, 1895, p. 272.

TAVARES, José: *Os Princípios Fundamentais de Direito Civil,* Coimbra: Coimbra Editora, 1930,

TEPEDINO, Gustavo (org.),. *Temas de Direito Civil,* 2.ed., Rio de Janeiro: Editora Renovar, 2003

TIZIANI, Marcelo Gonçalves: "Uma breve história do registro civil na antiguidade": Consultável em: https://jus.com.br/artigos/42691/uma-breve-historia-do-registro-civil-na-antiguidade

VALLES, Edgar: Nacionalidade e Estrangeiros: 2ª ed. Coimbra, Almedina, 2022

VASCONCELOS, Pedro Pais de: *Direito de Personalidade* Coimbra: Almedina, 2021

VILLELA., ALVARO DA COSTA MACHADO, *Tratado elementar, teórico e prático de direito internacional privado* , Imprenta: Coimbra, 1921

INDICAÇÕES INSTITUCIONAIS

ASSOCIAÇÃO DO REGISTO CIVIL.– *A obrigatoriedade do Registo Civil", editado em 1908 – Consultável em;* https://www.laicidade.org/documentos/documentacao-historica/aobrigatoriedade-do-registo-civil/

CARTA DOS DIREITOS FUNDAMENTAIS DA UNIÃO EUROPEIA (2016/C

202/02) consultável em https://eur-lex.europa.eu/legal-content/PT/TXT/PDF/?uri=CELEX:12016P/TXT&from=FR

CEJ: "CONTENCIOSO DA NACIONALIDADE" Consultáveis em: https://cej.justica.gov.pt/LinkClick.aspx?fileticket=B02u6_b5YoU%3D&portalid=30

CONVENÇÃO DE HAIA de 12 de Abril de 1930, relativa à solução de conflitos entre a lei da nacionalidade e a lei do domicílio

CONVENÇÃO EUROPEIA SOBRE A NACIONALIDADE (CESN.): aberta à assinatura em Estrasburgo, em 26 de novembro de 1997, e ratificada por Portugal pela Resolução da Assembleia da República nº 19/2000.

CONVENÇÃO RELATIVA AO ESTATUTO DOS APÁTRIDAS, ratificada pelo Decreto do Presidente da República nº 134/2012, de 07/08

DECLARAÇÃO UNIVERSAL DOS DIREITOS HUMANOS *Adotada pela Assembleia Geral das Nações Unidas (resolução 217 A III) em 10 de dezembro 1948.*

HISTORIA DE LOS DOCUMENTOS DE IDENTIDAD consultável em: https://www.dnielectronico.es/PDFs/Historia_de_los_documentos_de_identidad.pdf

TRATADO SOBRE O FUNCIONAMENTO DA UNIÃO EUROPEIA, publicado no Jornal Oficial da União Europeia em 7.6.2016.

JURISPRUDÊNCIA citada (os sítios não indicados são consultáveis em http://www.dgsi.pt/)

Tribunal Internacional de Justiça: Acórdão Nottebohm (Nottebohm Case – Liechtenstein v. Guatemale – Julgamento de 6 de Abril de 1955 consultável em; https://hmjo.tripod.com/Dip/Cases/Nottebohm.htm

Acórdão do Tribunal Constitucional nº 292/08 (ANA GUERRA MARTINS) Pº 459/07 consultável em: https://www.tribunalconstitucional.pt/tc/acordaos/20080292.html

Acórdão do Tribunal Constitucional de 7 de maio de 2014,. Procº nº 239/14, (CURA MARIANO),

Acórdão do Tribunal Constitucional nº 401/2011 (CURA MARIANO):

Acórdão do Tribunal Constitucional nº 284/2003 (MARIA HELENA BRITO), publicado no Diário da República nº 164/2003, Série II de 18 de julho de 2003

Acórdão de Uniformização de Jurisprudência do STJ de 25 de janeiro de 1963 (BRAVO SERRA)

Acórdão do STJ de 19/!/2017 (ANTÓNIO JOAQUIM PIÇARRA) Proc841/12.6TBMGR.C1.S1

Acórdão do STJ, 06/07/2005, Proc. nº 2300/05

Acórdão do STJ, 30/04/2003, Proc. nº 3B1191

Acórdão do STJ de 25 de fevereiro de1986 (Moreira da Silva) Publicado no BMJ nº 354 de março de 1986 a pp. 497 e ss.

Acórdão do STJ. de 4/7/1972 *in* BMJ nº 219, p. 176

Acórdão do STJ de 25 de fevereiro de1986 (MOREIRA DA SILVA) Publicado no BMJ nº 354 de março de 1986 a pp. 497 e ss.

Acórdão do Supremo Tribunal Administrativo de 13/10/2011 (CRISTINA DOS SANTOS) consultável em http://www.dgsi.pt.

Acórdão da Secção Administrativa do TCA –Sul de 6 de outubro de 2011 (COELHO DA CUNHA) Consultável em: http://www.dgsi.pt/jtca.nsf/170589492546a7fb802575c3004c6d7d/5dad3b44ff2c2

66180257922006b0e74?OpenDocume nt&Highlight=0,naturaliza%C3%A7% C3%A3o

Acórdão da Relação de Lisboa de 10 de outubro de 2019 (Cristina Neves) Consultável diretamente em http://www.dgsi.pt/jtrl.nsf/33182fc73231603 9802565fa00497eec/ e1814ec2f0abe2e280258497003e07f6?OpenDocument

Acórdão da Relação de Guimarães de 8/10/2102 (João Lee Ferreira) http://www.gde.mj.pt/jtrg.nsf/86c25a 698e4e7cb7802579ec004d3832/bb31 30cb39a1030d80257a9b004916e8?OpenDocument

Acórdão da Relação de Guimarães de 3 de abril de 2017 (Fernando Chaves) Consultável em: http://www.dgsi.pt/jtrg.nsf/86c25a698e4e7cb7802579ec0 04d3832/455a77bdc485dc5e8025810 60033b2ec?OpenDocument

Acórdão da Relação de Lisboa de 22-09-2005 (Manuela Gomes) http://www.dgsi.pt/jtrl.nsf/e6e1f17fa-82712ff80257583004e3ddc/aa9205a6 4a196c4d802572340050c772?OpenDocument

Acórdão da Relação de Lisboa, 09/12/2004, Proc. nº 8182/04

Acórdão da Relação de Lisboa, 13/01/2005, Proc. nº 3131/04

PARECERES DO CONSELHO TÉCNICO (e Consultivo), citados sem ordem cronológica e consultáveis em https://irn.justica.gov.pt/Sobre-o-IRN/Doutrina-registal/Pareceres-do-Conselho-Consultivo

Pº 21 RC 91

Pº 49 R.C. 36 da D.G.R.N

Pº CC 29/2011 SJC-CT (Maria de Lurdes Serrano)

Pº C.C. 12/2008 SJC-CT de 28/3/2008

Proc. nº 58/93-R.P.4 (Mouteira Guerreiro) publicado na revista "Regesta", ano XV, 1994, 2º trimestre, p.75 e ss.

Pº Nº 1/ CC /2021 (Madalena Teixeira) do Conselho Consultivo.

Pº C.C. 12/2008 SJC-CT,

Pºs CC 14/99, CC,

Pº 56/2014- SJC-CT;

PºCC 38/2013, SJC-CT

Pº59/2016, SJC-CT)

Pº R.C. 7/2021 SJ-CC (Fernandes Lopes),

Proc. C.C. 19/2021 SJ-CC (Madalena Teixeira)

ÍNDICE